KB141315

식인양의 탄생

유라시아 대륙 변두리에서 무슨 일이 생겼나?

식인양의 탄생

임승휘 지음

365일 백분토론 중인 아테네에서 자긍심을 강요하는 민족주의까지
그 모든 역사의 유럽중심주의를 넘어서

Re-thinking
history

함께읽는책

역사란 역사가가 구성해낸 흔들리는 담론이다.

_키스 젠킨스 Kieth Jenkins

Contents --

Contents

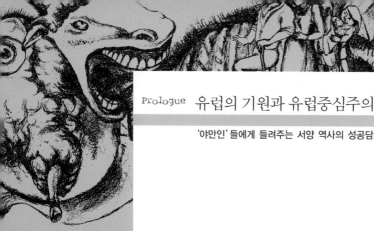

'야만인' 들에게 들려주는 서양 역사의 성공담

유럽이라는 단어가 처음 등장한 것은 기원전 8세기 그리스 작가 헤시오도스가 쓴 글에서였고, 기원전 5세기의 역사가 헤로도토스도 이 단어를 사용했다. 그러나 유럽이라는 단어의 가장 오래된 기록은 아시리아의 석비에서 찾아볼 수 있다. 석비에는 'asu' 라는 단어와 'ereb' 이라는 단어가 등장하는데 asu는 해가 뜨는 지역, ereb은 저녁, 어둠, 그리고 해가 지는 지역을 의미했다. 소아시아 해안에 거주하던 페니키아인들에 의해서 해가 지는 서녘 땅을 가리키는 말로 사용된 ereb이 오늘날 유럽과 서양(Occident)*을 가리키는 단어의 기원이 되었다. 신화에서도 우리는 유럽이라는 단어의 다른 버전을 찾아볼 수 있다. 황소로 변신한 유괴범 제우스가 크레타로 납치한 페니키아의 공주는 다름 아닌 에우로페(Europe)였으며,

* occidens에서 파생된 단어. occidens는 '떨어지다' 란 의미의 동사이다.

황소로 변신한 유괴범 제우스가 크레타로 납치한 페니키아의 공주는 다름 아닌 에우로페(Europe)였으며, 그녀와 황소는 훗날 미노아 문명을 만든 전설적인 크레타의 왕 미노스를 출산하게 된다.

그녀와 황소는 훗날 미노아 문명을 만든 전설적인 크레타의 왕 미노스를 출산하게 된다. 유럽(에우로페)의 출신지가 유럽이 아닌 소아시아 지역(페니키아)이란 것이 흥미롭다.

　문명사적으로 유럽 문명의 기원은 기원전 8000~7000년 전 근동에서 발생한 동식물의 길들이기(농업)와 도시의 형성에서 비롯되었다. 이후 농업과 도시 문명은 연 1km의 속도로 느리게 서쪽으로 진행했고, 대서양을 만나기까지 약 4000년이 걸렸다.

유럽 문명의 기원은 다분히 혼혈적이다. 그러나 유럽사에 대해 우리가 배워온 전통적 시각에 따르면 유럽은 그들 역사의 발전 과정 전체가 매우 독특하고 우월한 것으로부터 연원한다고 설명하고 있다. 이는 유럽인들이 그들의 역사에서 진정 유럽적인 것을 분리시키고자 노력한 결과이다. 유럽인이 아시아와 아프리카의 침입자들에 의한 퇴행의 위협과 부단한 투쟁의 와중에서 스스로를 지켜냈다는 식의 이야기는 그렇게 만들어졌다. 이러한 관점은 그리스인들이 스스로 만들어낸 자신들의 이미지에서 유래하는데, 그들은 '아시아의 야만인' 이라는 이미지를 만들고 이것에 비추어 야만과 무관한 그리스인의 문화라는 자신들의 정체성을 정당화하는 역사를 구축하면서 이미지를 각인시켰다. 18세기와 19세기의 유럽인들은 이러한 관점을 계승 발전시켜 전 세계에 퍼뜨렸다.

그리스인과 야만인을 구별할 수 있는 방법인 문명과 지식의 수준도 알려진 사실과는 다르다. 스파르타인들은 대부분 문맹이었고 책은 매우 드물었다. 반면 지중해 연안의 아프리카 북부에서 발전한 카르타고인의 문자 해독률은 그리스보다 훨씬 높았고, 알렉산드리아에는 40만 권의 책을 소장한 도서관이 이미 존재했다. 그럼에도 불구하고 왜 우리는 오늘날 서양사의 시작을 우월하고 특수한 그리스 문명이라고 생각하게 되었을까?

지금도 우리는 서양이라는 존재가 있다고 배우며, 이 서양은 다른 사회나 문명들과 대립하는 독립적인 사회와 문명이라고 생각한다. 심지어는 이 서양이, 고대 그리스가 로마를 낳고, 로마가 유럽의 크리스트교 세계를 낳고, 유럽의 크리스트교 세계가 문예 부흥을 낳고, 문예 부흥이 계몽운동과 정치적 민주주의와 산업 혁명으로 이어지는 자발적인 혈통을 가지고 있다고 손쉽게 믿어버리는 경향이 있다. 그러나 이는 잘못된 설정이다. 그것은 역사를 하나의 도덕적인 성공담, 즉 서양의 각 주자들이 때가 되면 자유의 햇불을 다음 주자에게 넘겨주는 경주쯤으로 간주하고 있기 때문이다. 역사는 결코 미덕을 지닌 자(서양)가 나쁜 자들(동양)을 어떻게 이겼는지 보여주는 유치한 이야기가 아니다.

　19세기 후반 역사학을 독립된 분과 학문으로 발전시킨 서양은 그들 중심의 역사를 만들어 나갔다. 고구려의 역사를 우리의 역사로, 또는 중국의 역사로 주장하는 현상들처럼, 유럽인들이 그들의 역사를 자신들 중심으로 서술하는 것에 우리가 이렇다 저렇다 말을 다는 것 자체가 우스울지 모른다. 하지만 21세기 대한민국을 살아가는 우리가 세계사를 인식하는 토대로 '서구 중심'의 역사를 무비판적으로 받아들인다면 이는 문제가 있다. 문제 있는 정도가 아니라 이것이야말로 웃기는 일이다.

　예를 들어 우리가 익히 들어온 페르시아 전쟁* 이야기는 그 전형적 사례이다. 페르시아와의 전쟁은 그리스 세계가 자신의 정체성을 발견하는 결정적 계기가 되었다. 공동의 공간 속에 통합되어 있지도, 단일한 군주의 지배하에 있지도 않았던 고대 그리스인들

* 기원전 492~448년 사이 지중해의 패권을 놓고 벌어진 그리스 세계와 페르시아 제국 간의 전쟁. 42,195km의 달리기를 통해 승전이 알려진 마라톤 전투(기원전 490)와 영화 《300》의 소재가 된 테르모필레 협곡의 전투(기원전 480)가 유명하다.

그리스와 페르시아의 전쟁은 그리스 세계가 자신의 정체성을 발견하는 결정적 계기가 되었다.

은 언어는 같았으나 그마저도 매우 다양한 방언들이 존재해 공동체 의식을 지탱하기에는 역부족이었다. 이처럼 스스로를 규정하기 어려웠던 그리스인들은 자기 자신을 남과 비교, 구별하여 정체성을 찾아가기 위해 '야만인' 이란 개념을 내세웠다. 따라서 그리스인이란 개념은 야만인이라는 개념과 동시에 만들어졌다고도 할수 있다.

야만인(barbars)이란 원래 그리스어를 유창하게 말하지 못하고 버벅거리거나 떠듬거린다는 뜻의 의성어였다. 여기에 정치적, 도덕적 성격을 가미한 것이 바로 페르시아 전쟁인 셈이다. 역사가 헤로도토스는 이 전쟁을 그리스의 자유와 아시아 민족들, "여태까지 존재한 인종 중 가장 잔인하고 정의롭지 못한 민족들"의 전제주의 간 대결로 묘사하면서 자유로운 그리스인이라는 이미지를 구성하고 이것으로 그리스의 승리를 설명했다.

그리스는 자유로운데 아시아는 전제적이었다는 생각은 착각이다. 통치에 집단적으로 참여하는 자유 시민들의 폴리스라는 일반적 이미지는 하나의 환상에 불과하다. 그곳엔 노예의 고통, 농민의 소외, 여성의 예속—여자의 치아가 남자보다 적다고 생각한 아리스토텔레스는 여성에게 아이 낳는 시험관의 역할만을 부여했다—그리고 빈부격차가 은폐되어 있었다. 아테네 민주주의는 평등과 거리가 멀다. 사실 솔론의 개혁*은 예전처럼 모든 관직을 부자들의 수중에 두는 데 관심을 두었고 민중에게는 꼭 필요한 최소한의 것만을 양보했다. 아테네인들이 목숨 걸고 싸워서 지킨 민주주의는 완전한 정치적 권한을 가진 소수의 시민들—전체 인구의 1/10—에게 민회에서 국사를 논의하고 때가 되면 각자가 권력의 한몫을 차지할 목적으로 관직을 추첨으로 정하는 것 이상을 의미하지 않았다.

이처럼 그리스의 제한된 민주주의조차도 기원전 4세기경 경제적 어려움으로 심각한 사회적 갈등이 생기자 효력을 상실했고, 결국 필리포스와 알렉산더의 마케도니아 제국에 통합되었다. 그리스인들 중에는 유관순 누나와 같은 독립투사는 없었던 모양이다.

✱ 아테네의 격심한 빈부격차로 인한 사회 불안을 해소하기 위해 기원전 594년 조정자 솔론이 입안함. 부채로 인해 노예가 된 자들을 해방하고, 토지 재산 정도에 따라 시민을 4개 등급으로 나누어 참정권을 차등 부여했다. 이를 금권정치Timocratia라고 부른다.

그들은 독립을 과감히 포기했고 이로써 아테네 민주주의는 덧없이 사라졌다. 그리스인들은 마케도니아의 몰락 이후 로마인들과 연합했고, 그토록 자랑했던 자유를 되찾으려고도 하지 않았다. 절름발이 자유에 입각한 절름발이 민주주의는 전제주의를 싹 틔우는 좋은 토양이 되었다.

그리스인들이 힘들게 얻은 자유와 민주정을 '완성'시킨 과정을 예찬한 역사는 어떻게 그들이 그토록 맥없이 자유를 포기했는지에 대해서는 설명해 주지 않는다. 그럼에도 우리는 그저 고대 그리스사를 민주주의 역사의 초석으로 이해하고 있다. 이것이 바로 역사의 힘이다. 흔히 역사는 승자의 것이라고 한다. 역사가 승자의 것이 되는 것은 승자의 입장에서 역사가 기록되기 때문이다. 그래서 역모의 피해자는 형틀에 묶인 채 "역사의 심판이 두렵지 않느냐?"를 외쳐대지만, 주리를 틀 것을 명하는 승자는 두려움이 없다. 자신의 입장에서 역사가 기술될 것을 알기 때문이다.

그러나 승자도 언제까지 마음을 놓을 수만은 없는 노릇이다. 왜냐하면 역사는 언제나 새롭게 쓰이기 때문이다. 반공 이데올로기와 전투적인 민족 사관에 물든 1970년대의 국사 교과서와 오늘날의 교과서가 같은 역사를 다르게 이야기하고 있는 것은 바로 이 때문이다. 몰랐던 것이 새롭게 밝혀지기도 하지만, 과거를 바라보고 이해하는 우리의 시각은 지금 현재에도 보이지 않게 변화하고 있는 것이다. 지나간 과거의 사실을 아는 것은 중요하다. 동시에 과거를 인식하고 이해하며 서술하는 역사의 힘을 가늠하는 것 또한 마찬가지로 중요하다.

불과 얼마 전, 다시 한국사 교과서가 도마 위에 올랐다. 박정희 시대를 어떻게 묘사할 것인지, 한국 전쟁을 어떻게 평가할 것인지를 놓고 좌경이니 보수니 역사 왜곡이니 한바탕 소란이 빚어졌다. 정권이 바뀌고 정권의 성격이 달라지면, 즉 새로운 승자가 나타나면 어쩔 수 없이 나타나는 현상이지만 그때마다 씁쓸한 생각이 드는 것도 매한가지다. 하지만 이 교과서 논쟁에 교훈이 전혀 없는 것은 아니다. 어느 쪽 주장이 옳든, 주어진 대로 그저 교과서에 실린 대로 역사를 이해하는 것이 경우에 따라 얼마나 위험한 일인지를 깨달을 수 있다면 이러한 소란은 우리가 역사를 재인식하고 다가올 미래를 계획할 수 있는 훌륭한 기회를 제공할 것이기 때문이다.

2009년 3월
임승휘

．
．
．

이제 폴리스는 단순한 정치제도를 넘어서서 아테네인들에게 일종
의 라이프스타일이 되었고, 아리스토텔레스의 말처럼 인간은 "폴리스
적 동물"이 되었다. 그러나 이 말대로라면 폴리스의 정치에 관여할 수
없었던 동물, 즉 여성과 노예는 인간이 아니었다.

1 아테네의 민주주의?
365일 아테네는 토론 중

유럽 문명의 모태라고 불리는 그리스 문명이 시작된 것은 대략
기원전 800년경이다. 도리아인의 침입으로 혼란이 가중되자 군사
적 방어에 유리한 곳으로 인구가 집중되었고, 작은 규모의 도시국
가가 형성되었는데 이 도시국가가 바로 '성채'란 뜻을 지닌 폴리
스이다. 이후 상업의 발달과 인구 증가로 인해 그리스를 중심으로
지중해 연안에 여러 폴리스가 성립했고, 많게는 1000여 개의 폴리
스가 존재했다. 아티카 지역의 경우 아테네 시^市를 중심으로 폴리
스가 형성되었는데, 기존의 여러 씨족 공동체들이 자신의 주거 지
역을 유지한 채 통합하여 하나의 폴리스가 만들어졌다. 초기에는
각 지방의 지배자들이 독립적으로 왕(basileus, 바실레우스)[*]의 역할   * 고대 그리스 왕의 호칭
을 했다. 결국 폴리스 형성 초기에는 토지를 보유한 전사^{戰士} 귀족

들이 지배하는 귀족정의 형태를 띠었는데, 귀족정이 성립한 이유는 아마도 이들이 한가로이 국정에 참여할 만큼 경제적으로 여유로웠기 때문일 것이다. 당시의 전투 장비는 고가품에 속했고, 폴리스를 효과적으로 지배하기 위해서는 친족 집단의 지원도 필요했을 것이었다.

시민들의 군사 공동체인 폴리스는 도시 지역과 농촌 지역으로 구분되었다. 도시는 신전이자 유사시 방어 거점인 아크로폴리스, 상업과 공공생활의 중심지인 아고라 광장으로 구성되었다. 폴리스는 사회적으로 귀족, 평민, 노예—이들은 말하는 짐승 내지는 뿔 없는 소로 불렸다—로 구성되었다.

아테네는 가장 대표적인 폴리스였다. 일반적으로 인구 5,000명 이상을 넘지 않았던 다른 폴리스들에 비해 그 인구도 2~4만, 거류외인과 노예까지 포함하면 2~30만에 달할 정도로 가장 큰 규모를 자랑했다. 아테네는 많은 인구를 부양하기 위해 곡물을 해외에서 수입해야 했고, 때문에 다른 폴리스들에 비해 식량의 확보와 항로의 안전을 위한 군사적 활동에 적극적이었다. 물론 아테네는 그리스의 많은 폴리스를 대표하는 전형적 국가의 모델은 아니다. 그럼에도 불구하고 아테네의 역사가 주목 받고, 그리스 세계의 대표 주자로 선정된 것은 독특한 정치 체제인 민주정^{democratia} 때문이었다.

지리적으로 협소한 지역에 한정되어 있던 폴리스는 차츰 인구 증가와 분할 상속으로 인한 농민의 빈궁화와 토지 생산력의 한계에 도달했고, 그 해결책이 바로 기원전 8세기경에 시작된 식민지 개발을 통한 과잉 인구의 방출이었다. 식민지 개발로 교역 활동이 활발해지자 군사 공동체였던 폴리스는 점차 상업, 수공업적 도시가 되었다.

기원전 7~6세기, 교역이 점차 활발해지면서 부유한 상인들이 등장했고 상업의 발달과 화폐 경제의 등장은 도시의 생활 조건을 급변하게 만들었다. 이로써 정치적 무게 중심이 토지 귀족에서 상업과 수공업에 종사하는 신흥 부유층으로 옮겨 갔고, 이들은 기존의 전사 귀족과 함께 폴리스의 새로운 지배 계층으로 떠올랐다. 이와 더불어 전쟁 기술과 전투 방식도 변화했다. 기원전 700년을 전후로 6세기 초까지는 육중한 갑옷으로 무장한―물론 자기 돈을 들여 스스로 무기와 갑옷을 구입한―보병^{hoplite}들로 구성된 팔랑크스^{phalanx} 전술*이 성립했다. 호메로스의 '일리아드' 시대에 전투가 장수 대 장수, 아킬레우스와 헥토르의 1:1 대결 양상을 띠었다면, 이제 새로운 전투는 주로 패싸움의 그것과 닮아갔다. 영웅의 시대가 가고 평민의 시대가 찾아왔다고나 할까. 그리고 애초 폴리스가 군사적 목적으로 세워진 이상 중갑^{重甲}보병들의 정치적 발언권은 갈수록 증대되었다.

✤ 창과 방패를 무기로 한 중갑보병들이 사각밀집대형으로 전열을 겹쳐 강력한 파괴력을 실은 전투 기술

화폐 경제의 발달은 빈부 격차를 심화시켰다. 값싼 해외 농산물의 수입으로 농민들은 빈궁해졌고, 흉작과 부채로 인해 노예로 전락하는 경우가 많아지면서 사회 전반이 불안해졌다. 이는 무력으

호메로스의 '일리아드' 시대에 전투가 장수 대 장수, 아킬레우스와 헥토르의 1:1 대결 양상을 띠었다면, 이제 새로운 전투는 주로 패싸움의 그것과 닮아갔다.

★ 본래 바실레우스와 같은 의미이나 주로 비합법적 방법으로 권력을 찬탈한 자를 지칭한다.

로 권력을 장악하려는 참주^{tyrannos}★가 출현하기 위한 최적의 환경이었다. 그러나 참주정은 권력을 장악하기 위해 기존의 귀족 세력을 약화시켰고, 이는 아테네가 귀족정에서 벗어나 민주정으로 나아가기 위한 기반이 되었다.

아테네에서 본격적인 민주정은 클레이스테네스의 친민중적 개혁으로부터 촉진되어 페리클레스 시대^{기원전 462~429}에 와서 완성되었다. 이 고대 민주정은 오늘날의 대의제 민주주의와는 달리 직접적이었다. 아고라에서 9일마다 개최된 민회에서는 모든 시민이 참석하여 자유롭게 의사를 개진했고, 이곳에서 국가 중대사가 처리되었다. 군 지휘관을 제외한 모든 공직자는 특별한 전문 지식 없이 추첨으로 선출되었다. 그 결과 아테네는 1년 365일 백분토론장이 되었고, 사람들은 자신의 말솜씨를 뽐내는 일을 중요하게 생각하게 되었다. 이제 폴리스는 단순한 정치제도를 넘어서서 아테네인들에게 일종의 라이프스타일이 되었고, 아리스토텔레스의 말처럼 인간은 "폴리스적 동물"이 되었다. 그러나 이 말대로라면 폴리스의 정치에 관여할 수 없었던 동물, 즉 여성과 노예는 인간이 아니었다.

1830년 오스만투르크의 지배하에 있던 그리스가 독립을 쟁취했을 때, 유럽의 지식인들은 자신들이 속한 우월한 문명의 선조인 그리스가 오랜 잠에서 깨어난 것에 열광했고—"또 다른 아테네가 일어나리라."(P. B. 셸리 Percy Bysshe Shelley, 1792~1822)—그리스 독립에 찬사를 보냈다. 그러나 자유 그리스의 상징인 아테네의 고대 민주주의는 환상이다. 그것은 노예의 고통, 가난한 이들의 소외, 여성의 예속을 자양분으로 빨아먹고 자라난 보기 좋은 과일에 지나지 않는다. 이 민주주의는 결코 평등을 지향하지 않았다. 그들의 민주주의는 아테네 인구의 1/10만을 위한 것이었다. 알렉산더가 이끄는 마케도니아가 그리스를 정복했을 때, 이 1/10의 아테네인들은 아무런 저항도 하지 않았다. 민주주의는 유령에 불과했다.

Re-thinking history

· · ·

삶의 목적은 가능한 한 훌륭한 영혼을 키우는 것이라고 말한 소크라테스 때문에 이후 사람들은 평생을 이 문제로 고민하며 살게 되었다. 그가 제기한 문제는 2000년이 넘도록 풀리지 않은 채 끊임없이 사람들을 괴롭혔으니, 셰익스피어는 위대한 문인답게 왜 사느냐의 문제를 문학적으로 표현했다. "죽느냐, 사느냐, 그것이 문제로다!" 그리고 오늘까지도 사람들은 친구의 생일을 축하하며 합창하곤 한다. "Happy birthday to you. 왜 태어났니?"

2 그리스 철학
소크라테스가 묻다. 왜 태어났니?

페리클레스보다 유명한 그리스인이 있다면 그것은 그 유명한 "악법도 법이다." 정신을 고수하며 죽음을 받아들인 소크라테스일 것이다. 그리고 그 스승에 그 제자라 했던가? 소크라테스 선생의 제자는 플라톤, 다시 그 제자는 아리스토텔레스 선생 되시겠다. 그리스 철학 세계를 상징하는 이 세 사람에 의해 그리스인들은 철학을 '발명' 했다는 공로를 인정받았다. 철학을 발명했다는 말은 인간이 생각한다는 사실 자체를 발견하고 이 생각들을 다시 사고하게 되었다는 뜻이다. 이러한 사유는 주로 대화를 통해 이루어졌고 대화는 곧 토론이 되었으므로, 이는 민주정과 어울렸다.

그러나 악처 크산티페의 남편이 활동하기 이전에 그리스인들은 이미 눈에 보이는 현상을 탐구하는 자연 철학에 몰두했다. 이들의 관심은 만물의 근원이었다. 탈레스는 그것을 물이라고 했고, 아낙시만드로스는 대립항들, 데모크리토스는 원자라고 했다. 그러다가 헤라클레이토스는 "모든 것은 변한다$^{Panta\ rei}$"는 결론에 도달하게 되었다. 이집트의 영향을 받았을 것이 분명한 이들은 우주의 영원함과 불멸의 개념을 받아들이기도 했다. 그리스인들은 눈에 보이는 것들 속에 어떤 모범적인 것이 숨어있다고 상상했다. 그 때문인지 조각에서도 인물들의 얼굴 특징은 두드러지지 않았고 모두 비슷비슷한 모습이었으나, 다만 말도 안 되는 균형 잡힌 모범적인 신체는 보는 사람들을 기죽게 만들기에 충분했다. 하지만 이는 훗날 서양 미술의 중요한 토대가 되었다.

자연 철학 다음에는 소피스트가 등장했다. 프로타고라스를 위시한 소피스트들은 진리의 상대성을 강조하면서 "인간이 만물의 척도"라고 외쳤다. 인간은 모두 똑같지 않으므로 진리도 다 다르다는 것이었다. 이러한 상대주의는 자유로운 비판 정신을 고양시켰고, 시민의 정치 교육에 계몽적인 역할을 했으나 소피스트의 상대주의는 점차 궤변으로 발전했고 힘이 곧 정의라고 주장하게 되었다. 이러한 소피스트들을 상대로 "너 자신을 알라"—이 말은 원래 델포이 신전에 걸려 있던 참배자들을 위한 격언이었다—고 가르쳤던 또 하나의 소피스트가 바로 소크라테스$^{기원전\ 470-339}$였다. 폴리스보다 인간 그 자체를 더 중요시했던 그의 새로운 자유사상은 기존 폴리스의 질서와 대치되었고, "청년을 타락시키는 불온한 사

돈벌이 때문에 한참 연하인 아내 크산티페와 자주 부부싸움을 했던 소크라테스. 아마도 이를 통해 자신의 변증법과 대화술을 더욱 단련시켰던 것이 아닐까?

상가"로 낙인찍힌 그는 쓰디쓴 독배의 잔을 들게 되었다.

조각가인 부친과 산파인 모친 사이에서 태어난 그는 모친을 기리며 자신의 변증법을 산파술이라고 명했다. 소피스트가 된 그는 주로 귀족들을 가르쳤는데 시원치 않은 돈벌이 때문에 한참 연하인 아내 크산티페와 자주 부부싸움을 했다. 아마도 소크라테스는 이 부부싸움을 통해 자신의 변증법과 대화술을 더욱 단련시켰던 것 같다.

소크라테스가 소피스트와 달랐던 점은 소피스트가 지식의 소유

빛이 들어오지 않는 동굴에 갇힌 채 모닥불을 피워 놓고 불을 등지고 앉아 있는 인간. 그의 등 뒤로 실제 형상을 가진 다양한 동물들이 지나가도 그의 눈에 보이는 것은 모닥불이 동굴 벽에 만들어 낸 그림자뿐이다. 동굴 밖으로 나가 태양이 비추는 참세상을 만나자는 것일까?

삶의 목적은 가능한 한 훌륭한 영혼을
키우는 것이라고 말한 소크라테스 때문에 이후 사람들은
평생을 이 문제로 고민하며 살게 되었다.

자로 자처했다면 소크라테스는 지식을 구애(philo사랑하다-sophia지혜)하는 자로 자처했고, 기술적 지식이 아닌 인간의 덕에 대한 지식을 받아들였다는 점이다. 즉, 출세와 현실적인 목적을 이루기 위한 능력이 아닌 인간의 내면에 존재하는 고귀한 품성인 참된 지식을 인간이 추구해야 할 진정한 목표로 설정한 것이다. 결정적으로 그는 '어떻게 사는가'의 문제가 아니라 '왜 사는가'의 문제, 즉 삶의 목적과 의미를 풀어내기 위해 고민했다. 삶의 목적은 가능한 한 훌륭한 영혼을 키우는 것이라고 말한 소크라테스 때문에 이후 사람들은 평생을 이 문제로 고민하며 살게 되었다. 그가 제기한 문제는 2000년이 넘도록 풀리지 않은 채 끊임없이 사람들을 괴롭혔으니, 셰익스피어는 위대한 문인답게 왜 사느냐의 문제를 문학적으로 표현했다. "죽느냐, 사느냐, 그것이 문제로다!" 그리고 오늘까지도 사람들은 친구의 생일을 축하하며 합창하곤 한다. "Happy birthday to you. 왜 태어났니?"

플라톤은 글을 남기지 않았던 소크라테스의 사상을 체계화한 제자였다. 스승이 독배를 마시고 세상을 떠난 후 망명 여행을 하던 플라톤은 아테네에 귀국해 아카데미아라는 대안학교를 건립하고 교장 겸 선생이 되었다. 그는 서양사상사 2000년에 걸친 관념론의 토대를 구축하였으며, 40종의 《대화편》을 남겼다.

그가 한 동굴의 비유는 특히 유명한데, 빛이 들어오지 않는 동굴에 갇힌 채 모닥불을 피워 놓고 불을 등지고 앉아 있는 인간의 등

뒤로 실제 형상을 가진 다양한 동물들이 지나가도 인간의 눈에 보이는 것은 모닥불이 동굴 벽에 만들어 낸 그림자뿐이라는 것이다. 동굴 밖으로 나가 태양이 비추는 참세상을 만나자는 것일까?

기원전 427년, 아테네와 스파르타가 펠로폰네소스 전쟁*을 벌이던 시기에 태어난 그는 23세 되던 해에 아테네가 스파르타에 항복하는 것을 보았다. 그래서인지 그는 정치적으로 민주정에 비판적이었으며, 철인에 의한 왕정을 최우선으로 여겼다. 국가와 사람을 서로 비슷하다고 본 그는, 사람에게도 신체와 정신의 조화가 건강함의 원천이듯이 국가도 그 구성원들이 분수를 지키며 조화를 이루어야 건강할 수 있다고 생각했다.

플라톤은 자신의 학교에서 또 한 명의 똑똑한 학생을 길러냈다. 칼키디케Chalkidike섬의 스타기로스에서 태어난 아리스토텔레스기원전 384~322는 아카데미아에서 공부한 것을 마케도니아의 알렉산더에게 가르치기도 했는데, 이 제자는 세상의 끝이 어디인가를 확인하고 싶어 했다.** 아리스토텔레스는 자신의 학교 리케이온을 설립하고 학생들에게 철학과 자연과학을 가르쳤다. 그의 강의는 주로 복도를 배회하면서 이루어졌기 때문에 소요학파라는 별명이 붙었다. 그는 중세 시대에 새로이 발견된 후 최고의 철학자로 여겨졌고, 가톨릭교회의 신학자들은 영혼의 불멸을 부정했던 아리스토텔레스가 예수의 가르침을 학문으로 만들어 주길 간절히 희망했다.

* 기원전 431~404년에 아테네와 스파르타를 중심으로 벌어진 전쟁으로 그리스 쇠망의 원인이 되었다.

** 알렉산더가 자신의 정복사업을 통해 발견한 세상의 끝은 인도였다.

결혼은 주로 여자를 유괴하는 방식으로 이루어졌다. 여러 형제가 아내와 자식을 공유했고, 자식이 없는 경우에는 아내의 혼외정사도 인정했다. 일처다부제 사회였을까? 내 아내, 내 자식이 없으니 가정 따위는 존재하지 않는 사회라고 보는 것이 더 맞겠다.

3 《300》의 나라 스파르타
단순 무식한 공동체는 용감했다

민주정으로 유명한 아테네와 달리 일종의 엘리트 독재 체제를 이룬 특이한 폴리스가 있다. 하지만 그 특이한 정도는 단지 정치 체제 때문만은 아니었다.

스파르타가 위치한 펠로폰네소스 남부 라코니아는 산맥으로 둘러싸인 비교적 비옥한 평야 지역으로 여타 폴리스와 달리 자급자족과 폐쇄적인 사회 체제의 형성이 가능했다. 또한 이오니아인으로 분류되는 아테네와 달리 스파르타는 북방에서 이주한 정복 민족 도리아인이 지배했다. 1930년대 독일 제3제국* 나치 역사학자들은 갖은 문학적 상상력을 자극했던 이 군사 정복 민족을 그들의 조상이라고 주장하기도 했다.

청동기 문명이 막을 내린 1200~1300년경 남하한 것으로 추정되

* 1933년 정권을 장악한 나치스 독일이 1934년 대통령 힌덴부르크의 사망을 계기로 사용한 명칭이다. 전체주의적 이념을 실현화하는 지도적 용어로써, 나치스가 제3제국의 완성을 제창한 데서 이 말을 쓰기 시작하였다. 나치스 독일은 962~1806년의 신성 로마 제국을 제1제국, 1871~1918년의 독일 제국을 제2제국, 1933~1945년의 나치스 지배 체제를 제3제국이라 일컬었다.

'우리의 부인들'이 가져다준 '우리의 식사'
　　스파르타인들은 생활에 필요한 거의 대부분의 것들을
공동으로 사용했다. 노예도 국유 재산이었고, 사냥개나 말도 공동으로 사용
했으며 식사마저도 공동 식사였다.

스파르타인들은 비무장의 헤일로타이에 대해
정기적으로 전쟁을 선포하고
야밤 학살을 감행했다.

는 도리아인은 기원전 9세기 말 라코니아 지방을 정복하고, 이어서 서쪽의 메세니아 평원으로 그 영역을 확장했다. 기원전 640년 메세니아인들의 반란을 진압한 후 토지를 몰수하고 그 지도자를 추방하였으며 메세니아인들을 '헤일로타이^{Heilotai}' 라는 노예로 만들었다. 이후 스파르타는 방어적인 대외 정책을 지속했는데 아마도 메세니아 전쟁이 스파르타의 생활 방식에 큰 영향을 끼쳤던 것으로 보인다. 전쟁의 영향으로 스파르타에는 보수적인 사회 풍조가 형성되었고 반란에 대한 극심한 두려움은 위험한 사상의 유입 통로인 여행을 억제시켰으며 교역도 금지되었다. 소수의 시민들이 다수의 노예를 효과적으로 지배하는 것이 관건이었던 것이다.

실권이 없던 두 명의 왕과 이들을 포함한 30명의 원로원, 그리고 법안을 승인하고 공직자의 선출권을 가진 민회가 있었지만, 최고 정치권력은 '에포로이^{ephoroi}' 라고 불리는 감독관들에게 있었다. 이들은 원로원과 민회를 주재하고, 입법에 대한 거부권을 행사했으며, 특히 그 유명한 신생아의 생사여부 결정권*을 갖고 있었다.

물론 이러한 정치 제도에 참여할 수 있었던 이들은 전체 인구의 5%를 차지하던 남성 시민들이었다. 상공업에 종사하던 '페리오이코이(perioikoi: 변두리 사람)', 그리고 국가 소유의 노예 헤일로타이는 어떠한 정치적 권리도 주장할 수 없었다. 특히 도리아인의 정복 과정에서 유래했을 헤일로타이는 완전히 자유를 상실한 채 주기적 학살의 희생양이 되었다. 플루타르코스에 의하면 스파르타인

* 군대 국가라고 할 수 있는 스파르타의 시민들은 일생을 거의 군대 생활로 보냈다. 출생 후 신체검사를 받아 허약한 아이는 내다 버렸고, 선택된 아이는 국가 소유가 되어 7세가 되면 집단생활을 시작하고 군사 훈련을 받았다. 20세부터 60세까지의 군복무 연한 동안 15명이 한 팀이 되어 공동 식사^{syssitia}를 했다. 결혼은 강제적이며 가정생활도 없었고, 오직 건강한 어린 아이를 낳는 것만이 중요했으므로 엄격한 일부일처제도는 부차적인 것으로 여겨졌다.

들은 비무장의 헤일로타이에 대해 정기적으로 전쟁을 선포하고 야밤 학살*을 감행했다고 한다.

이 시민이란 자들은 생활에 필요한 거의 대부분의 것들을 공동으로 사용했다. 노예도 국유 재산이었고, 사냥개나 말도 공동으로 사용했으며 식사마저도 공동 식사였다. 스파르타의 남성들은 20세에서 60세까지, 당시의 평균 수명을 고려한다면 거의 죽을 때까지 병영 생활을 해야 했으므로 공동 식사는 어찌 보면 당연한 절차라고 볼 수 있겠다. 결혼은 주로 여자를 유괴하는 방식으로 이루어졌다. 여러 형제가 아내와 자식을 공유했고, 자식이 없는 경우에는 아내의 혼외정사도 인정했다. 일처다부제 사회였을까? 내 아내, 내 자식이 없으니 가정 따위는 존재하지 않는 사회라고 보는 것이 더 맞겠다. 토지는 추첨에 의한 할당지로 시민에게 분배되었으므로 땅을 사고파는 일은 드물었다. 당연히 양도세나 보유세 같은 세금 걱정도 없었다.

아마도 영화 《300》 속에 그려진 강인한 스파르타 전사들의 힘도 바로 이러한 사회적 유대 의식과 공동체 정신으로부터 나왔을 것이다. 말로만 외치는 공허한 공동체 정신이 아니라 매일 함께 식사하며, 처자식을 공유하고, 사유 재산이라고는 없는 그런 사회적 조건에서 우러나는 무식하리만치 단순한 공동체 의식 말이다. 물론 이러한 단결력도 영구적이지는 못했다. 펠로폰네소스 전쟁^{기원전 431~404}을 거치면서 스파르타에서는 사회 계층에 변화가 일어났고,

대표적으로 헤일로타이의 사회적 지위가 향상되었다. 예를 들어 '네오다모데이' 같은 계층은 전쟁 중에 군사 의무를 수행함으로써 헤일로타이에서 해방된 자들이었다. 전쟁 과정에서 심화된 사회적 분화는 궁극적으로 스파르타인을 그토록 강인한 전사로 만들어 준 공동체 의식에 균열을 가져왔고, 그 결과 펠로폰네소스 전쟁에서 아테네를 패배시키고 그리스 세계의 강자가 된 스파르타였지만 371년 레욱트라^{Leuctra} 전투에서 테베에 무릎을 꿇고 말았다.

Re-thinking history

·

·

·

지중해 지역의 막대한 부가 로마로 집중되었고, 그 수익은 주로 지배 계층의 몫이 되었다. 넘쳐나는 재화를 어쩌지 못해 과시적 소비와 사치가 유행했다. 귀족들은 사흘 동안 아무 일도 하지 않은 채 먹고 마시는 파티를 즐겼다. 음식을 계속 먹기 위해 이들은 하나의 요리가 끝나면 바로 명주실을 삼켜 먹은 것을 토해내고 다음 요리를 위해 위를 비웠다.

4 작은 도시 로마, 제국으로 거듭나다

모든 길이 로마로 향하기 전, 로마는 작은 도시 국가였다. 트로이를 용케 탈출한 아에네아스의 이탈리아 상륙기, 그리고 그의 후손인 그 유명한 늑대 유모가 키운 쌍둥이 로물루스와 레무스의 설화가 로마의 시초라고 알려져 있지만, 이는 우리의 조상이 곰이라는 얘기와 별반 다를 것이 없으므로 무시하기로 하자.

기원전 750년경, 팔라티움 언덕에 라틴족이 촌락을 이루기 시작했다. 전승에 따르면 기원전 500년까지는 왕과 원로원이 존재했으나 그 후 왕정 체제가 종식되고, 로마의 귀족들에 의해 공화정이 수립되었다. 공화정(res publica: 레스 푸블리카, republic이란 말이 여기서 나옴)이란 원래 공적인 것 또는 공공의 재산을 의미했을 뿐, 어떤 민주적 통치 형태를 의미하는 것은 아니었다. 사실 로마의 공화정은 민주적이지 않았고, 권력의 자의적 행사를 억제한 일련의 법과 제도를 통해 귀족들이 통치를 균등하게 분담한 정체政體였다.《로마사》의 저자인 폴리비우스는 로마의 공화정이 왕정, 귀족정, 민주정의 혼합 정체로서 임기 1년의 콘술(집정관), 원로원, 그리고 민회가 상호 견제하고 균형을 유지한 정체라고 자랑하고 있지만, 실상은 귀족을 중심으로 한 과두정에 가까웠을 것이다.

✤ 공화정 수립 이후 평민들이 자신의 권익을 요구하면서 군복무 거부 투쟁을 벌인 사건이다. 당시 로마군은 자비로 무장한 평민들로 구성되어 있었기에 평민들의 군복무 거부는 한창 군사 활동이 활발했던 로마에 치명적 위협이었고, 결국 귀족들은 평민들의 요구를 받아들여 호민관직을 창설했다. 성산은 로마시 북동쪽 5km 근방에 위치한 작은 산.

기원전 494년의 '성산聖山 점거 농성' 사건✤에서 표출된 평민들의 불만은 기원전 287년까지 2세기가 넘도록 지속되어 '신분 투쟁'이라는 이름을 갖게 되었다. 평민들은 호민관제, 12표법, 귀족과 평민의 통혼법, 그리고 평민 출신 콘술의 선출을 규정한 리키니우스-섹스티우스법과 같은 투쟁의 결과물을 획득했다. 이 신분 투쟁의 종착점은 평민회의의 입법권을 인정한 호르텐시우스법의 제정이었다. 이제 로마에서 평민과 귀족 간의 공식적 차별은 사라졌다. 그러나 언제나 그렇듯이 먹음직스러워 보이는 과일이 다 맛있는 것은 아니다. 눈에 보이는 법과 제도가 때로 사회를 움직이는 진정한 힘을 은폐하기도 하는 법. 평민이 귀족과 법적으로 동등해졌고, 평민 출신 콘술이 귀족의 아성인 원로원에 진출했다지만, 이는 소수의 유복하고 운 좋은 자들의 이야기일 뿐이었다.

그럼에도 불구하고 평민들의 권익 신장은 분명한 사실이었다. 왜 귀족들은 평민들에게 자신들만의 권력을 양보했을까? 작은 언덕에서 출발한 로마가 이탈리아 반도를 통일하고 지중해 팽창을

귀족들은 사흘 동안 아무 일도 하지 않은 채 먹고 마시는 파티를 즐겼는데 이들은 음식을 계속 먹기 위해 하나의 요리가 끝나면 바로 명주실을 삼켜 먹은 것을 토해내고 다음 요리를 위해 위를 비웠다.

앞둔 것은 기원전 275년의 일이다. 로마의 이러한 군사적 성공은 지휘관의 능력과 더불어 로마 군대의 능률적인 조직력 때문이었으며, 이 군대를 구성한 것은 다름 아닌 로마의 시민들이었다. 그렇다면 성공적인 신분 투쟁이 도시 국가 로마의 영토 팽창과 시기적으로 일치했다는 것은 우연이 아닌 셈이다.

내부적 정치 갈등을 종결짓고 안정을 되찾은 로마는 1차 포에니 전쟁기원전 264-241을 시작으로 지중해 정복을 개시했다. 모든 계층의 시민들이 정복이 가져다주는 이익에 익숙해졌고, 통치자들은 군사적 영광을 갈망했으며, 승전의 영광은 정치적 역량을 덤으로 가져다주었다. 시칠리아, 사르디니아, 코르시카, 에스파냐, 마케도니아, 그리스, 북아프리카와 소아시아가 로마의 영토가 되었다. 지중해 정복은 로마 사회를 근본적으로 변화시켰다. 지중해 지역의 막대한 부가 로마로 집중되었고, 그 수익은 주로 지배 계층의 몫이 되었다. 군사령관과 정무관, 그리고 속주 총독의 권한이 강화되었고, 징세청부업자나 건설기술자가 유망한 업종으로 부상했다. 넘쳐나는 재화를 어쩌지 못해 과시적 소비와 사치가 유행했다. 귀족들은 사흘 동안 아무 일도 하지 않은 채 먹고 마시는 파티를 즐겼는데 이들은 음식을 계속 먹기 위해 하나의 요리가 끝나면 바로 명주실을 삼켜 먹은 것을 토해내고 다음 요리를 위해 위를 비웠다.

정복 전쟁은 대토지 소유 귀족들에게 풍부한 노예를 제공했다. 노예제는 2차 포에니 전쟁 이전에도 존재했지만, 기원전 2~1세기에는 대규모의 노예가 유입되어 노예제 대농장(라티푼디움)이 발달하기도 했다. 전통적으로 로마의 농업은 곡물 위주의 자급적 소농 경작으로 이루어졌지만, 값싼 노예가 풍부히 제공되는 한 소농은 라티푼디움과의 경쟁에서 불리할 수밖에 없었다. 게다가 장기간의 해외 복무는 농민의 불안한 지위를 더욱 악화시켰다. 비록 일련의 식민시들이 몰락한 농민들을 흡수했지만 식민시 건설이 중단되면서 농촌 빈민이 증가하기 시작했고, 농민의 감소는 장기적으로 군사력의 약화를 야기할 수 있었다.

성공적인 정복 전쟁으로 인해 변화된 사회 구조의 문제는 그라쿠스 형제의 개혁* 시도에도 쉽게 해결되지 못했고, 오히려 정쟁

✱ 기원전 2세기 로마 공화정에서 활동한 형제 정치가 티베리우스 그라쿠스와 가이우스 그라쿠스는 모두 호민관이 되어, 자영농을 육성하는 토지 개혁을 비롯하여 빈민, 무산자를 돕는 여러 가지 개혁을 시행하려고 했으나 로마 원로원과 보수적인 귀족 반대파에 밀려 끝내 죽임을 당하고 개혁은 실패했다.

의 도구가 되었던 듯하다. 이후 원로원 의원들을 주축으로 하는 옵티마테스optimates와 대중에게 호소하는 포폴라레스populares 두 정파가 로마의 정치를 어지럽혔다.✦

이러한 정치적 혼돈 속에 등장하는 것은 거의 언제나 군부 세력이다. 카이사르 장군 이전 이미 가이우스 마리우스기원전 157~86가 빈민들을 군대에 받아들여 사병화하고 퇴역병을 위한 토지 분배를 단행했다. 마리우스 이후에는 술라기원전 138?~78가 자신의 군대를 이끌고 권력을 장악했다. 장군들의 군인다운 정치 활동 덕에 폼페이우스, 크라수스와 같은 후배들도 힘을 얻었으며, 명망을 얻은 카이사르는 원로원을 무력화시켰다. 카이사르의 암살범을 몰아내고 권력을 장악한 아우구스투스 옥타비아누스와 함께 로마 공화정의 역사는 막을 내렸다. 이제 제정의 시대가 시작된 것이다.

신분 투쟁을 거쳐 수립된 로마 공화정은 이탈리아를 통합하고 지중해 세계를 통일했지만 로마 지배층은 거대 제국의 단맛만을 향유했을 뿐 여러 가지 문제들의 해결 방안을 내놓지는 못했다.

✦ 옵티마테스는 공화정 말기 원로원을 중심으로 한 보수적인 과두파 집단을, 포폴라레스는 평민 세력을 기반으로 옵티마테스에 대항하면서 정치 개혁을 시도한 정치 집단을 지칭한다.

루비콘강을 건넌 카이사르와 존엄한 자 옥타비아누스

폼페이우스와 카이사르, 크라수스가 원로원에 대항하면서 제1차 삼두정치(기원전 60)를 결성했다. 기원전 49년 갈리아 지방에 나가있던 카이사르는 원로원과 결탁하여 단독 집정관으로 추대된 폼페이우스에 맞서기 위해 루비콘 강을 건너—여기서 그는 "주사위는 던져졌다"는 유명한 말을 남겼다—로마를 점령했다. 이후 카이사르는 소아시아를 신속히 정복한 후—"veni, vidi, vici(왔노라, 보았노라, 이겼노라)"—로마로 귀환하여, 기원전 44년 종신 독재관으로 취임, 사실상 황제로 군림하기 시작했다.

사실 그는 역사에 길이 남을 유명한 문장을 만드는 데 골몰한 것처럼 보인다. 죽는 순간에도 그는 역사에 길이 남을 문장을 만들 기회를 놓치지 않았다. "브루투스, 너마저 나를."

카이사르가 브루투스와 카시우스에게 암살되자 그의 양자 옥타비아누스는 안토니우스, 레피두스와 연합, 2차 삼두정치를 결성하고 반反카이사르파를 타도했다. 2차 삼두정치도 이집트의 클레오파트라와 연합한 안토니우스와 옥타비아누스의 대결로 종식되었고, 승리한 옥타비아누스는 원로원으로부터 임페라토르(승전 장군)라는 호칭을 부여받고 스스로를 아우구스투스(존엄한 자)라 칭하면서 권력을 장악했다. 이때부터 로마의 제정이 시작되었다.

Re-thinking history
.
.
.

반대로 많은 크리스트교도들은 스스로 순교를 원했던 것처럼 보인다. 한 예로 아시아 속주의 총독이었던 아리우스 안토니우스는 자신들을 죽여 달라고 요구하는 일군의 크리스트교도들을 떨쳐 버리기 위해 진땀을 흘려야했다: "미친놈들, 죽으려면 절벽에 가서 뛰어내릴 것이지, 왜 날 귀찮게 구느냐?"

크리스트교의 등장
할리우드 B급 영화, 크리스트교의 이미지를 만들다

아일랜드의 소시민 블룸이 더블린에서 길을 잃고 헤매는 이야
기를 다룬 조이스의 유명한 소설 《율리시스》*는 주인공 블룸을 유
대인으로, 그의 더블린 체험을 그리스의 서사시 오디세이아로 설
정하고 있다. 어쩌면 조이스는 이 소설에서 유럽 문화를 이루는 두
줄기의 강을 암시하고 있는지도 모른다. 그 두 개의 강 중 하나는
그리스에서, 다른 하나는 이스라엘에서 발원했고, 각기 고대 그리
스 문명과 유대 크리스트교를 형성했다.

옥타비아누스가 권좌에 오를 즈음, 로마 제국의 소아시아 속주
인 유대 지방의 작은 마을 나사렛에서는 한 아기가 태어났다. 그리
고 이 유대인 아기의 탄생과 성장 그리고 죽음은 서유럽의 역사에
놀라운 결과들을 가져왔다.

✦ 1922년 파리에서 출간된 실험 소설. 영국의 작가 제임스 조이스가 그리스의 서사시 《오디세이》를 본떠 1904년 6월 16일, 더블린 시Dublin市의 평범한 광고업자 블룸의 하루 동안의 외적 내적 경험과 회상 등을 자세히 묘사한 장편 소설이다.

예수가 십자가형에 처해지고 난 후, 예수 추종자들은 여러 곳으로 흩어졌지만 크리스트교 최초의 신학자였던 사도 바울은 유대인이 아닌 이교도들에게 자신이 존경하는 이의 가르침을 전달했다. 유대교의 한 작은 개혁 종교가 이제 유대인의 것이 아닌 모든 이의 것으로 변화하기 시작했다.

역사가 타키투스는 64년 로마 방화 사건*이 발생한 지 약 50년 후에 크리스트교도의 수가 상당했다고 기록하고 있다. 1세기의 후반부에 이 새로운 종교의 전파는 아마도 상당히 진척되었던 것 같다. 크리스트교는 로마와 이탈리아 남부, 특히 유대인 공동체가 형성되어 있던 아프리카의 중요한 항구들을 중심으로 발전했다. 물론 두드러진 발전은 여전히 제국의 동방, 즉 팔레스타인과 시리아를 중심으로 한 소아시아 지역에서 이루어졌으며, 특히 성 마가에 의해 설립된 알렉산드리아 교회는 가장 중요한 크리스트교의 중심지로 부상했다.

크리스트교의 빠른 발전은 사실 이해하기 어렵다. 육체의 만족을 용인했고 영혼이 육체를 떠나 존속한다는 믿음을 거부했던 이교도의 세계에서, 또한 잔혹함과 자만, 노예에 대한 잔인한 대우가 지배적이었던 세상에서 육체의 통제와 순결을 이상시하며, 원수를 사랑하라고 가르쳤던 크리스트교는 결코 매력적인 종교는 아니었다.

크리스트교의 성장은 분명하지만 초기 교회는 여전히 로마 제

* 64년 여름에 발생한 로마의 대화재 사건. 네로가 방화범이라는 설이 있지만, 확실한 증거는 없다.

로마인들에게 종교란 일종의 보험과 같은 것이어서 사람들에게 다양한 종류의 보장과 안정을 제공하는 만신전은 일종의 '신들의 멀티플렉스'였던 셈이다.

국이 문제시할 만큼 충분한 세력을 구축하지는 못했다. 42년경 안티오키아의 예수 추종자들에게 붙여진 '크리스트교도'라는 명칭은 로마인들의 은어였다. 로마의 작가였던 수에토니우스는 49년 로마의 유대 공동체 내에 크리스트교도가 있었다고 기록했다. 그러나 어떤 경우에도 크리스트교도에 대한 로마 관리들의 적대감을 드러내는 증거는 없다. 제국의 입장은 지극히 중립적 내지 사무

적이었다. 그렇다면 64년 시작된 제국의 크리스트교 박해는 무엇인가? 왜 크리스트교도들은 원형 경기장에서 사자 밥이 되어야 했을까?

할리우드의 B급 영화들에서 대중화시킨 박해 받는 크리스트교의 이미지와는 달리 특정 종교에 대한 박해와 로마 제국과는 거리가 멀었다. 로마 제국은 다신교 국가였고 정복지의 관습과 문화를 존중하는 정책을 유지했다. '만신전萬神殿, 판테온Pantheon', 모든 신들의 종합 전시장은 그래서 존재했다. 크리스트교라고 해서 종교적으로 박해할 이유는 어디에도 없었다. 로마인들에게 종교란 일종의 보험과 같은 것이어서 사람들에게 다양한 종류의 보장과 안정을 제공하는 만신전은 일종의 '신들의 멀티플렉스'였던 셈이다. 알렉산드로스 세베루스 황제는 그리스도를 위해 신전을 짓고 그를 여러 신들 중의 하나로 포함시키고자 하지 않았던가!

반론을 제기할 수 있다. 지하에서 남몰래 '성스런' 종교를 지키려하던— 영화 속에서는 아직 개념조차 존재하지 않는 양심의 자유를 지키려는 듯 묘사되기도 한다 —크리스트교도들의 모습은 무엇인가? 정말 크리스트교가 관용된 종교였다면 로마시의 관광 명소로 남아있는 카타콤에서의 은밀한 회합은 거짓이란 말인가? 사실 카타콤과 박해 사이에 인과 관계가 있는 것은 아니다. 카타콤은 총연장 250km에 75만 구區의 시체를 보관하고 있는 지하 묘지로, 지리적으로 로마시 중심에서 반경 3km 안팎의 주요 간선도로변에

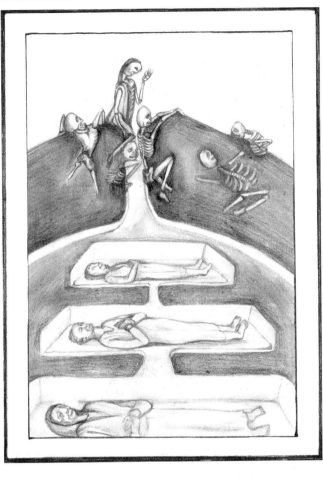

　　　　　　화장을 선호한 로마인들에 반해 크리스트교도는 '육신의 부활'에 대한 믿음에 기반하여 매장 관행을 발전시켰고 자신들의 생활 근거지와 가까운 곳에 매장지를 마련했다. 하지만 이러한 선택은 얼마 되지 않아 크리스트교도들에게 장지 부족의 문제를 야기했다.

삶의 쾌락을 용인하고 추구했던 로마는

크리스트교에 대해 '염세' 라는 죄목을 붙여주었다.

위치했다. 이러한 카타콤의 건설은 3세기 초에나 시작되었으므로 잘 알려진 크리스트교 박해보다 시기적으로 훨씬 이후의 일인 셈이다. 만일 박해를 피하고자 했다면 대로변에 은신처를 만들기보다는 공권력의 눈을 피해 멀리 달아나는 것이 상책일 것이다. 그렇다면 카타콤의 진실은? 그것은 바로 크리스트교도들의 매장 풍습과 관련된다. 화장을 선호한 로마인들에 반해 크리스트교도는 '육신의 부활'에 대한 믿음에 기반하여 매장 관행을 발전시켰고 자신들의 생활 근거지와 가까운 곳에 매장지를 마련했다. 하지만 이러한 선택은 얼마 되지 않아 크리스트교도들에게 장지 부족의 문제를 야기했다. 가장 큰 문제는 로마의 땅값이 매우 비쌌다는 것이다. 결국 크리스트교도들은 자신들의 묘소를 확대하는 대신 지하로 파고 들어갈 수밖에 없었다. 이것이야말로 토지의 경제적 이용에 대한 초보적인 실례라고 하겠다.

물론 박해가 전혀 없었던 것은 아니다. 64년에 벌어진 네로의 '박해'는 분명한 역사적 사실이다. 64년의 방화가 로마시의 3/4을 불태워 버렸을 때 네로는 크리스트교도들을 주범으로 지목했다. 그리고 뒤이어 대규모 학살이 자행되었다. 수에토니우스는 "네로는 새로운 미신을 추종하며 죄를 저지른 크리스트교도들에게 벌을 내렸다"고 기록하고 있다. 로마의 역사가이자 정치가였던 타키투스의 증언도 들어보자.

"로마의 화재를 둘러싼 갖가지 소문들을 잠재우기 위해 네로는 우상숭배로 인해 혐오스럽게 여겨진, 속인들이 흔히 크리스트교도(chrestiani)라고 부르던 자들을 범인으로 지목했다. 이 이름은 그리스도(Chrestos)라는 사람의 이름에서 유래했는데, 이 인물은 티베리우스 시절 빌라도 총독에 의해 사형에 처해진 인물이었다. 일순간 잠잠했던 이 고약한 미신은 다시 범람하기 시작하여 전염병의 본산지인 유대뿐만 아니라 로마에까지 번져 나갔다. 그리하여 로마 도처에서 우리가 아는 모든 지독하고 혐오스런 일들이 벌어졌다. 이러한 신앙을 설파하던 자들이 먼저 체포되었고, 계속해서 이들이 토해낸 정보에 따라 수많은 다른 사람들이 체포되었으며, 이들은 로마를 방화한 죄뿐 아니라 '인류를 증오한다$^{odium\ humani\ generis}$' 는 이유로 비난받았다."

이 텍스트는 크리스트교도가 방화 사건의 희생양이 될 수 있었던 이유에 대한 단서를 제공한다. 방화죄에 첨가된 "인류에 대한 증오" 죄가 그것이다. 크리스트교와 로마 제국이라는 상반된 두 문화의 만남에서 삶의 쾌락을 용인하고 추구했던 로마는 크리스트교에 대해 '염세' 라는 죄목을 붙여주었던 것이다. 그리스식으로 표현하자면 이것은 '삶에 대한 사랑(philo+anthoropia)' vs '살아 있다는 것에 대한 혐오(mis+anthoropia): 염세' 사이의 대립인 셈이다.

당시의 크리스트교 공동체는 로마인들에게 편견과 의혹, 경우에 따라서는 혐오감을 불러일으킬 소지가 충분한 차별적이고 특별한 행동을 보여 주기도 했으므로 로마 사회의 주변인, 혹은 조금 특별한 사람들로 여겨졌던 것이 사실이다. 먼저 그들은 황제 숭배 예식과 군복무를 거부했다—오늘날 '여호와의 증인'과 유사하다—사실 이것만으로도 이들은 국가 기강을 위협한 죄로 충분히 범죄 요건을 충족시켰으며, 나아가 황제에 대한 반역 행위로 비난 받을 소지도 충분했다. 게다가 그때까지 크리스트교는 유대교와 완전하게 구별된 독자적인 종교로 인정받지 못했고, 유대인에 대한 비난은 쉽게 크리스트교도에 대한 의혹으로 옮겨갈 수 있었다.

5현제五賢帝* 시절에 와서도 크리스트교에 대한 평판이 좋아진 것은 아니었다. 안토니누스 피우스재위 138~161와 마르쿠스 아우렐리우스재위 161~180 시절 로마 사회의 지식층은 크리스트교를 줄곧 동방의 신비주의와 혼동했고, 마술과 의심스런 도덕관을 가르치는 종교라고 여겼다. 두 황제의 스승이던 프론토니우스에 따르면 크리스트교도는 당나귀 머리를 숭배하며, 어린아이를 희생 제물로 바치고(이삭의 희생), 인육을 섭취하며(성찬식), 근친상간(유대인의 형사취수 관습과 크리스트교도들이 서로를 형제자매로 부르는 것을 상기하라)을 일삼는 무리들이었다. 게다가 이교도들의 눈에 그노시스트**나 몬타누스주의자***들, 크리스트교도들은 모두 한통속으로 보이기 쉬웠다. 심지어 이들은 어리석고 순진해서 잘 속아 넘어가는 약간 모자란 사람들로 그려지기도 했는데, 마르쿠스 아우렐리우스는 이들을 단지 죽기 위해 반대하는 자들이라고까지 말하고 있다. 이 어리

* 네르바, 트라야누스, 하드리아누스, 안토니누스, 마르쿠스 아우렐리우스로 이어지는 다섯 명의 황제. 이 다섯 황제가 통치한 96~180년까지의 시기를 5현제 시대라고 부른다.

** 헬레니즘 시대에 유행했던 종파의 하나로 크리스트교와 그리스, 이집트 등 다양한 지역의 종교가 혼합된 모습을 보였다. 이원론, 구원 등의 문제에 있어 정통 기독교와 극복할 수 없는 차이를 보이며 이단으로 비난 받고 3세기경 쇠퇴했으나 그 후에도 다양한 종파의 교리와 사상에 영향을 미쳤다.

*** 157년경에 프리기아의 예언자 몬타누스가 시작한 종교 운동에서 비롯된 종말론적이며 금욕주의적인 크리스트교의 이단 종파.

석은 자들은 광신이나 미신을 믿는 차원이 아니라 스스로를 대단히 중요한 존재라고 확신하는 자들로서 보통 사람이라면 상종하지 못할 그런 종류의 인간들이라고 여겨졌다. 이러한 사람들은 도시의 질서와 조화를 위협하는 대단히 위험한 요소들이었고, 그런 점에서 네로는 당시 크리스트교도들에게 씌워지기 시작한 나쁜 평판을 정치적으로 이용했다고도 볼 수 있다.

그러나 이러한 네로 시절의 박해는 결코 지속적인 제국의 정책은 아니었다. 사실 네로의 박해도 법치 국가였던 로마 제국의 입장에서는 결코 "종교적" 박해는 아니었으며 방화에 대한 정당한 법적 처벌일 뿐이었다. 물론 이들이 방화를 저질렀다는 명확한 증거는 없다. 다시 말해 방화죄는 이들이 뒤집어쓴 누명일 수 있다는 이야기이다. 어쨌거나 그 당시 로마인들의 눈에 크리스트교도에 대한 처벌은 엄청난 재산과 인명의 손실을 야기한 방화범에 대한 정당한 보복 행위였던 것이다. 68년 이후 제위에 오른 갈바우스, 오톤, 비텔리우스 등의 황제 시대에는 박해의 흔적을 찾아 볼 수 없고, 베스파시아누스^{재위 68~79}와 티투스^{재위 79~81} 시절에도 마찬가지이다. 다만, 도미티아누스 황제가 주도한 보다 확실한 크리스트교 박해는 소아시아에서 발생했다. 이 박해는 비교적 분명한 역사적 사료를 제공하는데 이는 바로 요한 묵시록이다. 소아시아 지역에서 발전한 크리스트교의 한 무리인 프리기아와 리디아의 공동체*에 대한 정보를 제공해주는 이 문건은, 요한 자신의 파트모스** 유

* 아나톨리아(소아시아) 지방에 있던 왕국들로, 오늘날 터키의 이즈미르 지방에 해당하며 중심지는 사르디스이다. 사도 바울에 의해 선교가 이루어졌다.

** 에페소 남서쪽에 위치한 작은 섬으로 로마 시대 정치범의 유배지로 사용되었다. 도미티아누스 황제 시절 사도 요한이 이곳에서 18개월 유배 생활을 하며 계시록을 쓴 것으로 알려져 있다.

아시아 속주의 총독이었던 아리우스 안토니우스는 자신들을 죽여 달라고 요구하는 일군의 크리스트교도들을 떨쳐 버리기 위해 진땀을 흘려야했다: "미친놈들, 죽으려면 절벽에 가서 뛰어내릴 것이지, 왜 날 귀찮게 구느냐?"

순교는 크리스트교도들 사이에서 일종의 유행처럼 번져나갔다. 이들은 순교가 곧 하늘의 영광, 즉 구원이라고 생각했다.

배(1:9), 그리스도라는 이름을 근거로 행해진 에페소 교회에 대한 박해(2:3), 베르가모에서 벌어진 안티바스의 사형(2:13)* 등을 열거하면서 크리스트교에 대한 군사적·사법적 탄압을 설명하고 있다. 요한의 영향력 아래 있던 소아시아의 크리스트교 공동체는 유대주의와의 연결을 고수했고, 유대인들과 쉽게 동일시되었으며 그것이 이 지역에서의 박해 이유가 되었다.

요한 묵시록은 '묵시와 예언'이라는 독특한 문학 장르를 만들어 냈다. 그리고 수많은 해석과 견해들을 양산해 냈고, 종말에 대한 새로운 주장이 설파될 때마다 맥없이 반복되는 논거의 역할을 했다. 그러나 엄밀히 말해서 요한에 의한 묵시록이 이야기하는 갖가지 해괴한 증언들은 미래에 대한 예언과는 별 관계없다. 그것은 혼란의 도가니 속에서 발생한 천년지복설의 성격을 띤 희망의 문학이었다. 묵시록은 제국에 대한 크리스트교도들의 태도의 변화와 다양성을 반영하는데, 유대인들이 로마에 대적하는 것에 대해 휩쓸리지 말고 황제에 복종할 것(로마서 13:1)을 호소한 바오로 서간과는 달리 로마에 대한 적대감을 노골적으로 표출하면서, 네로 이후의 제국을 크리스트교에 대한 박해자로 간주하고 있다. 로마 제국과 일련의 황제들은 바다에서 나오는 일곱 개의 머리에 열 개의 뿔을 가진 괴물로 묘사되었고(13:1, 2:10, 3:10, 13:3~8), 이교주의의 상징인 바빌론이란 이름으로 불리게 되었다(14:8).** '용과 같은 괴수', 로마의 황제 숭배 예식에 대한 비유인 '사탄의 왕좌'와 같은 표현

* 베르가모 교회의 감독자이자 순교자. '안티바스'는 희랍어로 '모든 것에 반대한다'는 뜻으로 특정 개인이 아니라 일군의 집단이라는 설도 있다.

*** 박해자 로마라는 테마는 주로 네로 황제에 초점이 맞추어졌다. 묵시록 13장 18절이 전하는 666이란 숫자는 네로를 지칭한다. 게다가 당시 로마에서는 네로의 부활에 대한 믿음이 퍼져 있었는데, 그것은 묵시록에서도 재현된다(14:12~14).

057 ‖‖‖‖ 식 인 양 의   탄 생

은 아직 도래하지 않은 미래에 대한 언급이라기보다는 박해 받고 있는 크리스트교 공동체의 현실에 대한 은유적 표현일 뿐이다. 묵시록은 요한이 시련에 봉착한 크리스트교도들에게 전달하고자 한 희망의 메시지였던 셈이다.

5현제 시기는 비교적 평화로운 시기였다. 로마 제국의 전반적인 상황이 그러했지만, 크리스트교도들에게는 특히 그러했다. 크리스트교도들이 그들 왕조에게 5현제라는 명칭을 부여한 것도 바로 그러한 이유에서였다. 물론 크리스트교도에 대한 대중들의 평판은 여전히 부정적이었고, 로마인들의 중요한 오락인 원형 경기장의 서커스를 위해 크리스트교도보다 더 편한 희생물은 없었다. 177년 리옹의 원형 경기장에서 성난 황소에게 던져진 크리스트교도들은 골족의 대표들을 환영하기 위한 잔치의 제물들이었다. 그러나 이러한 사건은 더 이상 크리스트교와 로마 제국 사이의 이데올로기적인 양립 불가능성 때문이 아니었다. 그것은 어쩌면 그리스 로마 문명의 인문주의라는 얼굴 속에 숨겨진 야만성 탓이었다.

반면 많은 크리스트교도들은 스스로 순교를 원했던 것처럼 보인다. 한 예로 아시아 속주의 총독이었던 아리우스 안토니우스는 자신들을 죽여 달라고 요구하는 일군의 크리스트교도들을 떨쳐버리기 위해 진땀을 흘려야했다: "미친놈들, 죽으려면 절벽에 가서 뛰어내릴 것이지, 왜 날 귀찮게 구느냐?"

순교는 크리스트교도들 사이에서 일종의 유행처럼 번져나간 것으로 보인다. 이들이 열성적으로 죽기를 바란 것은 순교가 곧 하늘의 영광, 즉 구원이라고 생각했기 때문일 것이다. 이처럼 자발적 순교가 급속도로 퍼지자 신학자들은 이 열풍을 잠재우기 위해 고심해야 했다. 아우구스티누스가 자살을 범죄화한 것은 아마도 이런 맥락에서였을 것이다.

결론적으로 로마의 크리스트교 박해는 결코 종교적인 이유에서가 아니었다. 황제 숭배 예식을 거부한 크리스트교는 정부의 권위에 대한 도전이었기 때문에 정치적인 이유로 징계를 받은 것이었으며 그나마도 로마의 박해는 그리 오래가지 않았고 장기적인 것도 아니었다.

Re-thinking history
.
.
.

"승리한 정통 교리는 교리를 독점하고 자신의 역사를 고쳐 썼다." 이처럼 고쳐 쓰인 초기 크리스트교의 모든 특징들은 하나로 묶였고 그와 다른 경향은 개인적인 것이라 하여 부정적 이미지를 갖게 만들었으며 그들에게는 추방되어야 할 것으로 새로이 의미가 주어진 '이단'이라는 이름이 부여됐다.

6 혁명적 결탁: 콘스탄티누스 대제의 크리스트교 공인
박해 받던 종교에서 박해하는 종교로, 크리스트교의 환골탈태

로마의 국운은 이미 3세기 중엽 군인 황제 시대를 고비로 서서히 약해지고 있었다. 디오클레티아누스 황제*는 이러한 로마의 재건을 위해 노력했고, 그러한 노력의 일환으로 로마 제국을 둘로 나누어버렸다. 그리고 자신은 동로마의 황제로, 동료인 막시미아누스는 서로마의 황제로 임명해 제국을 분할 통치하기 시작했다. 그러나 엄청난 진통 끝에—그 가운데 하나가 밀비우스^{Milvius} 전투**이다— 제위를 계승한 콘스탄티누스는 양분된 제국을 다시 한 번 통일했고, 좀 더 완전한 정치적 중앙집권화를 통해 유일 황제로서 통치하고자 했다. 이러한 혁명적 조치들의 하나가 놀랍게도 크리스트교의 공인(313)이었다. 이제 로마 제국이 공인한 유일한 종교가 된 크리스트교가 누리게 될 특혜는 당연한 것이었다. 문제는 왜

* 공화정적인 요소를 일소하고, 오리엔트식 전제군주정^{専制君主政, 도미나투스}을 수립한 황제이다. 이탈리아의 천민 출신으로, 졸병에서부터 입신하여 284년 황제가 되었다. 286년 부제^{副帝} 막시미아누스를 정식 황제로 승격시키고, 293년 2명의 정식 황제 및 2명의 부황제에 의하여 분할 통치하는 4분통치제를 시작했다.

*** 312년 10월 28일 로마 황제 콘스탄티누스 1세와 막센티우스가 로마 근교의 밀비우스 다리에서 벌인 전투. 'In hoc signo vince'(이 표식— 십자가—과 함께 승리하리라라는 말로 유명하다. 이 전투에서 승리한 콘스탄티누스는 4분통치제를 끝내고 로마 제국의 단독 황제로 집권했다.

* 308년 콘스탄티누스는 과
거 서로마의 황제이자 막센티
우스의 부친인 막시미아누스
의 딸 파우스타와 정략 결혼
했다. 이후 막시미아누스가
쿠데타를 시도했지만, 콘스탄
티누스에 의해 죽음을 맞이했
다. 326년 콘스탄티누스는
맏아들 크리스푸스를 아내 파
우스타와 간통했다는 죄목으
로 고문 끝에 처형했다.

** 아리우스는 예수가 신의
피조물인 인간일 뿐 신은 아
니라고 주장했다. 알렉산드리
아의 주교 아타나시우스는 이
러한 견해를 비판했으나 니코
메디우스의 유세비우스는 아
리우스를 옹호했다. 아리우스
는 동방 교회에 지대한 영향
을 행사했고, 급기야는 황제
가 개입하였다.
324년 콘스탄티누스가 동방
제국을 장악하면서 사태 해결
을 위해 니케아 공의회를 소
집하였고, 325년 실베스터
교황의 주재로 공의회가 개최
되었다. 220명의 주교가 참
석한 가운데 니케아의 상징이
라고 불리는 크리스트교 교
리-예수의 신성을 인정하고
예수와 성부가 동질임을 천
명했으나 아리우스의 영향은
지속되었다.
콘스탄티누스 대제는 유세비
우스의 영향 아래 아리우스파
주교에 의해 세례를 받았으며
콘스탄티누스 2세도 아리우
스파였다. 결국 종교적 논란
이 재개되었고, 351년 밀라노
공의회가 소집되었다. 381년
콘스탄티노플 공의회가 니케

다른 종교를 제쳐 두고 크리스트교가 선택되었는가 하는 점이다.

밀비우스 전투의 승리에 얽힌 이야기―꿈속에서 신의 계시를
받은 콘스탄티누스가 전투에서 승리한 후 크리스트교로 개종했다
―는 오랫동안 크리스트교의 신이 지닌 권능을 강조했고, 인간의
역사가 신의 섭리에 의해 이루어진다는 것을 미화했다. 그러나 콘
스탄티누스의 개종에 황제 개인의 신비한 경험이 영향을 주었다
는 이야기는 거의 신빙성이 없어 보인다. 그는 공인 이후에도 크리
스트교 이외의 다른 종교들의 수장으로서 자신의 의무를 게을리
하지 않았다. 장인과 세 명의 사위, 맏아들과 처의 참혹한 죽음*에
그 자신이 관련되어 있는 것을 볼 때 그의 개인적 생활이 크리스트
교의 교리에 의해 크게 변화한 것 같지도 않다. 콘스탄티누스의 개
종은 임종이 거의 임박한 시점에서야 이루어졌고, 그나마 로마 교
회가 이단시하던 아리우스파**로 개종했다는 점에서 크리스트교
공인의 이유는 다른 곳에서 찾아져야 할 것이다.

확실한 것은 콘스탄티누스가 처음부터 크리스트교 공인에 정치
적 의미를 부여했다는 점이다. 크리스트교가 황제의 관심사가 되
었다는 것은 이미 크리스트교도가 어느 정도의 기반을 구축하고
있었다는 것을 암시한다. 사실 콘스탄티누스 시대의 크리스트교
도들은 더 이상 지하에 숨어사는 자들―숨어 산 적도 별로 없었지
만―이 아니라 전체 로마 인구의 10% 이상을 차지하는 대중적 세
력을 형성하고 있었다. 게다가 크리스트교는 다른 종교와는 달리

주교를 정점으로 사제와 부사제로 이루어진 게서적 조직을 통해 움직이는 교회를 갖고 있었다. 주교는 성직자와 주민의 동의에 의해 선출되어 이웃 교구 주교의 축성을 받아 주교좌에 올랐고, 죽을 때까지 주교로 머물면서 로마의 행정 구역인 도시와 거의 일치하는 자신의 교구에서 절대적 권한을 행사했다. 또한 사제 서품이나 파문과 같은 종교적 권한 뿐 아니라 교구의 재정, 재판권 같은 세속권을 행사하기도 했다. 즉, 콘스탄티누스의 크리스트교 공인은 황제권의 강화와 통치의 효율성을 증대시키기 위해 교회가 지닌 현실적 능력과 가능성을 정치적으로 이용하고자 한 것이라고 볼 수 있다. 대신 그와 그의 후계자들은 국가와 교회의 긴밀한 결탁을 유지하고 강화하기 위해 교회에 막대한 특혜를 베풀었고, 주교들을 신하로 등용하였으며, 크리스트교도들 사이의 분쟁이나 다른 사람들과의 분쟁을 관할하는 재판권을 부여하면서 교회의 통제력을 더욱 정치적으로 변화시켰다. 죽기 전 그는 아리우스파 주교로부터 세례를 받을 정도로 아리우스파 크리스트교에 기울어져 있었지만 황제는 니케아 공의회에서 아리우스파를 단죄했다.

그러나 콘스탄티누스가 권력 집중을 위한 파트너로 선택한 크리스트교는 막상 뚜껑을 여는 순간 황제의 기대를 저버린 듯했다. 곁에서 보는 것과 달리 크리스트교는 결코 통일된 교리를 확립한 종교가 아니었기 때문이다. 초기 기독교 시대의 대다수 신학 저서들이 기본적으로 논쟁서들인 점으로 미루어 공인 이전에는 오히

아의 결정을 재확인하면서 공식적으로는 문제가 일단락되었지만, 아리우스파는 제국 동부에서 여전히 큰 영향력을 행사했다.

려 다양한 신학적 교리와 견해들이 비교적 평화롭게 공존했다. 그러나 교회가 제국의 정치권력과 결합하면서 제국은 크리스트교를 세속 정부와 공생공사하는 교회 기구로 변모시켰고 제국의 법령이 준수되도록 교회의 협력을 요구했다. 그리고 이때부터 크리스트교의 다원적인 성격은 사라지고 그리스도에 대한 믿음은 제도화된 크리스트교로 바뀌게 된 것이다. 크리스트교는 공인된 순간부터 모든 사람들을 자신의 품에 포괄하고 나아가 모든 행동을 통제하려는 일원적이고 계서화된 하나의 집단이 되었고 이를 위해 정통교리가 만들어졌다. 정통이라고 결정된 견해 이외의 것들은 모두 이단이란 이름으로 단죄되고 금지되기 시작했다. 왜냐하면 그것은 더 이상 종교적인 문제가 아닌 국가적 차원의 문제였기 때문이었다.

콘스탄티누스의 니케아 공의회(니케아 종교 회의)에서도 드러나듯이 당시 교회는 황제가 생각했던 것보다 훨씬 더 복잡한 양상으로 분열되어 있었다. 게다가 과거 교회가 제국으로부터 기대했던 것이 박해로부터의 해방에 지나지 않았다면, 크리스트교 황제의 등장 이후에는 이들이 교회에 대해 충성스런 신하로 행동할 것을 요구받으면서 새로운 국면을 맞았다. 진정한 신앙을 수호하는 황제는 크리스트교도들 사이에 분쟁이 일어날 경우 어느 쪽의 손을 들어줄 것인가를 결정해야 했다. 그리하여 종교적 견해를 달리하는 사람들은 소외되고 처벌 받았으며, 또 그렇게 하지 않으면 안

되는 상황이 벌어졌다. 실제 처음으로 박해의 대상이 된 아프리카 북부의 소수파 도나투스파는 교리상의 견해 차이보다는 정치권력과 크리스트교 왕의 결탁을 반대해 탄압을 받은 것으로 알려졌다. 때문에 그들은 박해와 순교의 초기 단계에서 자신들이야말로 진정한 교회의 계승자들이라고 주장하였고, 제국과 결탁해 봉사하고 동시에 제국을 이용해 점차 고압적인 자세를 취하며 크리스트교도들 간에 분열을 초래한 사람들이야말로 배신자라고 선언했다. 신자들 중 일부는 계서화된 교회를 위협하지 않으면서 교회가 수용할 수 있는 개인적 해결책을 모색했다. 세상으로부터 은둔하여 사막으로 간 은자들, 혹은 수도원에서의 공동생활을 택한 수도사들이 그런 사람들이었다. 초기 시대의 덕목을 고수했지만 그것을 크리스트교 세계 전체를 위한 하나의 규범으로 만들려고 하지 않았던 이들 금욕주의자들은 자신들의 고결한 명성에 이끌려 찾아온 수많은 순례자들을 피하기 위해 갖은 수단을 강구해야만 했다. 그중 시메온이라는 이름의 수도사는 높은 기둥 위에서 생활했는데 그 기둥의 높이는 점점 높아져 나중에는 지면으로부터 거의 20미터에 이르렀고, 459년 죽을 당시까지 40년 이상을 그 위에서 살았다고 한다.

4세기 말, 제국의 통치 기구 및 관료 조직이 축소되고 있을 때 교회는 비약적으로 팽창했고, 반대로 로마 제국은 게르만족들이 야기한 혼란에 의해 위기에 봉착해 이미 쇠잔해가던 국가의 통치 조

"날 좀 내버려 둬!"

세상으로부터 은둔하여 사막으로 간 은자들, 혹은 수도원에서의 공동생활을
택한 수도사들, 이들 금욕주의자들은 자신들의 고결한 명성에 이끌려 찾아온
수많은 순례자들을 피하기 위해 갖은 수단을 강구해야만 했다.

직과 기강은 더욱 빠르게 붕괴되었다. 어떤 의미에서는 이 시기에 교회가 국가를 대체하기 시작했다고도 볼 수 있다. 그리하여 마침내 게르만족들이 서유럽의 새로운 주인이 되었을 때, 크리스트교 교회와 주교들은 로마의 대변자이자 로마 문명의 수호자로 자처할 수 있었다.

313년 콘스탄티누스의 크리스트교 공인은 분명 하나의 혁명이었다. 공인 이후 크리스트교도의 수는 비약적으로 증가해서 4세기 초 500만 명에서 세기 말에 이르러서는 약 3000만 명으로 증가한 것으로 추정된다. 수적 증가는 크리스트교도의 사회적 위상을 변화시켰다. 즉 크리스트교가 신도들의 사회적 지위, 재산, 권력의 향상에 도움이 될 수 있다는 인식이 퍼져나갔고, 이제 그것은 부와 권력을 얻기 위한 지름길로까지 여겨졌다. 귀족은 점차 주교의 지위를 자신의 지위와 권력을 지키고 넓히는 수단으로 간주했다. 그도 그럴 것이 로마의 행정 조직이 이완되고 있던 상황과는 정반대로 주교는 자신의 교구에서 교회 헌금을 관리했고, 보조금을 지급받고 면세 혜택을 누렸으며, 나아가 속주의 총독에게 맡겨졌던 통치권까지 위임받기에 이르렀던 것이다. 로마의 전통적인 귀족들이 주교직에 관심을 표명한 것은 너무나도 당연했다.

공인을 통해 크리스트교는 이제 권력의 속성을 더욱 강하게 지니게 되었다. 공인된 크리스트교는 필연적으로 공인되지 못한 크리스트교를 낳았으며 예전에는 비교적 평화롭게 공존할 수 있었

Councils of Constantine

크리스트교의 공인은 크리스트교의 세속화를 부채질했다. 황제의 영역 안에서 자리 잡은 크리스트교는 세속과 불가분의 관계를 맺게 되었고 그 안에서 강자의 편에 서게 되었다.

던 다양한 의견들이 종교의 수호자인 황제에 의해 심판 받고 단죄 되었다. 마치 권력이 자신 이외의 모든 것을 적으로 돌릴 수 있는 것처럼, 크리스트교는 단일한 자신 이외의 모든 이질적인 것을 적으로 돌릴 수 있게 된 것이었다. 또한 크리스트교의 공인은 크리스트교의 세속화를 부채질했다. '박해 받던' 종교가 박해하는 종교로 환골탈태한 것이다. 황제의 영역 안에서 자리 잡은 크리스트교는 세속과 불가분의 관계를 맺게 되었고 그 안에서 강자의 편에 서게 되었다. 재산과 권력의 추구는 향후 중세 유럽의 교회가 자랑한 위세의 근간을 이루었다. 황제의 공인은 이후 국가와 교회와의 일방적인 관계 맺음의 시초였을 뿐만 아니라 양자 사이의 가능한 공생 관계를 보여 주었다. 이러한 공생을 통해 크리스트교는 국가와 닮아갔고 국가 권력의 억압적 성격을 점점 더 많이 향유하게 되었다.

일단 권위가 확립되자 크리스트교 교회는 크리스트교 신앙의 기원에 관한 새로운 견해를 만들어야 했는데 이에 따라 교회의 다원주의적 측면은 배제되고 침묵을 강요받거나 아니면 불법적인 것으로 간주되었다. 동시에 교회는 자신의 역사를 로마의 역사와 연계하기에 이르렀는데, 예수는 아우구스투스가 제국을 창건하고 로마의 평화를 건설하고 있을 때 태어났다는 식이었다. 승리한 정통 교리는 모든 교리를 독점하고 역사란 모름지기 승자의 것이라는 점을 확인하려는 듯이 자신의 역사를 고쳐 썼다. 이처럼 고쳐 쓰인 초기 크리스트교의 모든 특징들은 하나로 묶였고, 그와 다른 경향은 개인적인 것이라하여 부정적 이미지를 갖게 만들었으며,

그들에게는 추방되어야 할 것으로 새로이 의미가 주어진 '이단'이라는 이름이 부여됐다. 정통 교리의 얼굴은 이처럼 왜곡된 거울 속에서 완성되었고, 거의 언제나 동방적인 기원, 이원론적 요소들, 부도덕, 마법과 같은 몇몇 공통적 측면들을 가진 다른 얼굴들과 자신을 대조시켰다.✽

제국의 역사에서 크리스트교의 발전은 379년에 절정에 달한다. 그해 8월 테오도시우스 1세[재위 379~395]는 강제적인 종교 통일령을 내렸다. 그는 법으로 이단을 단죄하고 콘스탄티노플(옛 이스탄불) 주민들에게 니케아의 교리를 따르도록 명했으며, 이교 신전을 폐쇄하고 종교의식을 금지시켰다. 크리스트교로 개종하지 않는 자는 대역죄인으로 간주되었고, 사형과 재산 몰수를 감수해야 했다. 이제 로마 제국은 적어도 공식적으로는 크리스트교와 동의어가 되었다. '로마 제국=크리스트교'의 등식이 성립한 것이다. 제국 안에서, 제국의 비호를 받으며 발전한 교회는 그래서 제국의 체제를 닮았다. 그러나 이는 또 다른 문제의 시작이었다. 진정 교회와 제국이 한 몸이 되었다면, 제국의 몰락은 곧바로 교회의 몰락을 의미하기 때문이다. 제국의 동쪽에서 교회와 제국의 밀월 관계는 15세기까지 존속했다. 그러나 서방의 상황은 이와는 대조적이었다. 제국은 너무나도 일찍 몰락했고, 크리스트교는 애써 구축한 자기중심의 구조 속에서 비틀거렸다. 살아남기 위해서 크리스트교는 잃어버린 이 구조물을 다시 한 번 일으켜 세워야 했다. 800년 12월 25

일, 샤를마뉴^{재위 768-814}*라는 한 야만인들의 왕이 서로마 황제로 대관된 것은 결코 우연적인 사건이 아니었다.

✿ 카롤링거 왕조의 제2대 프랑크 국왕. 몇 차례의 원정으로 영토 정복의 업적을 이루고 서유럽의 정치적 통일을 달성했다.

Re-thinking history

게르만족은 로마 제국의 유산은 무엇이든 받아들이고자 했지만, 그러면서 제국 말기에 시작된 쇠퇴는 더욱 심화되었다. 그들은 인간 생활과 기념비들, 경제 조직을 파괴했다. 게다가 543년부터 반세기 이상 이탈리아와 스페인, 갈리아 전역을 휩쓴 흑사병이라는 자연 재해는 야만인의 재앙을 더욱 부채질하였다. 서양은 파멸의 심연에 빠졌다. 암흑시대가 도래한 것이다.

7 서로마 제국의 몰락
세계의 여왕, 파멸의 심연으로 빠져들다

그토록 화려한 문명과 지중해 세계를 제패할 정도로 막강한 군사력을 자랑했던 로마 제국의 몰락은 또 하나의 수수께끼이다. 그 많은 병사들은 어디로 갔으며, 위대한 지도력을 발휘했던 장수들은 또 어디로 사라졌을까?

지중해 전역을 지배했지만, 로마 제국은 엄밀히 말해서 폐쇄적이며 보수적인 군사 국가였다. 영원한 도시 로마는 성벽 안에서 생산 없이 소비만 했다. 기술 혁신 없이 경제는 약탈에 의해 운용되었고, 정복 전쟁은 로마 제국에 자양분을 공급하는 탯줄 역할을 했다. 개혁 없는 보수성이 지배하는 로마, 보수주의의 걸작인 로마 문명은 2세기 후반 파괴와 개혁의 힘이 폭발하면서 위기에 처했다.

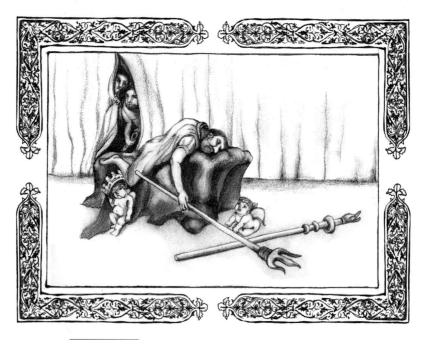

화려한 문명과 막강한 군사력을 자랑했던 로마 제국의 몰락은 또 하나의 수수께끼이다. 그 많은 병사들은 어디로 갔으며, 위대한 지도력을 발휘했던 장수들은 또 어디로 사라졌을까?

✠ 마르쿠스 아우렐리우스 황제의 아들로, 부친의 재위 때부터 부황제 역할을 했고, 180년 3월 아버지의 죽음 이후 제위에 올랐다. 직접 검투 경기에 참가하기도 했던, 괴팍하고 무능했던 코모두스는 192년 암살당했다.

180년 마르쿠스 아우렐리우스의 사망 후, 이른바 5현제 시대가 끝나면서 로마는 내외적 혼란기를 겪게 된다. 무능한 패륜아였던 코모두스*는 192년 암살당했고, 이후 로마는 정치적 권위의 상실을 경험했다. 235년에서 284년 사이에는 무려 26명의 군인 황제들이 교체되었는데, 이들 중 25명이 살해당했다.

2세기 말 로마의 정복 활동은 중단되었다. 더 이상 정복할 땅이 없었던 것이다. 정복 전쟁의 종식이 야기한 문제는 심각했다. 외부로부터의 노예 공급이 줄어들자 노예 노동에 입각한 농업 생산은 침체하기 시작했으며, 이는 전반적인 경기 침체로 이어졌다. 심지어 인구마저 감소했다. 속주민이 해방되었고, 스페인, 갈리아, 동방인들이 원로원에 진출하기 시작했다. 트라야누스와 하드리아누스는 에스파냐, 세베루스가*의 황제들은 아프리카 출신이었다. 황제 카라칼라*는 제국의 모든 주민에게 시민권을 부여했고, 속주민의 지위 상승은 곧 로마의 원심력을 재고하게 했다.

3세기 제국 변경에서는 게르만족과 군사적 분쟁이 촉발되었다. 제국은 국경 지역의 게르만족을 동맹시민 내지 동맹군으로 받아들이고 위기를 해결하려 했다. 이는 훗날 중세 문화의 한 특징인 게르만과 로마의 융합이라는 단초를 이루었다. 디오클레티아누스 황제는 제국의 동서분할이라는 특단의 조치를 내렸고, 콘스탄티누스대제는 크리스트교에 의지해 문제를 해결하려 했지만, 이는 근본적인 해결책이 되지 못했다. 보편적 소명을 지닌 크리스트교는 기존 문명의 틀 안에서 유폐되기를 거부했다―아우구스티누스의 《신국론》**은 인국人國과 신국神國의 대조를 통해 제국의 운명과 교회의 운명이 결코 같은 것이 될 수 없음을 역설했다― 5세기 후반에 이르러 이민족의 침입은 돌이킬 수 없는 상태가 되었고, 제국은 이를 해결할 힘을 상실했다. 결국 게르만의 소부족인 스킬족의 왕 오도아케르는 476년 서로마 제국의 마지막 황제 로물루스 아우구스툴루스재위 475~476를 폐위시켰다. 서로마 제국의 종말이었다.

정치적 불안과 사회적 혼란은 로마 제국의 문화적 분위기마저 뒤흔들었다. 3세기경 플로티누스는 신비주의적이며 내세적 성격

* 본명은 마르쿠스 아우렐리우스 세베루스 안토니누스. 211년 제위에 올랐고, 안토니누스 칙령을 발표하여 제국의 모든 자유인에게 시민권을 부여하였다. 유명한 카라칼라 욕탕을 건설하였는데, 포악한 정치로 많은 사람을 죽였고 음탕한 생활에 빠졌으며, 217년 파르티아 원정 때에 측근 마르키누스에 의하여 암살당했다.

** 413~427년 사이에 쓰인 22권의 책. 410년에 알라리크 1세가 거느린 고트족이 로마에 침입하여 점령한 사건을 두고 이교도 측이 크리스트교를 공격했을 때 아우구스티누스는 이 책을 발표하면서 '하느님의 나라'와 '땅의 나라'를 대비 설명하고 크리스트교를 옹호하였다. 이 책은 그 성격상 호교적護敎的 서적이지만, 서유럽 최초의 역사 철학서로도 평가받는다.

이 강한 신플라톤주의를 발전시켰다. 영혼과 육체, 정신과 물질의 극단적 분리를 주장하면서 명상을 통한 신과의 합일을 최고의 목표로 제시한 이 종교는 현실에 환멸을 느낀 많은 로마인들을 추종자로 만들었고, 이는 국가와 사회의 문제들에 대한 철저한 무관심을 조장하면서 오랜 전통의 스토아 철학*을 완전히 대체했다.

제국의 폐허 위에서 중세 유럽의 세계가 형성되었다. 변형 중에 있던 로마 제국의 구조와 '야만적인' 게르만족의 특징들이 수렴된 결과였다. 제국은 이미 3세기 이후 그 통일성을 잃기 시작했다. 속주들 간의 상업도 쇠퇴했고 수공업 생산은 침체되었으며 통화마저 희귀해졌다. 버려진 토지는 황무지가 되었고, 화폐 부족으로 구매력을 잃은 도시민들은 생필품 공급이 원활하지 않자 부득이 생산지 근처로 흩어지기 시작했다. 빈민은 자유를 포기하고 대토지 소유자들의 지배하에 들어갔다.

농촌화 현상은 이후 중세 유럽 사회의 가장 기본적 특징이 될 것이었다. 현장 생산에 얽매인 경제 체제는 필수불가결한 인력을 생산 현지에 매어 놓지 않으면 안 되었다. 머물러 사는 사회가 만들어진 것이다. 또 하나의 거시적 변화는 로마가 지배한 지중해 세계의 종식이었다. 상업의 쇠퇴 그리고 뒤이은 이슬람 세력의 팽창은 지중해 무역을 단절시켰고, 이제 유럽은 거의 완전한 자연 경제 상태에 놓이게 되었다. 기술적 퇴보 역시 중세 서양을 오랫동안 결핍 상태로 머물게 하였다. 석재는 더 이상 채굴되지도 가공되지도 않

* 기원전 3세기 키프로스의 제논이 창시한 철학. 네로의 스승이었던 세네카, 노예였던 에픽테토스, 로마 황제 마르쿠스 아우렐리우스가 스토아 철학자로 유명하다. 자연의 순리를 따라 살며, 정념에 흔들리지 않는 금욕적 삶의 이상을 제시했다.

았으므로 목재가 다시 중요한 재료가 되었다. 예술은 퇴보했고, 도덕 수준도 하락했다. 성*적 탈선이 극에 달하고, 구타, 폭식 등의 폭력 행위가 격화되었다.

게르만족은 로마 제국의 유산은 무엇이든 받아들이고자 했지만, 그러면서 제국 말기에 시작된 쇠퇴는 더욱 심화되었다. 그들은 인간 생활과 기념비들, 경제 조직을 파괴했다. 게다가 543년부터 반세기 이상 이탈리아와 스페인, 갈리아 전역을 휩쓴 흑사병이라는 자연 재해는 야만인의 재앙을 더욱 부채질하였다. 서양은 파멸의 심연에 빠졌다. 암흑시대가 도래한 것이다.

한때 세계의 여왕으로 간주되던 로마가 지금은 우리가 보는 대로 고통 속에서 쇠약해졌고, 슬픔에 잠겨있도다. 시민들은 사라졌고 적들의 공격으로 건물은 황폐해져 붕괴하도다. 원로원은 어디에 있는가? 인민은 어디로 사라졌는가? 시체들은 흩어지고, 인간들은 소진되고, 이 세계의 위엄과 모든 영광은 사라졌도다.

_교황 그레고리우스 1세의 회고

Re-thinking history

·

·

·

이로써 유럽은 새로운 얼굴을 갖게 되었다. 종교적 수도는 로마에, 군사적 중심은 알프스 이북에 둔, 그리고 동쪽의 동로마 제국과 지중해 남동부의 이슬람 문명과는 뚜렷이 대조되는 유럽 크리스트교 사회가 출범한 것이다. 제대로 만들어진 얼굴인지는 모르지만, 아무튼 이후에는 별다른 성형수술 없이 유럽은 자신의 얼굴을 전 세계에 자랑하고 다녔다.

8 로마 교회와 프랑크 왕국
유럽의 얼굴이 만들어지다

우리는 로마 가톨릭교회가 2000년을 넘게 존속한 사실을 당연한 일로 여기는 경향이 있다. 그 교리의 '보편성'과 무수한 '박해'에도 굴하지 않은 크리스트교 신앙의 정신을 장수의 1등 공신으로 생각하기도 한다. 그러나 과연 그것만으로 장수의 이유를 설명할 수 있을까? 로마 제국이 몰락한 이후로도 바로 그 제국과 200년에 걸쳐 하나가 되었던 로마 교회가 살아남은 것을 달리 해석할 수도 있지 않을까? 엄밀히 말하자면 서로마 제국의 몰락 이후 로마 교회의 입지란 한마디로 천애 고아의 그것과 유사했다. 왜냐하면 그들이 알고 있던 세상 어디를 둘러보아도 로마 교회의 편을 들어주는 세력은 없었기 때문이다. 동로마 제국—동로마의 수도인 비잔티움의 이름을 따서 비잔틴 제국이라고도 불린다—과는 신학적 대립으로 멀어져 있었고, 로마를 둘러싸고 있는 대다수 게르만족들은 모두 아리우스 이단이었다. 이런 정세에서 잘 알려지지도 않은 한 게르만족 일파의 수장인 클로비스가 로마 가톨릭으로 개종한 사건은 교회로서는 놀라운 소식이었다. 강한 생존 본능을 지닌 로마 교회는 클로비스라는 지푸라기를 붙잡았고, 그것으로 굵고 튼튼한 동아줄을 만들어냈다.

사실 6세기 이탈리아 반도의 전망은 지극히 불투명했다. 교황은 라틴 교회의 수장으로서 중부 이탈리아 지역에 대한 독립적인 통치권을 확보하고자 했다. 8세기 초 롬바르드족*이 이탈리아 전역을 석권하자 교회는 외부 지원 세력을 모색했지만 신학적 문제가 곧잘 정치적 문제로 비화되었던 제정일치주의의 동로마는 로마 교황과 불편한 관계를 유지했다. 가장 논란거리였던 문제는 그리스도의 본성론, 즉 예수는 신인가 인간인가의 문제였다. 예수가 신이라면 하느님은 유일신이 아니게 되고, 인간이라고 하기에는 무언가 찜찜했다.

동로마 제국 황제 측은 언제나 정치적 타협책을 찾고자 했지만, 대개 어느 쪽도 만족시키지 못했다. 이 와중에 로마 교황과 황제의 관계는 극도로 악화되어 황제에 의해 귀양 보내진 교황 실베리우스가 굶어죽는 사태가 발생했다. 그는 유일한 '순교 교황'의 영광을 누리게 되었다.

6세기 중엽 교황권은 바닥으로 추락했고, 로마 교황은 동로마

* 또는 랑고바르드족. 도나우 강 연안에 살던 게르만족의 일파로 568년에 이탈리아를 침공하여 왕국을 세운 부족이다. 그들이 세운 왕국은 774년 프랑크족에게 정복될 때까지 이탈리아의 상당 부분을 지배했다.

제국 황제의 꼭두각시가 되었다. 이러한 교회를 다시 일으켜 세운 인물이 '대★교황'의 칭호를 얻은 그레고리우스 1세였다. 부유한 로마 귀족 가문에 고위 관료 출신이었던 그는 590년 교황에 선출되었고, 실질적으로 로마를 다스렸다. 추락했던 교황의 권위가 다시 살아나기 시작했다. 그러나 같은 시기 로마 교회는 새로운 문제에 직면하게 된다. 유럽에서 교황권이 회복되고 점차 강력해지는 사이 아라비아 반도에서 신의 계시를 받은 새로운 예언자가 등장한 것이다.

모하메드[570~632]가 창시한 새로운 '책의 종교'★는 단순하고 엄격한 가르침을 토대로 그 세력을 확대하여 아라비아, 시리아, 페르시아를 차례로 정복하고 북아프리카를 넘어 이베리아 반도까지 진출했다.

★ 여기서 말하는 책은 구약성서를 말한다. 로마 가톨릭, 개신교, 그리고 이슬람 이 세 종교는 모두 이 책을 토대로 한 종교들이다.

상황을 정리해 보자. 교황과 동로마 황제의 관계? 매우 껄끄럽다. 이탈리아 반도는? 롬바르드족이 득실거린다. 지중해 남쪽은? 코란과 반월도가 넘쳐나고 있다. 이제 무엇을 할 수 있을 것인가. 껄끄럽지만 고개 숙이고 동로마 황제에게 의지해볼까? 그러나 이마저도 부질없는 희망이 되어버렸다. 7세기에 벌어진 그리스도 본성 논쟁은 칼케돈 공의회가 양성론을 결정하면서 공식 종결되었지만, 이집트의 단성론자들은—예수가 신이라고 주장했던—여전히 그들의 입장을 고집했다. 이 문제로 인해 로마 교회와의 분쟁이 발생했지만 황제는 단성론을 지지한다는 입장을 표명했다. 당시 동로마는 나일강 유역에서 이슬람의 세력 확장을 저지하고자 했고, 이집트의 단성론자들과 불편한 관계를 만들 생각이 전혀 없었기 때문이었다. 물론 이슬람으로부터의 이집트 탈환이 가망 없는 일임이 분명해지자 황제는 다시 로마 교회와의 관계를 회복했다. 그러나 8세기 초 동로마 제국의 황제 레오 3세가 소규모 자영농의 몰락과 대토지의 집중 현상을 해결하기 위해 우상파괴정책이란 카드를 꺼내들면서 동로마 제국과 로마 교회의 관계는 일촉즉발의 위기 상황에 빠졌다. 자유농은 제국군의 주축이었기에 이들의 감소는 군사력을 약화시켰고, 대토지 소유자는 차지인에게 일정 정도 사법권을 행사했기 때문에 황제권을 잠식하는 결과를 초래했다. 레오 3세는 면세특권과 막강한 사법권을 행사했던 교회, 특히 수도원이 소유한 대토지들에 대해서도 불만을 품었다. 그리하여 황제는 전교를 목적으로 성직자들이 이용하는 우상의 사용을 문제 해결의 실마리로 제시했고, 726년 우상파괴령을 반포했다.

우상 파괴 반대자들에게 그리스도를 눈에 보이는 형상으로 묘사할 수 없다는 주장은 예수가 인간의 몸으로 이 세상에 왔다는 사실을 의문시하는 불경한 생각으로 여겨졌고, 나아가 우상 파괴는 지상의 모든 물질 존재를 본질적으로 사악하다고 보는 마니교적 사고방식으로 간주되었다. 우상 파괴 논쟁의 열기를 이해하려면, 가장 노골적인 형상숭배는 단지 물신론자에 불과한 반면, 가장 극단적 파괴론자는 마니교도로 간주되었다는 교리상의 문제를 이해할 필요가 있다. 왜냐하면 우상 파괴에 반대하면서 나무나 돌로 만든 신의 모습을 중요시하는 태도는 정신이 아닌 물질에 대한 숭배로 간주될 수 있었고, 모든 우상을 파괴해야 한다는 논리는 교회가 이미 이단으로 단죄한 이원론―신에 의한 선한 정신의 창조와 악마에 의한 악한 물질의 창조―을 따르는 것으로 여겨질 수 있었기 때문이다. 이 논쟁은 동로마 제국에서 한 세기 이상 지속되었다.

우상파괴령은 로마와 콘스탄티노플을 갈라놓은 결정적 계기가 되었다. 이제까지는 교리상의 분쟁에도 불구하고 황제의 충성스런 신하로 자처해왔지만, 교황 그레고리우스 2세는 황제의 우상파괴령에 대해서만큼은 복종을 철저히 거부하고 황제를 협박하기까지 했다.

로마를 위협하던 롬바르드 왕국의 성장에 대해서 이제 교황이 뽑을 수 있는 카드란 별로 없었고, 교회는 자신을 보호해 줄 새로운 군사력을 찾을 수밖에 없었다. 적당히 멀리 떨어져서 교황의 독립적 위치를 위협하지도 않으면서, 필요한 경우 강력한 군대로 자신들을 지켜줄 수 있는 힘은 어디에 있었을까?

가장 이상적인, 이상적이라기보다는 차라리 유일한 후보는 바로 프랑크 왕국이었다. 4세기 라인강 유역에서 서서히 세력을 팽창한 프랑크족은 클로비스^{재위 481~511}의 지휘 아래 골(Gaule: 오늘날의 프랑스 지역)지방을 정복하고 메로빙 왕조^{Merovingian dynasty}를 세웠는데, 클로비스는 다른 게르만족과는 달리 자신이 정복한 골 지방의 종교인 로마 가톨릭을 받아들여 스스로 세례를 받으면서 로마 교회와의 협력 관계를 위한 토대를 일구었다. 클로비스 사후 왕권이 약화되면서 궁재富宰, majordomus*가 실권을 장악했고, 8세기 초 궁재가 된 카를 마르텔의 경우 732년 투르-푸아티에 전투**에서 이슬람군을 격퇴하고 그 명성을 알리기도 했다.

카를 마르텔의 후손인 아들 피핀이 등장하면서 프랑크 왕국과 로마 교회의 밀월은 시작되었다. 궁재의 지위에서 이제는 새로운 카롤링 왕조Carolingian dynasty의 개창을 꿈꾸게 된 피핀은 새 왕조의 정당성을 확보하기 위해 교황에게 손을 뻗었다. 그는 750년경 교황 자카리아스에게 메로빙의 왕 힐데릭 3세와 자신 사이에 진정한 왕이 누구인가를 자문했고, 교황은 큰 고민 없이 피핀의 손을 들어주었다―힐데릭은 수도원에 감금되었고 그곳에서 사망했다― 그의 명에 따라 교황 사절 보니파키우스는 카롤링 왕조의 첫 황제에게 성유를 부어주었고, 이 새로운 즉위 예식을 통해 카롤링 왕조의 왕들은 신의 재가를 받게 되었다.

752년 롬바르드가 라벤나를 함락시키고 로마를 위협하자 교황 스테판 2세는 피핀에게 구원을 요청했고, 피핀은 이탈리아로 와서 롬바르드족을 물리치고 교황을 구했다. 게다가 콘스탄티노플이 해방된 지역을 요구하자 피핀은 이를 무시하고 수복한 지역을 성 베드로의 후계자에게 넘겨주었다. 이때부터 교황은 중부 이탈리아를 독립적으로 통치했고, 이 교황 왕국은 1870년까지 존속했다.

---

* 메로빙거 왕조의 최고 궁정직

** 732년 압두르 라하만이 이끄는 이슬람군은 이베리아 반도로부터 피레네 산맥을 넘어 프랑크 왕국에 침입하여 프랑스 중부 지방까지 진격했다. 이에 맞서 궁재 카를 마르텔은 투르와 푸아티에 사이에서 중무장한 기병군을 이끌고 이슬람군을 격퇴했다.
이 전투는 서유럽 그리스도교 세계를 이슬람화의 위기에서 구출한 중요한 사건으로 평가되고 있지만, 이는 유럽인의 시각일 뿐, 과연 이슬람 세력에게 그것이 단순한 약탈 행위 이상의 의미를 지니는 것이었는지는 의문의 여지가 있다.

교황 사절 보니파키우스는 카롤링 왕조의 첫 황제에게
성유를 부어주었고, 이 새로운 즉위 예식을 통해 카롤링 왕조의 왕들은 신의
재가를 받게 되었다.

카를 마르텔의 후손인 아들 피핀이 등장하면서
프랑크 왕국과 로마 교회의 밀월은 시작되었다.

종교적 수도는 로마에, 군사적 중심은 알프스 이북에 둔, 그리고 동쪽의 동로마 제국과 지중해 남동부의 이슬람 문명과는 뚜렷이 대조되는 유럽 크리스트교 사회의 출범.

　　피핀에 의해 시작된 로마와의 협력 관계는 800년 성탄절, 성 베드로 성당에서 벌어진 샤를마뉴의 서로마 황제 대관식에서 절정에 이르렀다. 12월 25일 미사를 집전하던 교황이 제관을 꺼내어 샤를마뉴의 머리에 씌워준 것이다. 황제의 대관식이라는 놀라운 아이디어가 교황에게서 나온 것인지 샤를마뉴에게서 나온 것인지는 분명하지 않지만 그 동기가 분명한 것은 교황 쪽일 것이었다. 물론 별다른 관심이 없었다 해도 동로마 황제와 대등한 지위를 의미하는 황제관은 샤를마뉴에게도 매혹적이었을 것이다. 이제 샤를마뉴와 그의 후손들은 서로마 제국의 황제로서 그리고 신의 대리인으로서 가난한 자를 돌보고 교회를 보호하는 임무를 부여받았다. 그는 이것을 기념하여 아헨에 팔라틴 예배당을 건립했다.

이로써 유럽은 새로운 얼굴을 갖게 되었다. 종교적 수도는 로마에, 군사적 중심은 알프스 이북에 둔, 그리고 동쪽의 동로마 제국과 지중해 남동부의 이슬람 문명과는 뚜렷이 대조되는 유럽 크리스트교 사회가 출범한 것이다. 제대로 만들어진 얼굴인지는 모르지만, 아무튼 이후에는 별다른 성형수술 없이 유럽은 자신의 얼굴을 전 세계에 자랑하고 다녔다.

로마의 시작과 끝

기원전 753 로마의 시작이라고 알려진 연도
기원전 494 평민들 성산에 집결, 농성을 벌이다
기원전 287 호르텐시우스법 제정. 평민들이 원로원의 승인 없이 법을 제정할 수 있게 되다
기원전 272 이탈리아 반도 통일
기원전 264~202 포에니 전쟁
기원전 133 티베리우스 그라쿠스의 토지 개혁
기원전 60 폼페이우스, 카이사르, 크라수스의 1차 삼두정치
기원전 43 옥타비아누스, 안토니우스, 레피두스의 2차 삼두정치
기원전 30 옥타비아누스, 악티움 해전 승리

기원전 27 옥타비아누스, '아우구스투스' 칭호를 받음. 로마 제정 성립

기원후 96~180 오현제 시대(네르바, 트라야누스, 하드리아누스, 안토니누스 피우스, 마르쿠스 아우렐리우스)

기원후 235~284 군인 황제 시대. 26명의 황제가 등극

기원후 284 디오클레티아누스 황제의 로마 제국 재건 시도

기원후 313 콘스탄티누스 황제, 크리스트교 공인

기원후 330 콘스탄티누스 황제, 제국의 수도를 비잔티움으로 옮김

기원후 376~378 게르만족의 대이동

기원후 395 로마 제국의 동서 분리

기원후 410 반달족의 로마 약탈(방달리즘vandalism이란 용어의 유래가 됨)

기원후 476 서로마 황제 아우구스툴루스 폐위. 게르만 출신의 용병대장 오도아케르가 이탈리아의 왕이 됨

기원후 527 유스티니아누스 황제의 동로마 제국(혹은 비잔틴 제국) 재건 시도

기원후 800 프랑크 왕국의 샤를마뉴, 서로마 황제에 대관

기원후 826 비잔틴 제국, 크레타와 시칠리아를 이슬람 세력에게 빼앗김

기원후 962 게르만 왕국의 오토 1세가 황제로 즉위, 신성 로마 제국의 역사가 시작됨(신성 로마 제국이라는 호칭은 15세기 이후에 쓰이기 시작함. 그 이전에는 단순히 제국이라고 불림. 1806년 8월 프란츠 2세의 퇴위로 종식됨)

기원후 1186 불가리아, 비잔틴 제국에서 이탈

기원후 1300 비잔틴 제국, 소아시아 전역을 오스만투르크에게 빼
    앗김
기원후 1387~1393 오스만투르크, 세르비아와 불가리아 정복
기원후 1453 오스만투르크에 의해 콘스탄티노플 함락. 비잔틴 제국
    의 몰락

Re-thinking history

· · ·

중세의 기사들이란 글을 읽지도 쓰지도 못하는 무식쟁이에다
무례했고, 싸움을 가장 즐거운 스포츠로 여겼다. 영국의 존 왕이 가장
즐기던 오락거리는 교수형 관람이었다. 기사들은 전쟁이 없으면 전쟁
과 비슷한 오락거리를 찾았고 멧돼지 사냥을 가장 즐겼다. 이들은 인
사불성이 될 때까지 술을 퍼마셨고, 아내에 대한 구타는 너무 흔해서
지겨울 정도였다.

9 중세 봉건제
말안장 위의 폭력배들

카롤링 왕조의 권력은 분파적이고 무능한 메로빙 왕조의 권력과는 분명 달랐다. 그럼에도 샤를마뉴 이후 제국은 분할되었고, 형제들 간에는 전쟁이 벌어졌다. 전쟁은 843년 베르됭조약*으로 종결되었지만 샤를마뉴의 제국은 세 지역으로 분할되었다. 조약은 인종과는 관계없이 강줄기를 따라 정치적 경계선을 그린 것에 불과했지만, 그럼에도 향후 문화적 경계를 구분하는 데 기여했다. 10세기 말에 이르면 프랑크란 프랑스인을 의미했고, 서프랑크와 독일 왕국들은 의사소통을 위해 통역을 필요로 하게 되었다.

카롤링 왕조의 분열은 무정부 사태를 야기했다. 게다가 9~10세기에 일어난 바이킹의 침략은 혼란을 가중시켰다. 스칸디나비아 반도에 살던 이들은 11세기 말까지 프랑스 서부 해안과 영국 남부

* 프랑크 왕국의 루드비히 1세가 죽은 후 그 왕국의 영토를 셋으로 나누어 상속하기로 한 조약으로 오늘날의 독일, 프랑스, 이탈리아 삼국 형성의 기초가 되었다.

해안에서 파괴와 약탈을 일삼았다. 911년 단순왕 샤를^{Charles the} ^{Simple, 879~929}은 바이킹 지도자에게 작위를 주고 센강 하구 지역의 땅을 봉토로 하사하면서 상황을 해결했다. 이 지역은 이때부터 노르망디(북쪽에서 온 사람들이 사는 땅)라고 불렸다. 노르망디인들은 1066년 영국을 정복하고 강력한 왕권을 중심으로 한 봉건제를 이식했다. 이는 훗날 영국과 프랑스가 상이한 역사 발전의 길을 걷게 만든 요인이 되었다.

어쨌든 서프랑크 왕국의 중앙 권력은 바이킹의 침입에 속수무책이었고, 힘 있는 자들은 중앙 권력에서 이탈하여 독자적인 무력을 구축하기 시작했다. 과거 '왕의 은총(토지 소유권)'을 수여받았던 지방의 영주들은 요새를 구축하고 자신의 가신들을 거느리면서 강력한 지배자가 되었고, 왕의 권력을 분해시켰다. 사회적 혼란기에 이들은 토지와 농민 그리고 교회를 보호하면서 사법권을 행사했고, 교수대가 있느냐 없느냐는 그 영주의 권위를 상징하는 지표가 되었다. 주군과 봉신의 위계질서가 자리를 잡으면서 왕을 정점으로 봉건 영주와 농민으로 구성된 피라미드형 사회 구조가 형성되었다.

이러한 사회의 꽃은 다름 아닌 기사였다. 말안장 위에 앉은 이 폭력배들은 혼란의 주범이기도 했지만, 동시에 그것을 저지하는 역할도 했다. 기병의 역할은 이미 8세기 초 카를 마르텔이 실권을 장악했을 무렵부터 커지기 시작했다. 가죽 천에 금속 조각을 붙여

만든 갑옷으로 무장하고 등자를 단 말에 올라탄 기사가 되기 위해서는 나름대로 훈련이 필요했고, 동시에 노동에서 해방되어야 했다. 무거운 갑옷을 입은 기사는 혼자서는 말에 오르기조차 힘들었고, 전투 중에 말에서 떨어져 넘어지기라도 하면 일어나기도 버거웠다. 기사는 보병에 비해 훨씬 고비용을 요구했다. 화폐 수입이 없는 프랑크 왕국이 기병의 유지를 위해 제공할 수 있는 경제적 수단은 토지와 노동력뿐이었다. 중세 유럽의 기사 제도는 관습과 시대 상황의 산물이었는데, 군사적 우두머리들은 기사들에게 충성 서약을 받고, 대신 그들의 생계와 무장을 위한 땅(은대지)과 이를 경작할 농민을 제공했다. 군사적 봉사를 대가로 한 조건부 토지 보유제인 봉건제가 성립한 것이다.

　중세 초에 성립한 사회·군사·정치적 장치의 복잡한 양식을 가리키기 위해 근대 역사가들이 만들어낸 모호한 용어가 봉건제이다. 어원상 봉건제^{feudalism}는 봉토를 뜻하는 중세 라틴어인 'feudum(군사적 봉사의 대가로 주군에게서 부여받은 영지)'에서 파생했다. 봉건 사회는 거의 모든 토지가 봉토의 형태로 보유되는 사회, 기본적인 사회 정치구조가 봉토 보유를 통해 결정되는 사회였다. 원시 농업 사회에서 거의 모든 부는 토지 및 토지의 직접 생산물로 구성되었기 때문에, 봉건적 토지 보유는 사회 구조를 전반적으로 결정하는 요인이었다. 봉토 보유자는 보유 토지에서 사법권을 행사했기에 단순히 경제적 이익을 수탈하는 자가 아니라 자신의 영지 안에서 실질적 통치자이기도 했다.

그러나 이들은 무엇보다도 싸우는 자들이었다. 중세 봉건제는 크게 싸우는 자, 기도하는 자, 노동하는 자로 구분되어 3위계 사회를 형성했는데, 이중 기사는 영화에서 보는 것처럼 우아하거나 예절을 갖춘 자들이 결코 아니었다. 오히려 영화로 치자면 한국의 조폭 영화에 등장하는 조직 폭력배들의 모습이 중세 기사들의 모습과 더 닮았다고 하겠다. 예를 들어 원탁의 기사들의 모임이란 조직의 보스가 '나와바리(영역)'의 상황을 체크하기 위해 소집한 술자리의 모습과 대동소이했다. 중세의 기사들이란 글을 읽지도 쓰지도 못하는 무식쟁이에다 무례했고, 싸움을 가장 즐거운 스포츠로 여겼다. 영국의 존 왕이 가장 즐기던 오락거리는 교수형 관람이었다. 기사들은 전쟁이 없으면 전쟁과 비슷한 오락거리를 찾았고 멧돼지 사냥을 가장 즐겼다. 이들은 인사불성이 될 때까지 술을 퍼마셨고, 아내에 대한 구타는 너무 흔해서 지겨울 정도였다. 교회는 보다 못해 아내를 구타할 때 사용하는 몽둥이의 크기를 제한했고, 기사의 폭력성을 순화시키려했다. 그러나 기사들은 죄를 짓지 않는 것보다는 일단 죄를 짓고 교회에서 회개하는 척 하는 것이 더 편하다는 것을 알았다.

987년 카롤링 왕조가 끝나고 카페 왕조라는 명목상의 왕조가 성립했다. 카페 왕조는 50여개의 정치적 단위가 난립한 복잡하고 혼란스런 정세 속에서 보잘 것 없는 권력을 갖고 있었다. 왕은 오직

'싸우는 자들'의 나른한 오후

중세의 기사들이란 글을 읽지도 쓰지도 못하는 무식쟁이에다 무례했고, 싸움을 가장 즐거운 스포츠로 여겼다. 이들은 인사불성이 될 때까지 술을 퍼마셨고, 아내에 대한 구타는 너무 흔해서 지겨울 정도였다.

파리 지역에서만 왕이었고, 봉건제후들 중의 명목상 1인자에 불과했다. 이론적으로 왕은 봉건적 피라미드의 정점에 있었으나 왕과 제후들의 관계는 대개 명목적이었다. 주군과 봉신의 관계는 서임을 통해 체결되었는데, 봉신은 주군에게 군사적 봉사와 조언을 제공해야 했고, 주군은 봉신을 보호하고 봉토를 하사해야 했다. 이러한 구조 속에서 국왕에 대한 복종은 국왕과의 개인적인 종속관계가 유지되어야만 가능한 것이었다. 그나마 10세기경에 이르러 봉토 세습이 인정되면서 사법권과 통치권이 세습되었고, 주종관계가 사회 전체로 확산되면서 봉신 밑에 새로운 봉신들이 줄을 이었다.

사회 지배층의 이러한 움직임은 농민의 법적 지위를 하락시켰다. 자영농은 사라지고 농민들은 농노가 되었다. 이들은 장원이라는 공간에서 살았는데, 영주의 땅을 경작해 주고 다양한 세금과 공납의 의무를 지면서 살았다. 대략적인 수치로 환산하면 영주는 농민이 생산한 곡식의 2/3이상을 가져갔다. 이들은 장원에서 이탈할 수도, 함부로 결혼할 수도 없었다. 영주는 농노에 대한 사법권을 행사했고, 몇몇 지방에서는 초야권을 행사하기도 했다.

그럼에도 이 새로운 생산 양식은 과거의 노예제와 비교했을 때 놀라운 생산력의 발전을 보여 주었다. 비록 인신적으로 예속되었고 경제적 수탈은 여전했지만, 농노는 노예와 달리 노동 수단을 소유했고 자율적으로 농업 경영을 할 수 있었다. 게다가 11세기 이후 철제 농기구가 보급되고, 말이 농경에 이용되면서 생산성이 더욱 향상되었다. 사회가 안정되고 인구가 증가하여 농지 개간이 활발해진 것도 또 하나의 요인으로 작용했다. 13세기까지 서유럽의 농촌에서는 옛 방식의 장원제가 서서히 자취를 감추었다. 상업이 재개되고 도시가 발달하면서 농촌에서도 화폐 지대가 노동 지대를 대체했고, 영주는 점차 금리 생활자의 모습을 갖게 되었다. 영주와 농민의 관계가 인신적인 지배 예속 관계에서 탈피하는 동안 정치적으로도 왕의 권한이 강화되면서 봉건제의 주종관계도 변화하기 시작했다. 봉건 영주들의 지배권이 약화하는 대신 왕권이 상대적으로 강화되었고, 점차 중앙 집중적 군주제의 요소들이 나타났다. 봉건제라는 사회 구조는 서서히 힘을 잃어갔다. 이제 한 체제의 위기 속에서 새로운 변화의 기회가 찾아올 것이었다.

Re-thinking history

· · ·

저명인사의 사체 분할 관행은 왕에게도 해당되었는데, 어떤 왕들은 특정 수도원을 지목하여 그곳에 자신의 특정 부위를 선물하기도 했다. 게다가 유명 인사의 유골은 세인의 충분한 관심거리였고, 성인일 경우에는 순례객들을 끌어 모으는 훌륭한 관광 상품이 되기도 했다. 연예인, 아니 성인 마케팅이 주효했다고나 할까?

프랑크 왕국의 기독교와 성유물
순례객을 위한 관광 상품을 개발하다

 봉건제라는 사회 질서가 확립되어 가는 동안에도 교회는 여전히 중세 초기 사회의 중요한 세력이었고, 메로빙 왕조 시대에도 주교들은 막강한 권력을 행사하고 있었다. 이 시기 주교들의 성인전은 대부분 "그는 고귀한 가문에서 태어났으며, 신앙에 의해 더욱더 고귀하게 되었다"라는 구절로 시작되는데, 이는 주교가 대개 명문가 출신이었음을 의미한다. 실제로 메로빙 시대의 주교는 대부분 로마 제국의 흔적이 많았던 남부 골 지방의 귀족 집안 출신이었다. 정교한 로마의 사법 체계를 받아들였던 교회를 운영하기 위해 프랑크인은 부적합했고, 로마 귀족들은 이들을 무시하면서 아예 성직자의 사법권 독립을 요구하기도 했다.

 몇몇 가문은 대대로 한 교구의 주교직을 독점했다. 《프랑크족의 역사》를 썼던 투르의 그레고리우스는 자신의 선임 주교 18명 중 13명이 자기 가문이었다고 자랑하기도 한다. 한 가문이 그 지역에서 세력을 유지하는 데 주교직만큼 훌륭한 도구도 없었으니 그만큼 주교직은 매력적인 자리였다. 4세기 이래 교회의 수중으로 넘어온 엄청난 토지와 재산을 관장하는 것 역시 주교의 몫이었다. 이 시기의 주교는 통상 행정 능력과 경영 마인드를 갖추었다고 검증된 남자들이었는데 이들은 성직자 출신이 아니었다.

세속 관리가 주교가 되는 경우가 증가하면서 로마의 고위 관리들은 주교직을 자신의 영예로운 생애를 마감하는 자리로 여겼다. 투르의 그레고리우스의 증조부인 랑그르의 그레고리우스는 506년까지 오탕^Autun 지방의 통치자였는데, 원로원 가문 출신인 랑그르 주교의 딸과 결혼하였고, 후에 장인을 이어 랑그르의 주교가 되었다. 그러나 전문 경영인 또는 전직 장군이라는 사실만으로 신앙의 옹호자를 자처할 수는 없는 노릇이다. 동방에서와는 달리 서방 교회에서는 신학적 논쟁이 심각하지 않았으므로 신학적 소양은 그다지 중요하지 않았지만, 사회적 약자를 보호하고 사회 질서를 확립하는 것이 주교의 역할이었다. 그렇다면 성직자도 아닌 주교들은 어떻게 권위를 확보했을까? 결론부터 말하자면 바로 성유물을 통해서였다.

5~6세기 갈리아와 같이 공공연한 폭력이 판치는 사회에서 사람들이 존경하고 의지하고 사람들 사이의 분쟁을 중재할 수도 있는

인물은 성인, 혹은 성인으로 추앙 받은 이들이었다. 하지만 이 훌륭한 인물의 말 한마디가 경우에 따라서는 주교보다 더 큰 영향력을 발휘할 수도 있다는 것이 문제였다. 주교의 입장에선 이는 자신의 권위에 대한 잠재적 위협 요소였다. 그래서 교회는 일찌감치 살아 있는 성인이 아닌 죽은 성인의 숭배 의식을 개발하였고, 나아가 죽은 성인의 권위를 빌어 교회의 종교적 가치를 높이고자 했다.

중세 크리스트교도들은 성인—천상과 지상의 중재자—의 힘을 믿었다. 성인이란 자고로 기적을 행하는 자로 간주되었는데, 기적을 행하는 능력은 죽어서도 사라지지 않았다. 그가 평소 몸에 지니던 물건이나 살과 피 그리고 뼈는 살아서 그가 보여준 성스러운 능력을 어떻게든 이어받고 있을 것임이 분명했다. 그래서 예수가 마지막으로 매달렸던 십자가의 나무 조각이나 그의 손과 발을 꿰뚫은 못, 수의와 생가 등은 그 진위 여부를 막론하고 언제나 사람들의 관심을 끌기에 충분했다. 예수의 젖니나 음경포피—예수도 유대인이므로 할례를 했을 것이니 이러한 상상력은 충분한 근거를 확보할 수 있었다—등의 놀라운 유물이 만들어지기도 했다. 좀 더 근거가 확실한 유물과 유골은 세인들의 관심거리이자 탐욕의 대상이 되었다. 저명한 성인의 경우, 사체는 손톱과 머리카락부터 뼈와 내장기관에 이르기까지 버리는 것 없이 알뜰히 분해되어 이곳저곳으로 배송되고 보관되었다. 저명인사의 사체 분할 관행은 왕에게도 해당되었는데, 어떤 왕들은 특정 수도원을 지목하여 그곳에 자신의 특정 부위를 선물하기도 했다. 게다가 유명 인사의 유골은 세인의 충분한 관심거리였고, 성인일 경우에는 순례객들을 끌어 모으는 훌륭한 관광 상품이 되기도 했다. 몰락해가던 한 수도원이 성유골을 보관하는 영광을 누리게 되면 곧 순례객들이 줄을 이었고 수도원이 소재한 마을도 덩달아 호황을 누리게 되었다. 연예인, 아니 성인 마케팅이 주효했다고나 할까? 주교는 바로 이러한 성유물을 통해 성인과 상호의존적 관계를 맺고자 했고, 그래서 성인이 남긴 유물과 유골의 진위를 최종적으로 판단하는 결정권을 독점했다. 성인에 대한 숭배를 주교의 권위에 대한 복종으로 연결시켰던 것이다. 중세 초에 만들어진 고위 성직자의 초상에는 그래서 자주 해골 목걸이를 한 모습이 보인다. 주교를 향해 절하는 것이 과연 주교를 향한 것인지, 아니면 죽어서도 영험한 효력을 발휘하시는 성인의 해골을 향한 것인지는 확인할 길이 없다.

여기에서 우리의 호기심을 자아내는 문제가 생긴다. 만일 이 시기의 고위 성직자들이 과거 로마 제국의 지배층이었다면, 군사적으로 그리고 정치적으로 지배하고 있던 프랑크족 고위층은 종교에서 소외되었을까? 클로비스 이후 이들이 로마 가톨릭을 따른 것은 분명하지만 종교 의식에 주도적으로 참여한 것은 아니었다. 이들은 어떻게 그들의 사회적 지위에 걸맞은 종교적 권위를 만들어냈을까? 프랑크 귀족들에게 해답으로 제시된 것은 바로 수도원이었다. 과거 인적 없는 사막에서 홀로 수행하던 은자들에게서 유래

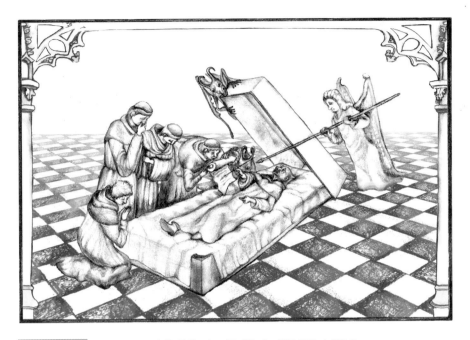

성인이란 자고로 기적을 행하는 자로 간주되었는데, 기적을 행하는 능력은 죽어서도 사라지지 않았다. 저명한 성인의 경우, 사채는 손톱과 머리카락부터 뼈와 내장기관의 이르기까지 버리는 것 없이 알뜰히 분해되어 이곳저곳으로 배송되고 보관되었다.

한 수도 생활은 성 베네딕투스에 의해 수도 단체의 설립으로 이어졌고, 청빈과 순결 그리고 복종이라는 유명한 수도 계율을 낳았다.

   7세기 프랑크 왕국에 소개된 수도원은 아일랜드로부터 들어온 콜롬바누스 수도원이었다. 성 패트릭Saint Patrick, 390~461에 의해 크리스트교를 받아들인 아일랜드는 로마 제국에 속하지 않던 땅이었다. 그 결과 제국의 행정 단위가 존재하지 않았고, 유럽 본토에서는 당연히 이 행정 단위를 따라 결정된 주교구가 만들어질 수도 없었다. 아일랜드 교회의 기본 단위는 그래서 주교구가 아닌 수도원을 단위로 형성되었다. 아일랜드인들이 오랫동안 교황을 로마의 수도원장이라고 부른 것도 바로 이 때문이다. 이들은 얼음을 깨고 찬 물에 들어가거나 침묵 수행과 같은 특이한 수도 방식으로 세인의 이목을 끌었는데, 590년 콜롬바누스가 12명의 동료와 함께 갈리아에 도착해서 포교를 시작했다. 이들의 엄격한 생활 방식은 프랑크 사회에 충격을 주었고, 로마의 크리스트교 전통에서 소외되었던 프랑크 귀족에게 큰 영향을 끼쳤다. 새로운 수도원 생활에 매료된 귀족들은 스스로 수도승이 되거나 자녀를 수도원에 맡겼고, 영지에 수도원을 설립하면서 스스로 수도원장의 책임을 맡기도 했다. 사회적 정치적 신분에 걸맞은 종교적 토대를 갖게 되었던 것이다. 이러한 변화로 7세기의 성인 중에는 속세와 연을 끊지 않은 이들이 많아졌으며, 고관대작, 장군, 수도원장을 겸직하는 이들을 쉽게 볼 수 있게 되었다.

Re-thinking history

.

.

"**기득권을** 차지한 사람들은 그들의 정통성을 주장한다. 그러나 사실을 말하자면 정통성이 신앙과 무슨 관계가 있는가? 정통성은 신앙이 아니다. 그러나 그들은 도그마와 권위에 맹목적으로 순종하며, 신앙을 하나의 업적으로 간주할 뿐이다. 따라서 그들이 주장하는 정통성은 결국 종교적 체험도 부활도 모르는, 또는 달리 말하자면 속이 텅 빈 합리주의에 지나지 않는다."

11 카타리파의 비극
이단과 십자군의 변주곡

지금으로부터 765년 전, 정확히 1244년 카타리파의 마지막 보루
였던 프랑스 남쪽에 위치한 몽세귀르^{Mont-Segur} 요새가 함락되었다.
이는 '알비파' 라고도 불린 프랑스 남부의 이단에 대한 십자군의
승리였다. 하지만 오늘날 프랑스 일각에서 카타리파는 평화, 평등,
조화의 상징으로 간주되기도 하며, 알비 인근 지역은 자랑스레 지
역 선조들의 카타리파 역사를 선전하고 있다―남프랑스를 여행
하다 보면 곳곳에서 "이곳은 카타리파의 고장입니다" 라는 팻말을
쉽게 찾아볼 수 있다.

카타리파는 중세 성기, 신전 기사단이나 돌치노파*와 더불어 가
장 유명한 이단 중의 하나이다. 이 시기 교회의 청빈을 주장했던
성직자, 교회의 세금에 저항했던 농민들은 모두 이단으로 취급되

✚ 1307년 이단으로 화형당한
이탈리아의 설교가. 그의 출신
은 여전히 논란거리이지만, 노
바라^{Novara}지역 성직자의 사생
아라는 설이 유력하다. 조아키
노 다 피오레^{Gioacchino da Fiore}
의 천년지복설에 영향을 받은
돌치노는 계서제적 교회 체제
와 봉건제 사회 질서에 반기
를 들고 평등 사회의 실현을
주장했다.
그의 무리는 교회의 탄압에 맞
서 흡사 게릴라와 같은 활동을
펼치며 저항했으나, 1307년
십자군에 의해 비극적 최후를
맞이했다.

었는데 대개 이들은 교리의 내용이 아니라 교회의 권위에 도전했다는 이유로 단죄되기 일쑤였고, 종교 재판소는 이들을 성적인 방종이나 모종의 악마적 계략과 연결 지어 투옥시키거나 화형에 처했다.

그러나 이단에 대한 규정은 모호하다. 아무리 봐도 이단의 교리가 문제의 핵심인 것은 아닌 듯하다. 청빈이나 순결과 같은 이단들의 주장은 교회의 공식 교리와 상반된 것이 아니기 때문이다. 대개는 기성 교회의 상류층이 받아들일 수 없으면 그것이 이단이었다. 게다가 고문을 통한 자백이 합당한 것으로 간주되었던 시대에 이단을 입증하는 것은 결코 어려운 일이 아니었다. 그렇다면 카타리파의 정체는 무엇이었을까?

우선 교리에 있어서 카타리파는 이원론을 신봉했다. 완전하고 영원한 신이 불완전하고 일시적일 뿐인 악을 창조할 수 없다는 원칙에 따라 카타리는 두 번째 창조의 원리, 즉 악마에 의한 악의 창조 원리를 받아들인다. 이 악마야말로 모든 덧없고 사악한 현실의 근원이다. 이러한 믿음을 일반적으로 이원론적 종교, 특히 마니교* 적 원리라고 지칭한다. 카타리는 또한 일종의 윤회를 신봉했는데, 죽어서 천국에 들지 못한 영혼은 인간으로 혹은 동물로 다시 환생한다는 것이다. 이는 이들의 독특한 지옥관과 관련되어 있는데, 카타리파에게 지옥이란 바로 그들이 살고 있는 현실 세계였다.

이러한 현실 세계관은 카타리파의 단순하지만 심오한 계율에

* '빛의 사도'를 자처했던 것으로 알려진 마니Mani, 210?~276가 페르시아에서 창시한 이원론적 종교로 빠른 속도로 전파되었다. 서쪽으로는 이집트, 북아프리카를 거쳐 4세기 초에는 로마에도 전해졌다. 특히 4세기 중엽 서부 확장이 절정에 달해 남부 갈리아와 스페인에 마니교 교회가 설립되었다. 그러나 5세기부터는 크리스트교와 로마 제국의 박해를 받기 시작해, 5세기 말에 이르러 서유럽에서는 마니교가 거의 사라졌으며, 6세기 무렵에는 동로마 제국에서도 그 교세가 크게 쇠퇴했다.

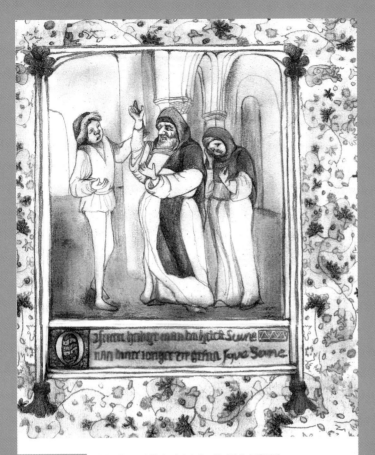

채식주의를 고수했던 카타리파는 철저하게 금욕적인 생활을 유지했고, 결혼 제도를 매춘보다 더 큰 죄악이라고 비판했다. 결혼은 인간의 영혼을 물질적인 세계에 속박시키기 때문이다.

그러나 이단에 대한 규정은 모호하다.
청빈이나 순결과 같은 이단들의 주장은 교회의
공식 교리와 상반된 것이 아니기 때문이다.

그대로 반영되었다. '죽이지 말라', '판단하지 말라', '신의 이름에 맹세하지 말라' 라는 이 세 가지 계율은 위장한 듯 만 듯한 반 봉건주의의 표현이었다. 그것은 중세 사회의 지배 계층인 기사들의 전투 능력에 대한, 영주의 사법권에 대한, 그리고 봉신의 주군에 대한 맹세를 통해 형성되는 기사제에 대한 반발이었다.

카타리파 사제들의 모범적인 생활은 이 교파가 성공했던 한 원인이었다. 채식주의를 고수했던 카타리파는 철저하게 금욕적인 생활을 유지했고, 결혼 제도를 매춘보다 더 큰 죄악이라고 비판했다. 결혼은 인간의 영혼을 물질적인 세계에 속박시키기 때문이다.

카타리파는 어디에서 왔을까? 종교 재판관들은 단죄에 용이하도록 이들이 당시 마니교의 일파로—마니교도로 기소되는 것은 신학적 논쟁에서는 치명적인 무기였다—분류되던 보고밀^{bogomil}파에서 유래한 것으로 간주했다. 슬라브어로 '하느님을 기쁘게 하다' 라는 뜻을 지닌 보고밀파는 불가리아에서 태동하여 10세기 후반 비잔틴 제국에 유포되었다. 사탄이 물질세계를 창조하였고 물질세계는 본질적으로 악하다고 주장했던 이들은 초기 기독교의 단순함을 강조하면서 사제의 독신과 청빈을 주장하고 인위적인 성사와 성상을 거부한 데다, 농노제에 반대하며 사회 체제를 비판하기도 했다. 카타리파의 주요 형성지가 북부 이탈리아와 프랑스 남부 지방이었던 것으로 보아 발칸 반도에서 유래한 보고밀의 영향을 받았음을 상상해 볼 수는 있다. 그러나 설사 그렇다고 하더라도 카타리파는 단순히 보고밀의 수동적 수용은 아닌 듯하다.

12세기는 놀라운 발전의 시기였다. 13세기 유럽 곳곳에 모습을 드러낸 거대한 성당들은 12세기에 진행된 물질적 발전의 산물이었다. 이러한 물적 발전과 더불어 지적인 발전이 이루어지는데, 훗날 성 토마스 아퀴나스^{Thomas Aquinas, 1224~1275}가 그 전형을 보여준 정반합의 변증법*은 사회의 변화로 인해 새롭게 발생하던 모순적 상황들을 해결하기 위한 방법으로 고안되었다. 무한과 유한, 완전과 불완전, 영원과 일시를 과격하게 대립시키는 카타리파의 교리도 같은 맥락에서 그 의미를 해석할 수 있을 것이다. 사실 이원론적 요소는 모든 종교의 교리에 어느 정도는 내포되어 있다. 신을 다룬 이야기에는 항상 악마가 존재하며, 중세 로마네스크 양식의 교회 건축에는 신의 모습과 함께 어김없이 악마의 형상이 자리했다. 즉 카타리파의 이원론에 대한 기원을 밝히기 위해서는 군이 마니교나 보고밀을 언급할 필요가 없다는 것이다. 그들의 이원론은 로마 가톨릭의 정통 교리에 잠재되어 있는 것을 극단적으로 표현한 것뿐이다.

오랫동안 카타리파는 프랑스 남부 지방, 특히 랑그독 지방과 동일시되었다. 십자군 시대에 이러한 인식은 전쟁의 정당성을 담보하기 위한 편리한 도구였다. 현재 알려진 사료에 의하면 카타리파 교도들의 구성은 도시의 경우 많아야 전체 시민의 5%에 불과했다. 이 소수의 이단을 색출하는 것은 전쟁의 구실로는 불충분했고, 십

* 토마스 아퀴나스의 《신학대전》은 총 3부 488개의 문제들—아퀴나스 사후 제자에 의해 90개 항목이 추가되었다—로 구성된 중세 신학의 종합서로, 각각의 문제들은 본문과 그에 대한 반론, 그리고 그 반론에 대한 응답의 형식으로 풀이되었다.

자군을 위해 랑그독 지방 전체를 카타리파로 간주하는 것이 원정을 위한 편리한 구실이 되었다. 1209년 베지에^{Béziers} 공격에 앞서 교황 사절 아르노 아모리는 십자군을 향해 유명한 교시를 내렸다. "모두 죽여라. 신께서는 당신의 자식들을 알아보실 것이다."

교황 사절의 사망 사건을 빌미로 시작된 알비 십자군은 4차 십자군의 실패로 심기가 불편했던 교황 이노켄티우스 3세에게는 일종의 집안 청소였다. 그리고 구원을 얻기 위해 예루살렘으로 가기보다는 프랑스 남부 지방으로 가는 것이 훨씬 편하다는 것을 알게 된 귀족들은 이 십자군을 열렬히 환영했다. 시몽 드 몽포르^{Simon de Montfort}라는 가난한 귀족을 우두머리로 한 알비 십자군은 랑그독 지방에 무차별적인 공격을 감행했고, 해당 지역에서는 카타리파에 대한 소속감과 무관하게 일종의 지역 연대감이 조성되었다. 일단 다 죽게 생겼으니 이러한 연대감은 당연한 결과였다. 그러나 시몽 드 몽포르가 1218년 툴루즈 성벽 앞에서 날아오는 돌덩이에 맞아 사망한 후 전황은 달라졌다. 1224년부터 프랑스의 왕 루이 8세가 직접 십자군에 개입한 것이다. 국왕이 개입하자 사람들의 태도는 급변했고, 도시는 저항을 포기하고 항복했다. 랑그독의 제후들은 국왕에 충성을 맹세했고 전쟁은 종결되었다. 그리고 1244년 몽세귀르는 함락되었다.

왕이 개입한 후 알비 십자군은 순수한 종교 전쟁의 길에서 벗어났다. 중세 프랑스는 지금처럼 통일된 국가가 아니었기 때문에 왕

"기득권을 차지한 사람들은 그들의 정통성을 주장한다. 그러나 사실을 말하자면 정통성이 신앙과 무슨 관계가 있는가?

은 고작 파리를 중심으로 한 일부 지역에서만 왕 행세를 했을 뿐이었다. 그런 점에서 카타리파와 랑그독 지방을 동일시한 알비 십자군은 왕에게는 자신의 세력 확장을 위한 좋은 기회였던 셈이다.

종교적으로 이단이라는 말은 기실 이해받지 못한 채 중상모략에 시달리는 억울한 사람에게 붙여지는 이름일 뿐이다. 이단자라는 말은 기득권을 차지한 사람들이 그들의 기득권을 수호하기 위해 반대편 사람들에게 붙이는 이름일 뿐이다. "기득권을 차지한 사람들은 그들의 정통성을 주장한다. 그러나 사실을 말하자면 정통성이 신앙과 무슨 관계가 있는가? 정통성은 신앙이 아니다. 그러나 그들은 도그마와 권위에 맹목적으로 순종하며, 신앙을 하나의 업적으로 간주할 뿐이다. 따라서 그들이 주장하는 정통성은 결국 종교적 체험도 부활도 모르는, 또는 달리 말하자면 속이 텅 빈 합리주의에 지나지 않는다."

_고드프리트 아놀드, 《교회와 이단에 관한 공정한 역사》 중에서

유럽 중심적인 시각으로 중세 다시 보기

역사가들이 흔히 중세라고 부르는 시기의 주요 장면들을 되돌려 보자. 이것은 마치 연속극에서 지난 에피소드를 놓친 시청자를 위해 본 방송 전에 지난 이야기를 짤막하게 요약해서 들려주는 것과 같다.

먼저 5세기에서 10세기까지—이 시기를 일반적으로 중세 전기前期라고 부른다. 주요한 장면들: 먼저 서로마 제국이 몰락한다. 물론 동로마 제국은 비잔틴 제국으로 살아남아 1453년까지 독자적인 역사를 이어간다. 반면 서유럽 지역은 제국의 몰락 이후 일단 혼란기에 들어선다. 게르만족이 유입되었고, 이슬람 세계가 팽창했으며, 바이킹은 유럽을 공포의 도가니로 만들었다. 만일 문명에 수준이란 것이 있다면 이 시기 유럽의 문명은 최하였다.

11세기, 그러니까 1000년에 들어서면서—중세사 연구자들은 이 '1000'이라는 숫자에 크게 의미를 두는 경향이 있다.

유럽은 사회적으로, 정치적으로 조금씩 안정을 찾아 갔고, 이때부터 13세기에 이르기까지의 시기는 중세의 전성기였다. 이 시기 유럽인들은 삶에 여력이 생기면서 농업이 안정되고 인구도 증가했다. 그러면서 봉건제라는 최소한의 정치 질서가 구축되었다. 또 하나의 질서는 로마 가톨릭교회를 축으로 형성되었다. 교회를 떠난 중세인의 삶이란 상상할 수 없다. 이들은 교회에서 태어나서 성장하고 생을 마감했다.

중세가 끝나는 시기는—역사가들마다 서로 다른 기준으로 시대구분을 달리하지만—일반적으로 14~15세기이며, 이 시기를 흔히 중세 말의 위기라고 부른다. 유럽이 가장 심각한 위기를 경험한 것은 이때였다. 기근, 질병, 전쟁 삼형제는 약 150년 동안 유럽 인구의 70%를 없애버렸다. 인구의 감소는 농업 경제를 붕괴시켰고, 그 결과 경제적 위기, 그리고 사회 체제의 위기를 초래했다. 이 위기에서 벗어나면서 유럽에는 새로운 질서가 만들어진다. 이 질서는 경제적으로는 자본주의, 정치적으로는 근대 국가, 종교적으로는 종교 개혁, 그리고 문화적으로 르네상스 운동을 바탕으로 형성되었다. 이후 유럽은 역동적인 힘을 바탕으로 비유럽 지역으로 진출했고, 세계 체제의 중심축으로 부상했으며, 급기야 제국주의 시대로 돌입했다.

물론 이러한 설명은 유럽 중심적이다. 이 지역이 타 지역에 비해 선진적이라고, 그래서 세계사의 기준이 되어야 한다는 생각은 사실 별 근거가 없는 주장이다. 그럼에도 불구하고 유럽이 다른 대륙을 힘으로 압도했다는 점은 분명한 사실이다. 이를 어떻게 설명할 수 있을까? 이 어려운 문제에 대한 해답을 찾기 위해 알아야 할 기초적인 지식에 접근하는 것, 그것이 이 책이 당신 앞에 있는 이유이다.

Re-thinking history

.

.

.

새로운 문화 예술 운동의 주요 기조는 휴머니즘이었다. 14세기 이탈리아에서 시작되어 전 유럽에 전파된 이 휴머니즘 운동은 인문학이라는 학문을 통해 인간성^{Humanitas}의 완성을 실현할 수 있다고 판단했다. 사람다운 사람이 되기 위해, 쉽게 말해서 '된 놈'이 되기 위해, 인간이 동물이 아니기 위해서는 교양과 학식이 필요했다.

12 재생의 시대
다재다능한 만능인의 출현

중세 예술은 교회를 위해 봉사했다. 따라서 자율적이지 못했다. 예술가의 창의성은 고려 대상이 아니었고, 사실 예술가라고 불릴 만한 존재도 없었다. 중세의 화가나 조각가는 특정한 기술을 마스터한 장인이었고, 이들은 조합에 소속되어 있었다. 그래서 중세의 예술품은 대개 그 작자를 알 수 없다. 이러한 상황에 변화가 찾아온 것은 르네상스 시대, 이탈리아의 피렌체에서였다.

이탈리아의 도시들은 이미 13세기경부터 경제 구조의 변화를 경험하기 시작해서 합목적적이고 타산성에 입각한 경제적 합리주의를 실천하고 있었고, 십자군 전쟁의 배후 기지이자 지중해 무역의 중심지로서 경제적 부흥을 구가했다. 그 결과 밀라노, 베네치아, 피렌체, 피사, 제노아 등의 도시 국가들이 발전했고, 알프스 이

북의 전형적 봉건 귀족과는 다른 도시 귀족층이 성장했다. 이들 국가와 귀족들이 예술품의 새로운 구매자이자 예술가들의 후원자가 되었다.

14세기 피렌체에 관한 흥미로운 통계 수치는 당시 도시 국가의 특성을 보여 준다. 이 통계에 따르면 피렌체에는 9만 명의 인구가 살았는데, 이중 수학 아동이 1만 명, 모직물 업자가 200명(연 생산량 8만 필), 변호사가 600명이었으며, 교회가 110개, 병원 30개, 은행 80개가 있었다. 통계의 정확도는 알 수 없지만 중요한 것은 이러한 통계가 작성되었다는 사실이다. 당시의 이탈리아 국가들은 개별적 독립국가로서 근대적 요소가 다분했다. 독일의 역사가인 야콥 부르크하르트[1818~1897]는 이러한 이탈리아의 국가들을 "의식적인 사려와 반성에 의존하고 현실에 대한 신중한 타산에 기초를 둔 하나의 예술적 창조물"로 평가했다. 르네상스의 예술은 바로 이러한 환경에서 싹을 틔웠다.

도시 국가의 지배자들은 학문과 예술의 보호자를 자처했다. 15세기 이탈리아의 도시들은 경제적 전성기를 맞이했고, 승리감과 자신감에 차 있었다. 이러한 자신감, 성취를 과시하려는 의지는 예술적 창작 활동의 부흥과 맞물렸다. 예술품에 대한 수요가 증가하면서 공급자인 예술가의 위상도 높아졌고, 이제 중세의 장인은 서서히 근대적인 예술가로 탈바꿈할 것이었다. 예술가들은 자신의 작품에 서명했고—아니면 자신의 얼굴을 직접 그려 넣기도 했다—개

15세기 이탈리아의 도시들은 경제적 전성기를 맞이했고, 승리감과 자신감에 차 있었다. 이러한 자신감, 성취를 과시하려는 의지는 예술적 창작 활동의 부흥과 맞물렸다.

이러한 인문주의의 열풍 뒤에

르네상스 시대에 일어난

인간관의 변화가 자리하고 있었다.

르네상스인의 강한 자의식과 개성은 그들의 명예욕으로 표출되었다. 이러한 개인에 대한 자각은 마침내 인간 전반에 대한 새로운 평가를 내리게 했고 자유와 존엄성이라는 관념을 대두시켰다.

성을 살리려 했으며, 스스로 창조자가 되고자 했다. 그들은 자화상을 그리기 시작했고, 스스로의 인기를 —오늘날의 연예인들처럼— 즐기기도 했다.

새로운 문화 예술 운동의 주요 기조는 휴머니즘이었다. 14세기 이탈리아에서 시작되어 전 유럽에 전파된 이 휴머니즘 운동은 인문학이라는 학문을 통해 인간성^{Humanitas}의 완성을 실현할 수 있다고 판단했다. 사람다운 사람이 되기 위해, 쉽게 말해서 '된 놈'이 되기 위해, 인간이 동물이 아니기 위해서는 교양과 학식이 필요했다.

이러한 인문주의의 열풍 뒤에 르네상스 시대에 일어난 인간관의 변화가 자리하고 있었다. 중세 시대에 인간은 타락한 신의 피조물, 신의 모습으로 만들어졌고 낙원에서 추방된 이후 덧없이 타락한 죄로 물든 존재였다. 그러니 인간이 인간다워진다는 것은 결국 죄의 속성을 가중시킬 뿐, 전지전능한 신에게 가까워지기는커녕 멀어지는 상황을 초래할 뿐이었다. 모든 인간적 욕망을 멀리하는 수도원의 삶이 이상적인 삶으로 간주된 것도 이 때문이었다. 그러나 르네상스 시대의 인간관은 중세의 것과는 분명 달랐다. 인간에겐 가능성과 능력이 주어졌고, 이를 통해 인간은 스스로 원하기만 한다면 천사보다 더 높은 존재로 고양될 수 있었다(피코 델라 미란돌라, 《인간 존엄성의 예찬》).

르네상스는 그런 점에서 인간 그리고 자연의 재발견이었다. 자의식이 깨어나고 개개인의 개성이 존중되었다. 르네상스인의 강한 자의식과 개성은 그들의 명예욕으로 표출되어 사람들은 명성을 얻기 위해 자서전이나 전기적 저술에 매달렸다. 개성의 발달을 추구하면서 다빈치나 미켈란젤로와 같은 다재다능한 '만능인$^{l'umo}$ $_{universale}$'이 출현했다. 이러한 개인에 대한 자각은 마침내 인간 전반에 대한 새로운 평가를 내리게 했고 자유와 존엄성이라는 관념을 대두시켰다.

변화한 인간관은 자연을 새롭게 바라보는 것을 가능하게 했다. 중세의 스콜라 철학은 아리스토텔레스를 그대로 신봉했고, 그래서 중세인들에게 자연이란 아리스토텔레스의 저서에 그려진 종이 위의 자연일 뿐 눈으로 보고 손으로 만질 수 있는 것이 아니었다. 고대인의 정신을 계승하려 했던 르네상스인들의 인문주의는 자연의 재관찰을 종용했고, 코페르니쿠스의 지동설, 케플러, 갈릴레이와 같은 우주의 신비를 밝혀내는 과학 혁명으로 이어졌다.

자연의 비밀을 밝혀내는 순간 인간은 자연의 지배자로 부상했다. 자연이란 계산할 수 있고 통제할 수 있는 대상이 되었다. 예술의 규범이 된 '통일성의 원리(통일된 공간 감정, 비례의 통일적 기준, 하나의 모티브를 향한 묘사의 제한, 한눈으로 파악할 수 있는 구도의 통일적 조합인 원근법)'는 15세기 이탈리아 국가들이 보여준 합리적 통치술 정신에 대응했다. 동시대 경제가 보여준 계획성, 목적성, 타산성도 새로운 예술의 원리와 다를 바 없는 것이었다.

Re-thinking history
·
·
·

서기 1300년경의 국제적 도시들은 항주, 북경, 카이로, 광동 등이었고, 파리, 그라나다, 베네치아, 밀라노, 제노바 등의 유럽 도시들은 규모가 커지긴 했지만 여전히 아시아권 도시에 비하면 형편없는 시골 도시에 지나지 않았다. 그러나 약 200년 후, 파리와 런던 그리고 콘스탄티노플은 세계 10대 도시 명단에 그 이름을 내걸었다. 무슨 일이 있었을까?

13 1492년 벤처사업가 콜럼버스의 항해

변두리 유럽, 세계로, 세계로

15세기 끝 무렵 유럽은 경제 정치 분야에서 일대 분수령을 맞게 된다. 콜럼버스의 항해*를 계기로 남북 아메리카를 유럽의 영향권 안에 통합한 것이다. 얼마 후 에스파냐인들이 사탕수수와 같은 열대작물을 카리브 해 연안으로 이식했고, 플랜테이션 중노동에 투입할 아프리카 노예들을 구입하기 시작했다.

유럽의 민들레, 말, 홍역 등이 아메리카로 건너갔고, 아메리카의 옥수수, 감자, 담배, 매독 등이 유럽으로 건너왔다. 그러나 이 발견의 의미는 단순한 물물교류의 차원에 그치지 않는다. 유럽인의 해양 진출은 세계사적 차원에서 하나의 혁명이었다. 유럽인의 팽창은 거대한 식민지 제국을 낳았고, 유럽의 언어와 제도, 문화를 전 세계로 확산시켰다. 인종간의 만남은 노예제와 함께 인도주의적

✱ 이탈리아의 항해가 크리스토퍼 콜럼버스[1451~1506]는 카스티야의 이사벨라 여왕의 후원을 받아 1492년 인도 항로를 개척하기 위해 대서양을 횡단하여 약 4개월의 항해 끝에 오늘날 바하마 제도의 과나하니섬에 도착했다. 이후 4차례 아메리카 대륙을 항해했고 죽을 때까지 자신이 발견한 땅을 인도라고 믿었다.
그의 발견은 유럽인의 세계관을 혁신시켰고, 유럽의 해외 팽창을 촉발시키는 중요한 계기가 되었다.

이상들을 정립시켰다. 상업의 축은 지중해에서 대서양으로 이동했고, 가격 혁명을 유발시켰으며 사회 구조의 변화를 촉발했다. 그 결과는 유럽을 중심축으로 작동하는 자본주의 세계 경제의 출범이다. 유럽의 대두는 지난 천년 동안 세계사의 최대 사건이었다.

왜 유럽이었을까? 역설적이게도 유럽은 이슬람, 인도, 중국 등 동방에 비해 뒤진 상태에서 세계를 발견했다. 아랍 해군과 명나라는 이미 오래전부터 인도양을 알고 있었다. 14세기까지도 유럽은 몽골이 지배하는 중앙아시아 영토를 중심으로 태평양까지 뻗친 방대한 경제 체계의 북서쪽 변두리에 불과했다. 상업적 토대는 빈약했고 기복이 심했으며, 농업 생산 기반도 취약했으므로 사실 어느 면에서도 거대 문명을 감당할 수 있을 만큼의 기반을 이루지 못했다. 과거 로마 제국의 터전 위에 자리 잡았지만, 실제 제국을 계승한 것은 비잔틴과 이슬람 제국이었다. 유럽 남동쪽 절반이 바그다드와 항주를 잇는 비단길 무역에 종속되면서 나머지 유럽은 분산되었고 주변부로 전락했다.

7~10세기 세계에서 가장 큰 도시는 장안長安이었다. 이 시기 모든 길은 장안으로 향했다. 인구 100만이라는 이 세계 최대의 국제도시는 가히 문명의 중심이라 할 수 있었고, 전례 없는 물질적 풍요를 바탕으로 발달된 제도, 심오한 사상들과 마니교, 경교景教*, 조로아스터교**에 이르는 다양한 종교들, 그리고 예술 분야에 이르기까지 위대한 시대를 구가했다. 당 왕조가 채택한 절충주의 덕에 많은 나라의 대상들이 몰려들었고 귀화를 결정했다. 국제성國際性이야말로 당나라의 힘이었다. 시인 위장韋莊, 836~910은 "장안의 봄을 그 누군들 독점할 수 있으랴. 장안의 춘색은 본래 주인이 없는 것"이라고 읊었다. 당시 장안의 연흥문 주변은 장안산 술과 페르시아산 술이 인기리에 판매되었고, 이란계 접대부와 색목인 종업원들이 손님을 맞았다. 당 왕조도 외국인에 관대해서 당대 장안에는 불법 체류자가 그득했다. 외국인 공무원을 위한 과거 시험인 빈공과賓貢科를 설치한 것도 그들이었다. 외국인 중에는 장군으로 출세한 사람들도 많았는데 이들을 번장蕃將이라 했다. 고선지 장군, 양귀비를 사모한 안녹산 등도 번장 출신이었다.

* 옛 중국에서 '네스토리우스교'를 이르던 말. 당나라 태종 시기에 페르시아인에 의하여 중국에 전래되었다.

** 아베스타Avesta를 경전으로 하며, 선신善神 아후라 마즈다와 악신惡神 아리만과의 대립 투쟁의 이원론으로 일체를 설명하는 종교. 기원전 6세기 무렵 페르시아의 예언자 조로아스터가 창시하였으며, 근검勤儉 역행力行의 노력에 의하여 악신을 극복하고 선신이 승리한다는 믿음을 근간으로 하며, 선신의 상징인 해·불·별 따위를 숭배한다.

당이 추구한 이 개방성이야말로 세계화를 가능케 한 힘이었다.

　장안을 비롯해서 서기 1000년 이후 세계적 대도시들은 애매한 콘스탄티노플을 제외하면 모두 비유럽 지역에 위치했고, 유럽의 대도시들이라고 해 봐야 이슬람 지역과 교역을 하는 도시들뿐이었다. 서기 1300년경의 국제적 도시들은 항주, 북경, 카이로, 광동 등이었고, 파리, 그라나다, 베네치아, 밀라노, 제노바 등의 유럽 도시들은 규모가 커지긴 했지만 여전히 아시아권 도시에 비하면 형편없는 시골 도시에 지나지 않았다. 서기 1500년경에도 북경과 항주, 카이로는 세계 대도시 순위의 선두였다. 그러나 약 200년 후, 파리와 런던 그리고 콘스탄티노플은 세계 10대 도시 명단에 그 이름을 내걸었다. 무슨 일이 있었을까?

　1300년 이후 두 세기 동안 흑사병은 유라시아 연결선을 붕괴시켰다. 몽고 제국은 정치적으로 분열하면서 육상 무역에서 더 이상 보호받지 못했고, 중국은 비용이 많이 드는 종래의 해상 무역에서 철수하기 시작했다. 이러한 국제 정세의 변화는 유럽의 홀로서기를 강요했다. 물론 동양의 상품들은 여전히 매력적이어서 유럽인들은 오랫동안 비싼 대가를 치르고라도 동양과의 중계 역할을 한 이슬람 상인들과 제휴할 수밖에 없었다. 그런 점에서 콜럼버스가 '인도'를 향한 서쪽 항로를 찾아 나선 것은 결코 한가한 모험이 아니었다. 그것은 성공만 하면 한몫 크게 잡을 수 있는 벤처 사업이었던 셈이다. 13~14세기 이탈리아 도시들이 활성화시킨 레반트(동부 지중해) 무역은 서서히 쇠락했지만, 이미 향신료와 설탕에 길들여진 유럽인들의 입맛을 쉽게 바꿀 수는 없었다.

1492년 이전부터 유럽은 대서양 항로 개척에 뛰어들었지만 해양 개척이 유럽인들에 의해서만 이루어진 것은 아니었다. 15세기 초, 유라시아 대륙 양극단에서 거의 동시에 해양 진출이 전개되었다. 명나라의 환관 정화鄭和는 모두 7차례 '남해원정'—1405년에서 1433년에 걸쳐—을 단행하여 아프리카 동해안까지 진출했다. 그러나 중국은 곧 해외 진출을 포기하고 내부로 침잠했던 반면, 이베리아 반도 국가들은 탐험을 계속했다. 사실 중국은 세계의 바다를 지배할 힘을 갖춘 1순위 후보였다. 그런데도 중국은 바다 세계에서 은퇴했고, 이 빈 자리를 유럽이 채우게 된 것이었다.

중국이 해상에서 후퇴한 가장 큰 이유는 중국의 물질문명의 자기충족도가 그만큼 월등했기 때문이다. 쉽게 말해서 중국인들은 유럽까지 가야할 까닭이 별로 없었다는 것이다. 반면 상대적으로 빈곤한 물질문명을 가진 유럽에게 해양 진출은 절실했다.

중세 이래 유럽은 물질생활의 자족성을 결여했다. 육류 소비를 위해서는 향신료가 절실했지만 향신료의 경우 절대적으로 수입, 특히 원거리 교역에 의지할 수밖에 없었고, 따라서 실질적으로 이 교역에서 큰 이익을 본 것은 중간 상인인 아랍 상인들이었다. 유럽은 만성적인 무역 역조를 메우기 위해 다량의 귀금속을 유출했고, 그 결과 언제나 화폐 부족에 시달려야 했다. 이 사태를 돌파하기 위한 방안은 두 가지 뿐이었다. 첫째, 제2의 십자군을 일으켜서라도 중동 지역을 장악하거나, 아니면 동방으로 가는 우회로를 탐색하는 것이었다. 사실 후자가 유일한 대안이었다.

　유럽의 해양 진출 1차 목적지는 인도양이었다. 포르투갈의 항해 왕자 엔리케[1394~1460]는 뱃사람들에게 사명감을 불어넣고 대서양 근해의 탐험을 독려했다. 그 결과 마데이라 군도, 아조레스 군도, 모로코 등이 발견되었고, 1488년 바르톨로메우 디아스가 희망봉을 통과한 후 대서양과 인도양이 만난다는 사실을 입증했다. 그로부터 10년 뒤 1498년, 향신료 수송을 위한 새 항로 개척을 위해 바스코 다 가마가 포르투갈을 출발하여 인도를 찾아 나섰다―이후 포르투갈은 인도양을 횡단하고 자바, 몰루카 제도를 거쳐 중국까지 나아갔다. 마카오는 오랫동안 포르투갈령이었다― 지구가 둥글다고 믿었던 콜럼버스는 인도로 가는 다른 항로를 대서양 너머에서 찾았는데, 새로이 발견한 신대륙에 자신의 이름을 붙이는 데는 실패했다―아메리카로 알려진 이 대륙의 이름은 1499년 이곳을 탐험한 후 대서양 너머에 또 다른 바다가 있음을 알아낸 아메리고 베스푸치에서 유래했다―결국 동양으로 가기 위해서는 아메리카 대륙을 돌아 태평양을 횡단해야 했고, 1519년 마젤란이 이끄는 다섯 척의 선단이 이 지구 항해를 감행해 3년 만에 세계 일주에 성공했다. 대항해 시대의 막이 오른 것이다.

　물론 유럽인의 해상 탐험은 상업적 차원의 문제만은 아니었다.

선교의 열망도 컸지만, 무엇보다 동방이라는 곳은 언제나 유럽인의 상상력을 자극했다. 황금의 나라, 갠지스 강의 뱀을 먹으며 400년을 사는 사람들의 이야기, 이슬람 세계 너머에 존재하는 프레스터 존*의 크리스트교 나라에 얽힌 온갖 환상적 이야기들이 유럽인을 유혹했다. 13세기 말 몽골 황제 쿠빌라이 칸의 궁정에 간 마르코 폴로의 모험담은 피사 출신 루스티켈로에 의해 《동방견문록》으로 출판되어 유럽인의 상상에 실체를 부여했다.

물론 유럽의 해양 진출이 곧바로 세계 제패의 동인은 아니다. 그것만으로는 설명이 부족하다. 대서양과 태평양 그리고 인도양을 이용한 유럽 무역의 팽창이 자본 축적을 가능하게 하고 자본주의적 세계 체제의 질서를 세운 것은 사실이지만, 이 모든 변화를 실제로 움직였던 힘은 바로 유럽의 근대 국가였다. 17세기에 이르러 포르투갈과 에스파냐가 신대륙으로부터 들여온 금은을 사치품 소비에 낭비하는 동안, 영국과 네덜란드 그리고 프랑스가 유럽의 강자로 부상했고, 북서유럽은 새로운 경제 중심지로 자리 잡았다.

해양 진출은 유럽이 원하던 것을 제공했다. 역사상 처음으로 범세계적 교역망의 핵심이 되었고, 유럽 중심의 세계 체제가 등장했다. 물론 유럽이 이 체제를 확실하게 지배할 만큼 강력했던 것은 아니었다. 사실 초기에는 경제성도 별로 없었다. 남미에서는 유럽산 유행병으로 원주민을 절멸시켰고, 중국에서는 고도로 발전한 국가 체제 앞에서 오랫동안 무력했다. 동인도 회사를 앞세워 거점

* 중세 서양의 전설 속 왕으로, 아시아와 아프리카에 강대한 기독교국을 건설하였다고 전해진다.

동인도 회사를 앞세워 거점을 확보했지만, 여전히 유럽
에는 중국에 대한 무역 역조를 뒤엎을만한 상품이 없었고, 신대륙이 생산한
막대한 양의 은銀이 유럽을 거쳐 차茶의 나라 중국으로 흘러들었다. 중국이 원
하는 게 별로 없었기에 영국은 중국인의 입맛에 맞는 상품을 개발해야 했다.

을 확보했지만, 여전히 유럽에는 중국에 대한 무역 역조를 뒤엎을 만한 상품이 없었고, 신대륙이 생산한 막대한 양의 은^銀이 유럽을 거쳐 차^茶의 나라 중국으로 흘러들었다. 그래서 영국인들은 오랫동안 중국을 '은의 무덤'이라고 불렀다. 중국이 원하는 게 별로 없었기에 영국은 중국인의 입맛에 맞는 상품을 개발해야 했다. 바로 아편이었다. 1840~1842년 아편 전쟁[*]이 일어나고 중국에 승리를 거둔 후 유럽은 비로소 세계 체제의 완전한 패권을 장악했다.

* 1840~1842년 사이에 영국과 청나라 사이에 일어난 전쟁이다. 아편 수입으로 인한 피해와 은의 유출을 막기 위하여 청의 선종은 아편 무역 금지령을 내렸고, 영국 상인의 아편을 불태우고 밀수업자를 처형했다. 이에 영국이 무역의 보호를 구실로 해군을 파견하면서 전쟁이 발발, 청나라가 패하고 난징 조약이 맺어졌다.

Re-thinking history
.
.
.

사실 유럽은 중세까지만 해도 지중해의 변두리 문명이었다. 십자
군 원정은 11~13세기 유럽이 물질적으로나 문화적으로 낙후한 곳이
었음을 보여 주는 사건에 지나지 않는다. 이러한 유럽이 19세기에 세
계를 정복한 것은 참으로 기적에 가까운 일이었다. 그러기에 '유럽'의
대두는 지난 천년기의 최대 사건이 아닐 수 없다.

14 유럽의 대항해 시대
동양, 인류학의 연구 대상이 되다

유럽과 아시아의 경계는 어디일까? 예를 들어 터키의 도시인 이스탄불은 유럽일까 아시아일까? 서쪽으로는 상트페테르부르크에서 동쪽으로는 블라디보스토크—압록강 바로 위에 있다—에 이르는 러시아는 유럽의 국가일까 아시아의 국가일까? 전통적으로 둘을 나누는 경계는 우랄산맥, 카스피 해, 카프카스산맥, 흑해, 지중해로 이어지는 분계선이지만, 지구화 또는 세계화를 추구하는 오늘날 이러한 선은 큰 의미가 없다. 지리란 인간 활동의 출발점이 아니라 그 결과물인 것이다.

원래 '동양東洋' 이란 청대 이전 중국 상인들이 필리핀 앞바다, 수마트라섬 해역을 지칭하던 용어였고, 19세기 후반에는 중국인들이 일본을 가리키는 말로 사용되었다. 오늘날 좁게는 동아시아, 넓게는 비서구권을 가리키는 동양이란 개념은 제국주의의 산물이다. 이 개념은 20세기 일본인에 의해 조작되었는데, 전통적 중화 체제가 해체되고 대신 일본이 중심이 된 새로운 체제가 구축되면서 일본은 아시아의 최선진국으로서 유럽과 대등하다고 자부했다. 일본 문화는 중국 문화의 아류가 아니며, 그보다 우월한 문화라는 주장과 함께 나온 패권주의적 개념이 바로 동양이며, 대동아 공영권*은 이러한 동양관의 결과였다.

'오리엔트Orient'란 유럽어도 제국주의의 산물이다. '해가 돋는 곳'은 '해가 지는 곳(Occident)'의 반의어였다. 옛날에는 아랍과 이슬람이 오리엔트를 대표했지만 지금은 비서구권을 통칭하는 말로 변화했다. 유럽인들은 자신의 문화로부터 동양을 소외시킴으로써 스스로의 힘과 정체성을 획득했는데, '동양적 전제주의' vs '서구의 계몽군주', '아시아적 생산 양식' vs '서구 자본주의'라는 대비 구도를 통해 유럽 우월주의를 탄생시켰다.

새뮤얼 헌팅턴은 그의 책《문명의 충돌》에서 세계사는 동구 몰락 이후 이데올로기 간의 대립을 마치고 문명 간의 대립 단계에 접어들었다고 진단하고 있다. 그는 현재 세계가 중화, 일본, 힌두, 이슬람, 정교, 서구, 라틴아메리카, 아프리카 등 8개 주요 문명에 의해 분할되어 있다면서 그 척도로 가치 체계, 즉 종교를 꼽았다. 그리고 '서구' vs '유교·이슬람권'을 설정하고는 양자가 절대 화해할 수 없는 것으로 상정했다. 인구 12억의 중국과 쿠란koran, 코란을

* 일본을 중심으로 함께 번영할 동아시아의 여러 민족과 그 거주 범위를 이른다. 태평양 전쟁 당시 일본이 아시아 대륙에 대한 침략을 정당화하기 위하여 내건 정치 표어.

믿는 54개국 12억 인구의 이슬람이 동맹하여 서구 기독교 문명권에 대결하게 될 것이라는 주장인데, 이는 비서구 문명을 모르는 지나치게 단편적인 분석이다.

《문명의 공존》을 말한 하랄트 뮐러의 견해 역시 오리엔탈리즘에 속한다. 그가 말하는 공존은 "다양성 가운데의 동일성"인데 이 동일성이란 바로 서구적 가치의 합일에 지나지 않는다.

과거 '서양'은 말 그대로 '서쪽 바다', 지리적 위치에 따른 상대적 개념으로 동양과 짝을 이루었다. 중국을 중심으로 하는 중화적 세계관을 반영하여 인도양 연안은 '서양', 필리핀과 남지나해(남중국해)는 '동양'이 된 것이다.

이러한 용례는 원대에 나타나서 명대에 널리 퍼졌다. 명의 환관 정화가 15세기 일곱 차례에 걸쳐 아라비아 만灣과 아프리카 동해안 지역을 원정한 이래, 이 지역이 서양이라고 불리기 시작했다. 그러나 중국은 정화의 원정 이후 바다로 진출하는 것을 멈추고 내륙으로 침잠했다. 이 공백을 메운 것이 15세기 말 아프리카를 돌아 인도양에 나타난 유럽인들이다. 이들은 16세기 초 중국에 이르러 서양 너머에 또 다른 서양이 있음을 알려 주었다. 18세기 말 조선 정조 대에 편찬된 〈천하도지도天下都地圖〉는 중국에 선교사로 왔던 예수회 신부 알레니가 1623년에 저술한 《직방외기職方外記》에 삽입한 〈만국전도萬國全圖〉를 바탕으로 그린 것인데, 여기에는 과거 서양이 '소서양'으로, 그 너머의 유럽이 '대서양'으로, '동양'이 '소동양'으로, 그 너머 태평양이 '대동양'으로 표기되어 있다.

사실 유럽은 중세까지만 해도 지중해의 변두리 문명이었다. 십자군원정은 11~13세기 유럽이 물질적으로나 문화적으로 낙후한 곳이었음을 보여주는 사건에 지나지 않는다. 이러한 유럽이 19세기에 세계를 정복한 것은 참으로 기적에 가까운 일이었다. 그러기에 '유럽'의 대두는 지난 천년기의 최대 사건이 아닐 수 없다. 14세기 당시 최고 여행가였던 이븐 바투타[1304~1368]✚는 유럽을 여행할 만한 가치도 없는 반문명 지역으로 치부했다. 이런 유럽이 불과 300년 후 전 세계를 장악하고 모든 문명을 능가하는 근대 세계를 만들어냈다. 어떻게 이것이 가능했을까?

여기서 유럽이 동양에 비해 문명적으로 뒤졌음에도 불구하고 유럽 중심의 세계 구도를 만들어낼 수 있었던 특별한 힘을 설명할 필요가 있다. 사실 유럽의 대항해 시대는 시기적으로 전쟁의 시대였다는 점을 주목해야 한다. 유럽 각국은 내전과 국가 간 전쟁을 끊임없이 되풀이했는데, 프랑스의 발루아 왕가와 에스파냐 계 합스부르크 왕국 사이의 맞대결만도 1494년과 1559년 사이에 열한 차례나 반복되었다. 잦은 전쟁은 군사 기술상의 변화를 야기했고, 이는 또 다른 혁명—역사가들은 혁명이란 용어를 사용하길 꽤나 좋아한다—즉 '군사 혁명'을 일으켰다. 전쟁은 유럽적인 국가 체계의 형태를 결정했고, 드디어 유럽에 근대적인 국가가 등장하기 시작했다. 중앙집권적이고 분업화된 자율적인 관료제 국가가 모

✚ 아라비아의 여행가. 아프리카·아라비아·인도를 거쳐 원나라 때 중국에 들어가 대도大都까지 약 만km에 달하는 여행 거리를 기록하였다.

습을 드러낸 것이다. 이 국가는 구성원인 국민에게 스스로를 국가와 동일시하는 방법을 가르쳤고, 국가를 위해 목숨을 바치는 일을 순교로 떠받들게 했다. 근대 국가는 모든 폭력 수단을 독점하고 이를 정당한 것으로 생각하게 만드는 데 성공했다. 근대 국가는 가용한 모든 수단을 효과적으로 뽑아내는 방법과 기술을 발전시키고 정교하게 만들었다. 국가 간 경쟁의 승패는 바로 이러한 기술과 능력의 빠른 습득에 달려 있었다.

국가라는 존재의 무게에 대해서는 심각하게 생각할 필요가 있다. 우리나라처럼 국가적 전통이 강해서 마치 공기처럼 그 존재를 당연시하는 사람들에게 국가 없는 세계는 상상하기 힘들다. 그렇다면 몽고 지방의 유목민들을 상상해 보자. 이 초원의 세계는 흡사 권력의 진공 지대처럼 느껴질 수 있다. 물론 거기에도 국가는 있다. 그러나 그것은 우리가 아는 국가와는 사뭇 다르다. 우리는 유럽의 국가와 비유럽 세계의 국가 사이의 차이를 풍성한 유적을 통해 드러나는 유럽의 역사성과 비유럽 세계의 뿌리 뽑힘의 대비를 통해 알 수 있다. 반만년 역사의 우리나라, 세계 최대 제국이었던 몽골, 티무르 제국의 영광을 가진 우즈베키스탄, 심지어 영원한 도시 이스탄불에서조차 과거는 흔적을 잃어 가고 오늘과 무관한 것이 되어버린 반면, 근대성을 만들어낸 유럽에서 오히려 전통의 무게가 더 느껴진다. 남아 있는 과거의 흔적이 현재의 역사성을 풍요롭게 하면서 유럽인들의 문화적 자긍심을 높이고 있는 것이다. 이 과거의 흔적이란 것도 기실 근대 국가를 통해 만들어지고 다듬어 졌음에도, 유럽은 그것을 비유럽 세계의 빛바랜 신화와 대비하여 유럽 문화의 우월성을 입증하는 증표라고 과대 포장했다. 이 모든 것이 철저하게 과거에 대한 통제를 통해 현재를 관리하는 근대 국가의 모습이다. 구성원들이 조금도 부자유스럽다고 느끼지 않으면서도 그들을 총체적인 방식으로 조직할 수 있는 능력을 가진 나라, 곧 '유기적 국가'를 이룩했던 것에 서구 대두의 비결이 있다고 하겠다.

새로운 주인공의 등장에는 항상 어두운 그림자가 드리우게 마련이다. 역사는 대개 이러한 그림자에 눈을 돌리길 주저하면서 승자의 스토리를 미화하는 경향을 보인다. 패자보다는 승자의 이야기가 더 흥미롭다고, 더 큰 교훈을 준다고 생각하기 때문이다. 근대 유럽의 승리가 낳은 슬픈 이야기가 여기 있다.

"지난 40년간 크리스트교도들의 전제적이고 악마적인 행위로 줄 잡아 1천2백만 명 이상이 죽음에 이르게 되었습니다. 이는 부당하고 조금도 용서받을 수 없는 일입니다. 그들 중에는 여자와 어린아이들 도 있었습니다. 저는 죽은 자가 1천5백만 명을 넘을 것이라고 추산합니다. (……) 크리스트교도들이 그 앞길을 막아 선 모든 사람들을 대 규모로 살육하고 없애버린 이유는 단순히 탐욕 때문입니다. 그들은 가능한 한 신속하게 금으로 주머니를 채우고 개인 재산을 모으기 시

"지난 40년간 크리스트교도들의 전제적이고 악마적인 행위로 줄잡아 1천2백만 명 이상이 죽음에 이르게 되었습니다. 이는 부당하고 조금도 용서받을 수 없는 일입니다."

작했습니다. (……) 에스파냐인들은 이 사람들의 육신을 염려하지 않은 것처럼 그들의 영혼에 대해서도 염려하지 않았습니다. 이 모든 일 중에서 한 가지, 널리 알려져 있으며 논쟁의 여지가 없는 사실이 있습니다. 포악한 살인자들조차 그 사실을 인정합니다. 그것은 원주민들이 유럽인들에게 전혀 해를 끼치지 않았다는 사실입니다. 오히려 원주민들은 유럽인들이 하늘에서 내려온 자들이라고 믿었습니다."

_라스 카사스Las Casas의《인도의 몰락에 관한 간략한 보고서》(1552)

이 슬픈 이야기는 훗날 유럽중심주의라는 동화의 자양분이 되었다. 우월한 문명을 이룩한 남성적인 '서양^{the West}'과 열등하고 야만적이며 게다가 여성적인 '동양^{the East}'을 대비시키는 이 동화는 오랫동안 서양인들의 사고방식 깊숙한 곳에 뿌리를 내렸고, 동양마저도 이 사고방식에 젖어버렸다.[✛] 유럽은 승리를 거둔 후 자신의 과거뿐 아니라 남의 과거까지도 분과 학문 체계를 통해 통제했다. 이제 유럽 이전의 모든 문명은 유럽 문명이 있기 위해 존재하는 일종의 전사_{前史}가 되었다. 유럽의 역사는 인류의 역사가 되고, 비유럽 세계는 두 부류로 나뉘어 아프리카와 그 밖의 야만인들은 '역사 없는 사람들'로 간주돼 인류학의 연구 대상이 되었고, 역사를 도저히 부정할 수 없는 중국, 인도, 이슬람, 이집트 등은 정체된 '동양'이 되었다. 일반적으로 서양이 진보를 발명했다고 하지만, 사실은 후진성을 만들어 냈다는 것이 보다 정확한 이야기일 것이다. 물론 유럽인들이 천성적으로 나쁜 놈이라는 소리는 아니다. 그들은 나름대로 사명감을 갖고 있었다. 스스로 잘났다고 믿었으니, 잘난 놈이 좀 덜 떨어진 자들을 계몽하고 이끄는 것은 도저히 게을리 할 수 없는 수고스런 사명이었던 것이다. 그러나 이 사명감은 동양의 것은 아니었다.

✛ 콜럼버스는 제3차 항해 보고에서 이렇게 적고 있다. "지구는 여성의 젖가슴 모양으로 되어 있는데, 지상 낙원은 그 중에서 특히 젖꼭지에 위치한다—하늘에 가장 근접한 위치이기 때문이다—이제 막 발견한 그곳이야말로 바로 그 낙원임에 틀림없다."

Re-thinking history

.

.

.

질병과 기근 그리고 전쟁, 인류학자들이 '과잉 인구의 청소부'
라고 이름 붙인 이 불행들이 언제나 인간들을 위협했다. 그것은 가난
한 자와 부자, 문맹인과 지식인을 구별하지 않고 골고루 삶의 조건들
을 위기로 몰아넣었다. 이러한 상황에서도 삶을 유지하려면 무엇이 필
요할까?

15 겁나는 최후의 심판
중세인의 불안과 근심

　　중세 말기는 분명 크리스트교의 성숙기였다. 교회는 1000년 동안 유럽인들의 정신을 지배해 왔고, 지적이건 정치적이건 인간의 삶 구석구석을 관장했다. 중세인은 교회를 통해 세상에 나왔고, 교회를 통해 저 세상으로 건너갔다. 교회를 벗어나서는 살 수 없었던 중세 유럽은 크리스트 교회를 중심으로 통일적인 세계를 구성하고 있었다고 볼 수 있다.

　　이러한 설명은 너무나도 교과서 같다. 중세 말기를 살던 유럽의 갑남을녀들이 어떻게 종교 생활을 했는지를 설명해 주지는 못하기 때문이다. 우리가 알고 싶은 것은 '종교 개혁의 원인'이 아니라 왜 사람들이 아무런 의심 없이 1000년을 믿어 왔던, 혹은 믿어 왔다고 믿고 있던 그 종교를 변화시켜 보자고 생각하게 되었는가이다.

✱ 로마 가톨릭교회가 인정한 성인들은 기적을 행하는 능력을 인정받은 존재들이었다. 중세인들은 이 특별한 인물들의 영적인 힘을 굳게 믿었고, 이 영험한 능력이 사후에도 사라지지 않기를 바랐으며 그러리라 믿었다.

종교적으로 내세에서의 구원이 이승에서부터 준비된다고 확신했던 인간들은 언제나 좀 더 안정적이고 확실한 '보험'을 갈망했다. 중세 초기에 유럽의 크리스트교도들은 이러한 보험으로써 성인들의 사후 영력靈力✱에 의지하기도 했다. 사제는 많았지만—어쩌면 지나치게 많았는지도 모른다—그들이 신도들의 기대에 언제나 부응한 것은 아니다. 15세기부터 시작되어 16세기에 폭발한 종교적인 개혁의 노력들은 바로 이러한 중세 말의 상황에서 비롯되었다고 볼 수 있다.

중세 말의 믿음이란 어떤 것이었을까? 물론 여기서 신앙의 강약을 가늠해 보자는 얘기는 아니다. 인간의 종교적 태도는 특정 종교의 교리에 앞서서, 그리고 그것과 무관하게 선험적으로 존재하는 인간의 원시적 감정에서 비롯된다. 이런 의미에서 종교적 태도는 개인과 세계 사이의 관계를 인식하는 데에 그 핵심이 있다. 그렇다면 우리는 역으로 인간과 그를 둘러싼 세계의 관계를 이해함으로써 인간의 종교적 태도가 무엇이었는지를 살펴볼 수 있을 것이다.

중세 말, 인간의 삶은 불안정했다. 인간을 둘러싼 환경은 적대적이기까지 해서 삶은 위기의 연속이었다. 예를 들어 마을 옆에 숲이 있다고 치자. 오늘날의 숲은 삼림욕의 공간, 도시의 답답함에서 벗어나 자연을 느끼게 해주는 친근한 공간이지만, 과거에 숲은 하나의 공포였다. 거기엔 도적들이 숨어 살았고, 일곱 고개를 넘으면 이상한 난쟁이들이 모여 있었다. 마녀가 어린아이들을 유혹해서는 설렁탕을 만들어먹기 위해 말도 안 되는 과자집을 지어 놓았고, 계모가 어린 남매를 갖다 버린 곳도, 두건 쓴 여자아이가 늑대를 만난 곳도 모두 숲이었다. 인간에게 적대적인 것은 비단 숲만이 아니었다. 질병과 기근 그리고 전쟁, 인류학자들이 '과잉 인구의 청소부'라고 이름 붙인 이 불행들이 언제나 인간을 위협했다. 그것은 가난한 자와 부자, 문맹인과 지식인을 구별하지 않고 골고루 삶의 조건들을 위기로 몰아넣었다. 이러한 상황에서도 삶을 유지하려면 무엇이 필요할까? 절박한 상황, 자신에게 닥친 불행을 버텨나가기 위해서 인간에게 필요한 것은 무엇인가? 그것은 원인에 대한 이해이다. 너무나 당연해서 오히려 의아해 보이는 대답이겠지만, 인간은 자신이 불행에 빠졌을 때 무엇보다도 자신에게 닥친 상황을 이해하려고 한다. "왜 나에게 이런 시련이 찾아올까?"라는 질문이 제기되고, 어떠한 방식으로든 스스로 그 이유를 만들어내야 한다는 것이다. 이는 현재의 상황을 스스로 진단하고, 향후 과정을 예견하며, 불행에 대응할 수 있는 이해의 시스템이다. 중세인이라고 예외는 아니다. 그들 역시 기근과 전염병에 대한 설명을 필요로 했다. 하지만 그들과 우리 사이에는 분명 다른 점이 있다.

점성술과 연금술은 중세의 '하이테크놀로지'였다. 다시 말해서 당시의 과학은 합리적인 인과관계의 원리에 기반한 오늘날의 과학과는 전혀 다른 이해 방식을 갖고 있었다. 대부분의 중세인들은 읽을 줄도 쓸 줄도 모르는 문맹이었고 그들의 지식이란 가족과 마

과거에 숲은 하나의 공포였다. 거기엔 도적들이 숨어 살았고, 일곱 고개를 넘으면 이상한 난쟁이들이 모여 있었다. 마녀가 어린아이들을 유혹해서는 설렁탕을 만들어먹기 위해 말도 안 되는 과자집을 지어놓았고, 계모가 어린 남매를 갖다 버린 곳도, 두건 쓴 여자아이가 늑대를 만난 곳도 모두 숲이었다.

중세 말, 인간의 삶은 불안정했다.
인간을 둘러싼 환경은 적대적이기까지 해서
삶은 위기의 연속이었다.

을 공동체에서 구전에 의해 전승된 것들이었다. 이러한 지식은 오래된 것일수록 진리였다. 노인과 젊은이가 말싸움을 하는 것은 상상할 수도 없었고, 싸움이 벌어진다 해도 이기는 건 노인일 수밖에 없었다. 장유유서니 온고이지신이니 하는 말들은 괜히 나온 것이 아니었다.

동시에 중세인은 농민이었다. 현대인들이 갖는 전원생활에 대한 꿈이란 중세인에겐 그저 고달프고 불안한 일상생활일 따름이었다. 그들의 삶은 자연스럽게 자연의 리듬에 의존했고 그에 따라 씨를 뿌리고, 경작하고, 추수했다. 하지만 이러한 농경 지식마저도 엄밀한 의미에서의 지식은 아니다. 그것은 지식의 활용 방법(know-how)이지 지식 그 자체(Knowledge)는 아니었던 것이다. 봄에 파종해야 한다는 것은 알았지만, 왜 봄에 파종해야 하는지는 몰랐던 것이다. 자연의 메커니즘을 지배하는 '과학적' 원리는 중세인에게 아직 미지의 영역이었다. 결국 농민들에게—그것은 당시의 식자들에게도 마찬가지인데—자연현상의 배후에 존재하는 초자연의 세계는 너무나도 당연한 것이었다. 그것은 특정한 내용, 즉 특정한 교리와 신앙으로 정의하기 이전에 인간을 초월하는 하나의 의지에 의해 자연과 인간의 삶이 지배되고 있다는 진리를 받아들여야 한다는 것을 의미했다. 왜냐하면 전[前] 과학 시대에도 이해할 수 없는 애매모호함이란 도저히 받아들여질 수 없었기 때문이다. 결국 중세인들에게 믿느냐 믿지 않느냐 사이에 선택의 여지는 없었다. 초자연적인 것을 받아들이지 않기엔 모든 것이 애매했다. 그러한 점에서 중세인의 믿음이란 크리스트교 이전의 '원시적'인 태도였고, 크리스트교 신앙은 이 믿음에 부여된 내용이었다. 삶의 현장과 초자연적인 세상 사이에 단절은 없었다. 양자 간에 가장 확실한 관계를 설정하는 것이 중요했으므로, 안정과 안전에 대한 가장 단순한 요구로부터 지적 호기심에 이르기까지 인간과 세상과의 관계는 종교적 성격을 띠었다.

서양의 역사가들은 중세인들의 근심거리에 대해 관심을 가졌는데, 이들의 친절이 발견한 중세인의 근심거리 1순위는 단연 죽음이었다. 이 분야에서 유럽의 중세인들이 남긴 흔적이란 무척 매력적인 것들이다. 비에 젖은 채 혹은 눈밭 위에 널브러진 시체들, 아예 바싹 말라버린 시신들, 까마귀에게 눈동자가 파먹힌 괴기스런 시체들, 그리고 그 곁에서 수염이나 눈썹을 뽑고 있는 이름 모를 작은 새들을 묘사한 당시의 그림들에서 우리는 더할 나위 없는 죽음의 미학을 발견한다. 물론 이러한 참혹한 예술적 묘사 곁에는 프랑스 중부에 위치한 라 셰즈 디외^{La Chaize-Dieu}에 있는 프레스코화 〈사자^{死者}의 춤〉과 같은, 죽음을 대단히 우아하게 묘사한 은위적이며 철학적인 퍼포먼스도 존재한다. 죽음은 동시에 의례적인 것이기도 했다. 임종의 예식은 교회의 종소리와 촛불 행렬—부자일 경우—을 통해 죽은 자를 위로했다. 크리스트교도들은 종부 성사를 위해 오랜 준비를 해야 했고, 특히 자신이 묻히게 될 매장지의 선정에 고심했다. 대개 마을 교회 옆에 위치한 공동묘지에 묻혔지만, 이 조차도 안전해 보이지 않았다. 그래서 사람들은 교회 안에, 그것도 구원자인 예수의 희생과 부활이 정기적으로 기념되는 곳이자 성찬식의 신비가 이루어지는 제대 가까운 곳, 제대 바로 아래에 묻히길 원했다. 어쨌든 15세기를 살던 아비뇽^{Avignon} 주민의 80%가 바라던 것은 바로 이런 것이었다.

　매장지가 그토록 중요했던 것은 죽음 이후 인간의 심판이 있으며, 운이 없으면 지옥의 악마와 직접 대면해야 할지도 모른다는 생각 때문이었다. 최후의 심판에 대한 이야기는 언제나 악마에게 넘겨진 영혼들이 겪게 될 다채로운 고통들을 친절하게 설명해 주었다. 7대 죄악(교만, 탐욕, 사치, 시기, 탐식, 분노, 게으름) 각각에는 그에 합당한 특수한 형벌이 준비되어 있었다. 아직 체중 관리의 필요성을 느끼지 못했던 시기인지라 다이어트의 맹목적 추종자들에게 어떠한 형벌이 부여되어야 하는지에 대해서는 언급된 바 없지만, 음식을 탐하는 자들은 지옥에서 끝도 없이 음식물을 삼켜야 하는 벌을 받을 것이었다. 교회가 정한 금식과 금육의 계율은 지키고 싶어서가 아니라 어쩔 수 없이 지켜지는 경우가 더 많았던 배고픈 이 시절에 잘 차려진 음식상 앞에서 체면을 차리는 이들은 그리 많지 않았을 것이다. 교회는 신의 하수인들인 천사들의 존재와 마찬가지로 엄격하게 계서화된 악마들의 존재를 교구민들에게 끊임없이 상기시키면서 인간을 통제했다.

어느 누구도 악마의 위협에서 안전하지 못했다. 이 시기에 부정적인 평판이 일반화되기 시작한 여성들에게는 특히 그러했다. 수백 가지 결함들이 여성을 특징지었다. 사치스런 목걸이와 금팔찌는 여성을 비난하기 위해 즐겨 사용된 공격 대상이었다. 여인의 목걸이와 팔찌는 언제나 악마의 손끝에 걸리게 되어 있었다.

악마는 이제 곧 종말을 고할 세계의 왕자였다. 14세기부터 유럽은 임박한 묵시록의 세상에 대한 공포에 휩싸였다. 1522년 비텐베르그Wittenberg의 루터판 성서를 위해 알브레히트 뒤러Albrecht Dürer, 1471~1528✝가 묘사한 판화는 큰 인기를 끌었는데, 최후의 심판이란 주제는 언제나 비슷한 배경을 갖고 있었다. 천사의 나팔이 종말의 시간을 알리고, 심판의 신이 사도와 24명의 현인들에 둘러싸인 채 구름을 뚫고 나타난다. 이어 죽은 자들이 부활한다. 선택받은 이들은 흰옷을 걸친 채 천상의 예루살렘으로 인도되고, 선택받지 못한 이들은 공포에 질린 채 악마에게 이끌려 지옥의 불구덩이로 쫓겨난다. 아마 가장 아름다운 묘사는 본Beaune의 한 병원에 그려진 반 데르 바이덴Van der Weyden, ?1399~1464의 작품일 것이다. 물론 이러한 작품들을 감상할 기회를 가지지 못한 이들을 위해서는 각 지역을 돌아다니면서 심판의 공포를 친절히 설명해 주던 설교가들이 있었다.

광범위하게 확산된 공포 분위기 속에서, 그리고 15세기 말에 이르러 보편화된 인쇄술의 도움으로 조금 특별한 과학문학 장르가 발전했는데 이것이 바로 점성술 작품들이다. 의외라고 생각되겠

혜성, 자연재해, 괴수 등의 비정상적인 현상들은 언제라도 벌어질 미래의 불행에 대한 전조였다. 그리고 궁극적인 불행은 종말로 귀결되었다.

지만 당시의 점성술은 크리스트교와 비교적 무난한 관계를 유지했다. 왜냐하면 별들의 운명에 대한 지식은 인간이 사악함의 성향을 지배할 수 있도록 도와주며, 나아가 지상에서의 크리스트교적인 삶을 영위하고 구원을 준비하는 데 유용할 수 있다고 여겨졌기 때문이다. 점성술은 신이 인간에게 부여한 불안정한 삶을 대비하는 것을 가능하게 해주는 유일한 지식이었다. 16세기 초 이 점성술은 예언서들을 양산했고, 주로 벨기에 지방에서 나온 이 저작들은 프랑스를 비롯한 여타 유럽 지역에서 널리 유포되었다. 그것은 엄청난 반향을 불러일으켰고 대규모의 정신적 패닉 상태를 야기하기도 했다. 물론 예언에 재난이 일어났다는 기록이 나타나지는 않지만, 중세인의 걱정은 조금도 줄지 않았다. 혜성, 자연재해, 괴수 등의 비정상적인 현상들은 언제라도 벌어질 미래의 불행에 대한 전조였다. 그리고 궁극적인 불행은 종말로 귀결되었다.

세상의 종말을 기다리는 인간은 언제나 같은 질문과 마주하게 된다. '너는 어떠한 인간인가?', '다시 돌아올 구원자 앞에 너는 어떠한 모습으로 나설 것인가?', '너는 어떠한 세상을 신에게 보여줄 것인가?' 이런 근본적인 질문 앞에서 인간은 약해질 수밖에 없다. 종말론은 고행과 개심改心, 순수함으로의 복귀를 요청하는 것이었고, 그에 대한 응답은 대개 종교적 광신으로 치닫기 쉬웠다. 16세기 초에 이르러 종말의 기다림에 대한 신경강박증은 종교 전쟁의 피비린내 나는 홀로코스트를 준비하기에 충분한 자양분을 제공했다. '타락'했다고 지목된 기성 종교에 대한 비판과 개혁의 요구도 바로 여기에서 나온 것이었다.

Re-thinking history
·
·
·

그 어느 누구도 자신의 신앙심과 행동이 완벽하다고 자부할
수 없었기에 구원은 언제나 근심거리로 남을 수밖에 없었다. 착하게
살지 못해 구원받을 것이 불확실하다면, 남은 방법은 이미 구원이 예
정되어 있음을 믿는 것이었다. 원인과 결과를 뒤바꾸어 놓은 새로운
구원 패러다임, 예정설이 등장한 것이다.

16 루터, 로마 교회를 두들기다
새로운 구원 패러다임, 구원 예약 받습니다

당시의 신학자들은 시대적 근심에 어떠한 해답도 제시하지 못했다. 인문주의자의 조롱과 비난에서 드러나듯이—에라스뮈스의 《우신예찬》*은 더할 나위 없이 좋은 예이다—당시의 신학은 결코 좋은 평판을 누리지 못했다. 중세 스콜라 신학은 서서히 쇠퇴했고, 토마스 아퀴나스가 이룩한 실재론의 조화로운 체계마저 뒤흔들리고 있었다. 윌리엄 오컴과 그의 유명론은—이미 12세기 초에 피에르 아벨라르**에 의해 설파된 적 있는—중세 말의 신학자들, 특히 루터에게 깊은 고민거리를 제공했다.

유명론은 보편 개념을 통해 어떠한 실재에 도달할 수 있다는 믿음을 거부했다. 보편 개념, 예를 들어 아름다움이라든가, 우정이라든가, 혹은 국가와 같은 개념이 실재하는 것이 아니라면, 이러한

* 1509년에 에라스뮈스가 쓴 종교 비판서. 1511년에 간행한 것으로, 우매한 여신 모리아가 스스로 예찬하는 것을 빗대 종교 개혁 시대의 왕후·귀족·사제·교황, 나아가서는 인간 전체에 대한 통렬한 비판과 풍자를 인문주의적인 입장에서 시도하였다. 소박한 신앙심의 부활과 자연스럽고 자유로운 인간상의 회복을 꾀한 것으로, 르네상스 정신의 선구적인 역할을 하였다.

** 프랑스의 스콜라 철학자·신학자인 그는 기욤 드 샹포로부터 변증법이라고 일컬어지던 논리학과 수사학을 공부했다. 한 공개 토론에서 실재론자인 스승 기욤을 압도한 것으로도 유명한 그는 실새론과 유명본의 이분법적 논리에서 벗어나 인간 사고의 경험적 측면과 추상적 측면을 모두 중시함으로써 중세 보편 논쟁의 한계를 극복하고자 했다. 이러한 그의 입장은 개념론이라고 불린다. 파리 성당 학교의 교수로 있으면서 문필과 강연에도 크게 활약했고, 제자 엘로이즈와의 이루지 못한 사랑으로도 유명하다.

개념은 신에 대한 지식의 가능성에 의문을 제기한다. 인간 이성의 활동으로 신을 알 수 없다면 어떠한 방법으로 신에 도달할 것인가? 보편 개념으로 신에 대해 사유할 수는 있지만 그것이 신의 실재를 증명하진 않는다. 그렇다면 남는 것은? 오직 믿음뿐이다. 신앙은 오직 계시에 대한 믿음에 의지할 도리 밖에 없다. 이러한 상황에서 유명론의 전파는 언제나 신비주의의 발흥과 일치했다. 신학적으로 신을 증명하는 것이 불가능하므로 직접적으로 체험한 자만이 신에 대해 말할 수 있다는 것이다. 모든 인간은 신과 하나가 되기 위해 신을 사랑해야 하지만, 당시의 신비주의가 말하던 결합은 존재의 결합이 아니라 신의 의지와 인간의 의지 사이의 결합이었다.

여기에서 종교 개혁의 기원을 이루는 중요한 문제가 제기된다. 바로 구원의 보장이다. 유명론은 신의 전지전능함을 인정했다. 그리고 신을 사랑하는 자에게 구원이 주어진다고 했다. 그러나 누가 과연 그 사랑을 평가할 것인가? 다시 말해서 신을 향한 '나'의 사랑이 신이 보시기에 구원에 합당할 만큼 충분한지를 어떻게 알 수 있는가 하는 문제가 발생하게 된 것이다. 그 어느 누구도 자신의 신앙심과 행동이 완벽하다고 자부할 수 없었기에 구원은 언제나 근심거리로 남을 수밖에 없었다. 착하게 살지 못해 구원이 불확실하다면, 남은 방법은 이미 구원이 예정되어 있음을 믿는 것이었다. 원인과 결과를 뒤바꾸어 놓은 새로운 구원 패러다임, 예정설이 등장한 것이다.

불안정한 삶의 조건과 종말에 대한 두려움, 그리고 구원에 대한 근심은 중세 말 유럽의 크리스트교도들로 하여금 다양한 방식의 종교적 모험에 뛰어들게 했다. 예수의 엄마 마리아를 비롯한 다양한 성인들에게 의지하거나, 성지 순례를 떠나거나, 새로운 신도 조직을 통해 내세에서의 평화와 안녕을 추구하게 하였다. 그리고 점점 더 많은 사람들과 상황들이 중세인들로 하여금 교회의 과감한 개혁을 바라게 하였다. 교황의 사치와 도덕적 타락*, 과중한 세금, 주교의 방만과 나태, 사제와 수도사의 무지 등에 대한 불만이 터지기 시작한 것이다. 그러나 당시의 로마 교회는 이러한 개혁의 요구를 수용하고 변화를 주도하기에는 적합하지 않았다. 종교 개혁은 기존 교회 밖에서, 기존 교회에 반대해서 일어났다. 이 개혁 운동을 주도한 두 인물이 바로 루터와 칼뱅이었다.

1517년 10월 31일, 루터는 성 베드로 성당의 신축 기금을 마련하기 위한 특수 면벌부 판매에 반대하면서 〈95개조 반박문〉을 비텐베르크 성문에 내걸었다. 그가 이 대자보를 걸기 위해 두들긴 망치 소리는 장차 전 유럽을 뒤흔들게 될 종교 개혁 운동의 서곡이었다.

자신의 구원에 대한 깊은 근심에 사로 잡혔던 루터는 사도 바울과 성 아우구스티누스**를 통해 인간은 개인의 구원을 위해서는 스스로 그 어떠한 역할도 할 수 없으며, 오직 믿음만이 인간을 의롭게 한다는 결론에 도달했다. 루터는 이러한 결론을 〈95개조 반

* 스스로를 르네상스인으로 간주한 교황 이노센트 8세는 사치를 일삼으면서 여러 명의 부인 사이에서 16명의 자녀를 두었다. 건축 사업에 미쳤던 알렉산더 6세1492~1503 역시 축첩을 일삼고 성직을 매매해 필요한 건축 자금을 모았다. 종교 개혁 직전의 약 2세기 간의 교황들은 종교적인 지도자라기보다는 세속적인 군주의 모습에 가까웠다. 루터는 교황 율리우스를 반#마귀로 부르면서 교황청을 비판하였다.

** 사도 바울(Paulus, 히브리어로는 사울), 초기 크리스트교 시대의 포교자이자 신학자. 크리스트교도들을 박해하기 위해서 다마스쿠스에 가던 중 예수를 만나 개종했다고 전해진다. 비#유대인 세계에 예수의 가르침을 전했으며, 유대교에서 출발한 이 신흥 종교를 보편 종교로 변화시키는 데 가장 큰 공헌을 한 인물로 평가된다.
성 아우구스티누스354~430는 로마 제국 아프리카 교구의 주교이자 성인으로, '히포의 아우구스티누스'라고도 불리며 그리스도 교회의 4대 교부教父 중의 하나로, 고대 신플라톤주의 철학과 기독교를 결합하며 중세 사상계에 큰 영향을 끼쳤다. 저서로 《고백록》, 《삼위일체론》, 《신국론》이 있다.

1517년 10월 31일, 루터는 성 베드로 성당의 신축 기금을 마련하기 위한 특수 면벌부 판매에 반대하면서 〈95개조 반박문〉을 비텐베르크 성문에 내걸었다. 그가 이 대자보를 걸기 위해 두들긴 망치 소리는 장차 전 유럽을 뒤흔들게 될 종교 개혁 운동의 서곡이었다.

인간 이성의 활동으로 신을 알 수 없다면

어떠한 방법으로 신에 도달할 것인가?

박문〉에서 피력했다. 루터가 처음부터 로마 가톨릭교회를 거부하고 새로운 교회를 건설하려는 원대한 의도를 품었던 것 같지는 않다. 그러나 1521년 교황 레오 10세가 루터를 파문하고 독일 황제역시 뜻을 같이 한데다, "교황청의 젖소"라고 불리던 당시 독일 통일을 꿈꾸던 독일 민족주의자들과 교회의 재산을 노리던 군소 제후들이 루터를 지지하면서 그의 면벌부 판매에 대한 비판은 거대한 정치 사회 운동, 반反로마 가톨릭 운동으로 변화했다.

　루터의 교리는 점차 정교화 되어 1530년《아우구스부르크의 고백》이란 책자를 통해 체계화되었다. 그는 믿음에 의한 구원, 보편사제주의*, 그리고 신의 계시의 근거로써 성경만이 신의 계시를 알 수 있는 유일한 근거라고 주장했다. 신자들의 공동체인 교회에 관해서도 루터는 로마 교회의 조직적인 성격을 거부하고 대신 세속 제후들에게 종교적 권위를 부여했다. 그 결과 루터파 교회에서 제후와 군주는 정신적 지도자로 나설 수 있었다. 루터 교회는 독일을 시작으로 스칸디나비아로 전파되어 1529년에는 스웨덴에서, 1536년에는 덴마크에서 국교로 채택되었다.

　루터는 크리스트교의 신앙이 정치적이어서는 안 된다고 생각했다. 그는 단지 기존 권위에 복종할 것을 가르쳤다. 자신의 평등사상에 영향을 받았던 토마스 뮌쩌의 '재세례파' 운동과 농민 반란에 대해서도 그는 단호한 입장을 표명했다. "세상이 거칠어지지 않도록 하고, 평화가 사라지지 않도록 하고, 상업이나 공공 이익

✦ 보편 사제주의에 의하면, 세례를 받은 모든 크리스트교도는 사제이며 평등하므로 평신도와 사제의 구분은 무의미하다. 결과적으로 성직자의 고유한 기능은 무시되고 혼인 금지의 조항도 의미가 없어진다. 루터 교회의 목사는 보통의 신자와 다를 바 없는 자로 복음을 설교하고 성사를 집행하는 기능을 가질 뿐, 특권을 행사하지는 않는다. 반면 로마 가톨릭교회의 신부는 신품 성사를 통해 일반 신자와 다른 특별한 집단을 형성한다.

유혈 없이 세상이 다스려질 수 있다고 생각해서는 안 된다. 공공의 칼은 붉고 피로 물들어 있을 것이며 또 그러해야만 한다.

✚ 마태복음 22장 21절과 마르코복음 12장 17절, 루가복음 20장 25절에 나오는 내용. 예수에 적대적이었던 유대인 일파가 그를 곤경에 빠뜨리기 위해 로마 황제에게 세금을 내는 것이 야훼를 유일신으로 믿는 유대인에게 적합한 행동인지를 물었다. 카이사르에게 세금을 바치라고 하면 이는 반민족적인 처사가 될 것이며 바치지 말라고 한다면 로마 지배에 대한 반역 행위가 될 수 있었는데, 이 질문에 예수는 "카이사르의 것은 카이사르에게 돌리고 하느님의 것은 하느님께 돌려라"라는 지혜로운 대답을 내놓았다. 이 문장은 훗날 국가와 종교의 관계, 세속적인 정치권력의 자율성과 정당성을 주장하는 논리의 토대가 되었다.

이 파괴되지 않도록 하려면, 준엄하고 엄격한 공공의 통제가 세상에 필요하다. 유혈 없이 세상이 다스려질 수 있다고 생각해서는 안 된다. 공공의 칼은 붉고 피로 물들어 있을 것이며 또 그러해야만 한다."

　루터는 힘이 곧 정의라는 생각을 받아들였다. 교회가 국가에 종속되는 방식으로 양자의 관계를 설정한 그는 신앙의 자유를 위해 "카이사르의 것은 카이사르에게"✚ 내주어 버렸다. 종교개혁만 놓고 보자면, 루터는 반권위적이었다. 분명 그는 1000년을 넘게 유지되어 온 교황의 권위에 흠집을 내었다. 그런 점에서 루터는 일종의 무정부주의자라고도 할 수 있겠다. 믿음으로 의로워진다는 그의 교리는 로마 가톨릭교회의 대부분의 성사체계를 불필요한 것으로 만들었다. 이는 개인에 대한 교회의 지배를 거부하는 몸짓이었다. 그는 수도원 생활을 폐지하고 그 자신이 전직 수녀와 결혼했다. 그러나 어떠한 운동이든 권위의 체계가 없을 수는 없다. 루터교회의 이후 발전상은 오히려 개인주의와는 상반된, 권위주의적인 모습을 보여 주었으니 말이다.

Re-thinking history

규율이란 대개 특정한 윤리와 테크닉에 의해 구성되는 개인의 실천을 통해 구현되는데, 줄을 선다든가 길거리에 함부로 침을 뱉지 않는다든가 하는 행위가 그러하다. 규율에 익숙해지면 무질서한 장면이 거북스럽게 되는데, 침 뱉는 사람을 보면 고개를 돌리게 되는 것과 같은 이치이다. 사실 이러한 사회 규율은 역사적인 결과물이다. 다시 말해 처음부터 그랬던 것은 아니라는 말이다.

17 칼뱅주의
한줄 서기 운동의 역사를 찾아서

    칼뱅은 루터와는 다른 세대, 다른 출신 배경에 속했다. 그는 법학을 전공했고, 루터와는 달리 구원에 대한 심각한 걱정, 개인적인 종교적 체험 같은 것도 없었다. 그는 종교인이라기보다는 인문주의적 소양을 갖춘 법률가의 모습을 갖고 있었다. 에라스뮈스와 루터에게서 영향을 받은 칼뱅은 이후 스위스 제네바를 무대로 자신의 종교 개혁을 추진했다. 1536년 26세의 나이에 발표한《크리스트교 강요》*는 그를 종교 개혁의 지도자로 부상시켰다. 루터의 저술이 내면의 감정을 표현한 정열적 폭발물인데 반해 칼뱅의 것은 도덕, 정치, 교리에 관해 성문화된 외형적 모양을 갖추었고, 논리적이며 정돈된 체계를 갖고 있었다. 그는 루터처럼 인간이 전능한 신 앞에서는 무력한 존재에 불과하며, 결코 자신의 운명을 바꿀 수

* 초판은 1536년에 스위스의 바젤에서 라틴어로 간행되었으나, 그 후 여러 차례 수정을 거듭하여 1559년에 결정판이 나왔고, 1560년에는 프랑스어판도 간행되었다.
종교 개혁 시대의 가장 체계적인 신학서로서, 프로테스탄트 신학 사상의 고전^{古典}인 동시에, 개혁파 교리서의 출발점이 된 중요한 저서이다.

없고, 구원은 예정되어 있다고 주장했다. 칼뱅의 이러한 도그마를 중심으로 스위스와 프랑스의 개혁파가 결집했고, 제네바는 칼뱅을 불러들여 도시의 개혁 사업을 일임했다.

인간의 구원이 예정되어 있다는 칼뱅의 교리는 제네바에서 큰 반향을 불러일으켰다. 그의 예정설은 운명론이나 패배주의, 혹은 절망감으로 발전하지는 않는다. 왜냐하면 그는 복음을 받아들였다는 것과 계명을 따른다는 사실만으로도 구원이 예정되었음을 알 수 있다고 가르쳤기 때문이다. 나아가 그는 정직하고 피땀 어린 노동의 결과인 현세에서의 물질적 성공조차도 선택의 증표라고 생각했다. 훗날 독일의 사회학자 막스 베버^{Max Weber, 1864~1920}는 부의 축적을 긍정적으로 받아들인 프로테스탄트의 윤리와 자본주의 정신이 일맥상통했다고 평가한다. 그런가하면 영국의 경제학자 토인비^{Arnold Toynbee, 1852~1883}는 마르크스주의가 노동자 계급을 위해 봉사한 것과 마찬가지로 칼뱅주의도 부르주아 계급의 도래에 봉사했다고 보았다.

칼뱅의 종교 개혁은 교회 공동체의 규율을 특별히 강조했다는 점에서 특징적이다. 루터파와 가톨릭교회도 도그마와 관련해서 규율을 강조하긴 했지만 칼뱅파의 규율 체제는 유별났다. 그것은 교회를 벗어나 신자들의 사회적 행동에 초점을 맞추었는데, 사회 전체에 신의 법을 강제하기 위해 공공 기관들, 즉 학교, 고아원, 빈민구호소, 심지어는 군대에까지 규율을 강화했다. 이는 새롭고 강

칼뱅교에서 시작된 규율 혁명은 제네바를 시작으로 서부와 중남부 유럽을 거쳐 루터 종교 개혁의 중심인 독일로까지 번져갔다. 이 제제의 핵심 계층으로 구성된 교회 기구 장로회에서는 일상생활의 모든 측면에 깊숙이 개입했는데, 음주나 싸움질, 아내의 구타와 간음, 도둑질이나 경제적 범죄와 같은 반사회적 행동까지 관리했다.

력한 사회적 통제와 정치적 지배를 위한 진정한 규율 혁명이라고 할 수 있다.

'사회 규율'이란 사람들의 행동과 태도를 조종하고 지휘하며 통제하는 강제적인 기제이다. 규율이 익숙해진다는 것은 본능과 감정을 조절하는 심리적 과정이고, 통제되기 쉬운 인간이 된다는 것을 의미하기도 한다. 규율이란 대개 특정한 윤리와 테크닉에 의해 구성되는 개인의 실천을 통해 구현되는데, 줄을 선다든가 길거리에 함부로 침을 뱉지 않는다든가 하는 행위가 그러하다. 규율에 익숙해지면 무질서한 장면이 거북스럽게 되는데, 침 뱉는 사람을 보면 고개를 돌리게 되는 것과 같은 이치이다. 사실 이러한 사회 규율은 역사적인 결과물이다. 다시 말해 처음부터 그랬던 것은 아니라는 말이다.

칼뱅교에서 시작된 규율 혁명은 제네바를 시작으로 서부와 중남부 유럽을 거쳐 루터 종교 개혁의 중심인 독일로까지 번져갔다. 1540년 칼뱅은 제네바 교회의 특징이 된 교회 규율 체제를 그려냈는데, 이 체제의 핵심은 법관 계층에서 선택된 평신도 장로들과 목사가 함께 구성하는 교회 기구 장로회였다. 이 장로회의 주된 임무는 교회 규율의 감독과 강화였다. 이들은 교구민들을 가정 방문하고 죄인들을 징계했다. 제네바의 장로회는 일상생활의 모든 측면에 깊숙이 개입했는데, 음주나 싸움질, 아내의 구타와 간음, 도둑질이나 경제적 범죄와 같은 반사회적 행동까지 관리했다.

네덜란드는 이 규율을 전 사회에 걸쳐 적용시켰다. 침묵공 빌렘 Willem I, 1533~1584✤이 북부 네덜란드를 합스부르크의 지배로부터 해방시키면서 칼뱅교는 네덜란드 공화국의 공식 신앙으로 선포되었다. 대다수의 네덜란드인들이 제네바 스타일의 교회 규율 체제에 종속되었고 그곳에서 매우 특징적인 상호 감시 체제가 발전했는데, 가장 충격적이고 유명한 사례로 암스테르담의 교도소를 들 수

✤ 네덜란드 연방공화국의 초대 통령재임 1579~1584. 에스파냐에서 파견한 네덜란드 총독 알바공과 그의 군대에 반란을 일으켰고 위트레흐트 동맹을 결성하여 네덜란드 북부 7주의 독립을 선포해 네덜란드연방공화국을 성립시켰다.

있다. 일종의 다목적 갱생원이었던 이곳은 강도 높은 육체노동과 감시 체제를 통해 보잘 것 없는 떠돌이에서부터 난폭한 시민에 이르기까지 모든 부랑자와 각양각색의 별 볼일 없는 사람들을 교정시켰다. 저항하는 사람들은 체계적으로 처벌되었는데, 탈주자들은 사슬과 쇠구슬을 차야했고, 흉악범은 차꼬가 채워졌으며, 상스런 말을 하는 자들에게는 재갈이 물렸다. 그 중에서도 게으름뱅이들이 가장 가혹한 형벌을 받았는데, 펌프를 들고 점점 차오르는 물 탱크에 들어가는 식이었다. 이러한 방식은 가장 완강한 입소자들에게 노동의 가치를 빠르게 깨우치게 하는 데에 크게 기여했다. 이곳은 도시 방문객들의 필수 방문지가 되었고, 네덜란드와 전 유럽에서 교도소의 모델이 되었다. 실제로 암스테르담의 교도소는 근대적인 감옥의 효시였다.

네덜란드인들은 상호 감시 기술을 군대 조직에도 적용시켰다. 그 핵심 인물은 네덜란드 총사령관이자 총독이었던 오란예 공Prince of Orange 모리스와 수학자이자 기술자였던 시몬 스테빈이었다. 그들은 일련의 급진적인 군제 개혁을 단행했다.* 오란예 공의 부대가 만들어낸 새로운 야영 형태와 제식 훈련 광경을 보기 위해 전 유럽의 귀족과 장교들이 몰려들었는데, 그 중에는 장차 브란덴부르크 프로이센을 지배하게 될 호엔촐레른가※의 프리드리히 빌헬름1620~1688**도 있었다.

칼뱅 교회의 규율 에너지는 당시 절대주의 국가로 성장하던 프

* '오란예'라는 이름은 남프랑스의 오랑주Orange에서 유래했는데, 독일의 나사우Nassau 백작 가문이 15세기에 이 땅을 상속받아 오란예 나사우※라 일컬었다. 마우리츠는 오란예 빌렘 1세의 차남으로 1584년 부친의 뒤를 이어 권력을 계승했다.
풍력 자동차를 발명한 것으로 유명한 브뤼헤 출신의 시몬 스테빈은 마우리츠의 군제 개혁에 큰 영향을 준 것으로 알려져 있다. 수학·탄도학·공병술에 매료되었던 마우리츠는 권력을 장악하고 맨 먼저 군대 규모의 축소와 조직 개선에 착수했다. 당시 모든 군대의 가장 큰 골칫거리였던 반란과 탈영을 근절시키기 위해 그는 병사들에게 적절하고도 신속한 급료 지불과 우수한 무기 지급, 정규 훈련 실시 등을 약속했다.

** 독일의 브란덴부르크 선제후재위 1640~1688. 대선제후로도 불린다. 1648년의 베스트팔렌 조약으로 발트 해안의 여러 지방을 획득하고, 교묘한 동맹 외교로 폴란드령 프로이센에 대한 종주권을 확립하는 등 독일이 강대국으로 발돋움하는 발전의 기반을 이룩하였다.

1540년 칼뱅은 제네바 교회의 특징이 된 교회 규율 체제를 그려냈는데, 이 체제의 핵심은 법관 계층에서 선택된 평신도 장로들과 목사가 함께 구성하는 교회 기구 장로회였다. 이들은 교구민들을 가정 방문하고 죄인들을 징계했다.

로이센에 의해 흡수되었다. 프로이센의 왕과 관료들은 성직자들의 협조를 얻어 사회 규율을 위에서 아래로 강제했다. 그것은 충성스럽고 규율화된 시민의 봉사를 이끌어냈는데, 프리드리히 빌헬름 1세는 관료들에게 수도원적인 규율을 강제했고, 군대에는 끝없는 구타와 훈계를 퍼부어댔다. 마지막으로 공공 교육에 대한 대대적인 개혁을 단행했는데, 이것은 유용하고 순종적인 신민을 만들어내기 위해 도덕적 감독과 신체 단련을 결합시키는 것이었다―초등학생에게 '앞으로나란히'나 '좌우로 정렬'을 시키는 것은 단지 대한민국만의 현상은 아니었다― 프리드리히 빌헬름 1세는 이렇게 브란덴부르크 프로이센을 가장 강력한 유럽의 국가들 중 하나로 변신시켰다. 이러한 성공의 비밀은 칼뱅 교회에서 실험된 규율 전략을 사회생활 전반에 걸쳐 적용시켰다는 데에 있었다. 일부 관찰자들은 프로이센을 "북구의 스파르타"라고 묘사했다. 가장 예리한 지적을 한 사람은 프랑스의 한 외교관이었는데, 그는 프로이센 국가를 '감시자가 중앙에 위치해 수감자들을 관리하는 거대한 감옥'인 팬옵티콘에 비유했다.

Re-thinking history
.
.
.

근대 초의 군사 혁명 이후, 중세의 기사들이 병사들로 대체되면서 발전한 새로운 군대는 동시에 새로운 사회 형식의 씨앗이기도 했다. 이는 훗날 자본주의 사회에서 공장이라는 거대한 기계를 위해 존재하는, 언제든지 교환 가능한 나사와 같은 노동자의 등장을 예고하는 것이었다.

18 근대의 국가들, 싸우면서 크다

　　17세기는 유럽 역사상 가장 전쟁이 많았던 시기이다. 20세기에
도 두 차례의 세계대전과 수많은 국지전이 있었고, 그때마다 대량
살상 무기들이 경악스런 파괴력을 보여 주었지만, 전쟁의 횟수로
보자면 17세기를 능가하지는 못한다. 이 시기를 통틀어 유럽 대륙
전체에서 전쟁이 일어나지 않은 평화 시기는 고작 4년에 불과하다
—1598년 프랑스와 에스파냐 두 왕국 사이에 체결된 베르뱅^{Vervins}
조약*과 1604년 에스파냐와 영국의 평화 조약, 네덜란드의 12년
휴전 조약(1609~1621)에 따른 짧은 평화는 유럽 전체에서 볼 때 지
극히 예외적인 상황이었을 뿐이다 —16세기와 18세기도 크게 다
르지 않아서 소위 '절대주의' 시대는 무엇보다도 전쟁으로 얼룩
진 시대였다. 이 기간 전체를 볼 때 '전쟁기간/전체기간' 의 비율은

* 16세기 후반 프랑스의 종교
전쟁이 종식되면서 이 전쟁에
깊이 개입했던 에스파냐와 프
랑스가 체결한 평화 조약.

95%를 넘는다. 오스트리아는 이 시대에 3년 중 2년, 에스파냐는 4년 중 3년, 폴란드와 러시아는 5년 중 4년이 전시였다.

이 시기의 전쟁은 외양상 종교 개혁으로 나누어진 가톨릭과 프로테스탄트 세력 간의 충돌이라는 양상을 주로 보였지만, 그것은 동시에 프랑스와 합스부르크 왕가 사이의 오래된 갈등의 재발이었다. 17세기 중반 이후 프랑스의 리슐리외 추기경의 염원대로 에스파냐 왕국이 무력화되었다고 해서 평화가 찾아온 것도 아니었다. 사실 이 시기의 인간들, 그중 특히 귀족들은 전쟁을 싫어하지 않았다. 오히려 그들은 전쟁에서 자신의 존재 이유를 정당화할 기회를 보았고, 실제로 많은 가난한 귀족들이 참전했다. 이제 전쟁은 17세기 유럽의 여러 국가가 주관하는 일종의 기업 활동과 비슷해졌고, 이로써 전쟁 관련 산업의 황금시대가 열렸다. 농민 대중으로부터 거둬진 세금의 대부분이 군사 작전과 군대의 유지를 위해 지출되었다. 평화는 더 이상 그 자체로서 목적이 될 수 없었다. 평화는 언제나 무장 상태의 대치 상황을 의미했다.

물론 당시의 국가가 처음부터 거대한 군대를 유지할 만한 자원을 동원할 자체적인 능력을 갖고 있던 것은 아니었다. 하지만 17세기에 들어서면서 군사력에 관한 점진적인 '국유화'가 진행되어 국가는 자신의 정치적 의지를 강제하면서 전시 독재 체제를 창출했고 이는 대개 국왕 권력의 절대화로 표현되었다.

근대 초기를 장식한 이러한 전쟁 과정에서 소위 '군사 혁명'이 일어났다. 군사 혁명이라는 개념을 처음 사용한 사람은 마이클 로버츠Michael Roberts, 1560~1660 (《The Military Revolution》, Belfast, 1956)였는데, 그는 근대 초에 이르러 네 가지 핵심적인 변화가 일어났다고 주장했다. 첫째, 창 대신 총이 주로 사용되는 무기의 혁명이 일어났고, 둘째, 군사력의 규모가 엄청나게 커져 이를 위한 자원의 확보가 중요한 문제로 대두되었으며, 셋째, 좀 더 야심차고 복잡해진 정치·군사 전략이 필요해졌고, 넷째, 이러한 군대의 변화가 사회 전반에 막대한 영향을 미치게 되었다는 것이다.

군사 혁명의 주요 내용은 공성전攻城戰에서 드러난다. 수비하는 측은 뾰족하게 돌출된 능보 때문에 전체적으로 별 모양을 한 기하학적 성채—이를 이탈리아 성채(trace italienne)라 한다—를 건설하고 성의 뾰족한 부분에 대포를 놓고 적을 위압한다. 공격하는 측 역시 대포를 동원하지만 이들은 기본적으로 소총을 사용하는 군인들을 질서정연하게 이동시키거나 한 번에 전진과 후퇴 혹은 여러 대형을 이루면서 집중 발포하는 방식을 사용했다. 그리고 총을 빨리 장전하기 위해 그 동작을 규격화하고 반복 훈련을 시켰다. 16세기에 네덜란드의 나사우공 오란예 마우리츠, 17세기 스웨덴의 구스타프 아돌프가 엄격하고 체계적인 훈련, 즉 제식 훈련을 통해 이런 군대를 완성시켰다고 한다.

전쟁에서 이기는 것이 근대 국가 군주들의 1차 관심사였으므로 군대 규모는 기하급수적으로 증가했다. 세계사에서 가장 가공할

"왕과 귀족을 위한 선물세트"
전통적인 무력의 중요성이 사라지면서 귀족은 왕에게 점점 더 의존적이 될
수밖에 없었다. 왕은 충분한 상비군을 통해 확고한 조세 수입원을 확보할 수
있었고, 조세 수입을 통해 충분한 군대를 유지할 수 있는 재정을 확보했다.

중세의 귀족은 스스로 말과 무기를 구입했고,
그래서 상관의 명령에 대한
완전한 복종을 기대하기 어려웠다.

군대라 일컬어지는 몽골군의 규모가 3~4만 명의 기병대였던 데에 비해 카를 5세의 제국 군대는 15만 명이었고, 16세기 당시에 이 수치는 한 국가가 유지할 수 있는 최대치라고 여겨졌다. 그러나 다음 세기에 들어서면서 한 국가의 군대 규모는 더더욱 커져서 20만으로, 그리고 다시 40만으로 확대되었고, 급기야 1701~1702년 중 프랑스에서는 65만 명이 군에 입대했다.

이러한 변화는 왕에 대한 귀족의 지위에 중요한 변화를 가져왔다. 중세의 귀족은 스스로 말과 무기를 구입했고, 그래서 상관의 명령에 대한 완전한 복종을 기대하기 어려웠다. 그들은 관례적으로 규정된 복무 기간이 지나면 군대를 떠나 그들의 땅으로 되돌아갔다―중세 기사들의 전쟁은 그래서 연중 날씨가 비교적 좋은 여름에만 치러지는 것이 보통이었다―그러나 16세기에 들어서면서 전쟁의 양상은 변화하기 시작했다. 무장 능력이 있는 귀족은 근위 기병대와 같은 중무장한 기사단에 편입되었다. 그러나 무기를 갖추었다는 것만으로는 더 이상 미래가 보장되지 않았다. 중무장한 기사들과 달리 서열상으로는 그들보다 한참 낮지만 점점 더 현대적인 화기로 경무장한 기사와 병사들이 등장했다. 그리고 이 새로운 군대는 절대적으로 급료에 의해 운영되는 용병이 되었다. 총기의 발달은 중무장한 기사들에게 불리한 결과를 낳았다. 이 새로운 군대는 바로 용병들로 구성된 상비군이었다. 이 군대는 화승총으로 무장하고 엄격한 제식 훈련을 통해 일사불란한 움직임을 갖게 된 새로운 군대였다. 그리고 한 나라에서 개발된 전술과 군대는 전쟁을 통해 빠르게 다른 나라로 전해졌다. 이제 전통적인 무력의 중요성이 사라지면서 귀족은 왕에게 점점 더 의존적이 될 수밖에 없었다. 왕은 충분한 상비군을 통해 확고한 조세 수입원을 확보할 수 있었고, 조세 수입을 통해 충분한 군대를 유지할 수 있는 재정을 확보했다. 당연히 공공 지출 중 군사비가 차지하는 비중도 커졌다. 오늘날에는 프랑스 17%, 미국 29%, 이스라엘 41% 정도가 알려진 예이지만 과거로 올라가면 이 비율이 훨씬 커져서, 루이 14세 시대 프랑스는 75%, 표트르 대제의 러시아는 85%, 내전기였던 크롬웰 시대의 영국은 90%에 달했다. 군대의 문제는 국가의 가장 중요한 사안이 되었고, 돈이 많아야 승리하는 것이 당연한 일이 되었다.[*]

✣ 군사 혁명에 관한 내용은 주경철, 《테이레시아스의 역사》(산처럼, 2002)의 3장을 주로 참조하였다.

군사 전술 및 기술의 변화는 결코 전쟁의 양상과 군대에만 영향을 미치는 것이 아니다. 그것은 다른 사회 분야와 밀접한 관계를 맺고 있다. 고대 아테네의 중장보병 밀집대(팔랑크스) 전술의 등장과 민주정의 발전이 궤를 같이 했거나, 중세의 기마 전투 기술이 성행한 시대에 봉건제가 발전한 것은 우연이 아니다. 근대 초의 군사 혁명 이후, 중세의 기사들이 병사들로 대체되면서 발전한 새로운 군대는 동시에 새로운 사회 형식의 씨앗이기도 했다. 군사 훈련은 우선 화승총 재장전을 위한 것이었지만, 차츰 이 훈련을 통해 강제적으로 징집된 매우 다양한 출신의 병사들을 공통된 직업인으로 만드는 것이 가능하다는 것이 분명해졌다. 게다가 이 직업인들은 전체를 위한 하나의 소모품이 되었는데, 이는 훗날 자본주의 사회에서 공장이라는 거대한 기계를 위해 존재하는, 언제든지 교환 가능한 나사와 같은 노동자의 등장을 예고하는 것이었다.

16세기 후반 절대 왕정이라는 독특한 정치 체제가 나타난 것은 바로 이러한 위기의 국면에서였다. 절대주의 국가는 전쟁의 연기 속에서 태어났고, 전쟁이라는 예외적 상황이 계속되면서 유지되었고, 결국 그 피로감으로 붕괴되었다고 해도 과언은 아니다. 갈등과 다툼은 때로 인간에게 활력을 주기도 하지만, 그렇다고 계속 쌈박질만 하고 살 수는 없는 노릇이다. 게다가 칼로 흥한 자 칼로 망한다고 하지 않았던가.

근대의 국가들 얼마큼 컸나?

신대륙 발견 대사업의 첫 수혜자들이었던 에스파냐와 포르투갈은 16세기에 들어서면서 유럽의 강대국으로 부상했다. 에스파냐는 자신의 무적함대(Armada)를 자랑하며 대서양과 지중해를 누볐지만 잦은 전쟁으로 국고가 바닥나고 군사력도 약화되어 결국 아르마다의 궤멸(1588)이라는 수치를 안게 되었다.

에스파냐가 점차 쇠락해가는 동안 신대륙으로부터 들어온 귀금속이 쌓인 곳은 네덜란드였다. 오늘날 베네룩스 3국을 포괄하는 지역으로 일찍이 상공업의 발전을 이룩했던 이곳은 중세 말 이래 이탈리아 북부와 더불어 유럽의 양대 경제 중심지였다. 15세기말에 이르러 합스부르크 왕가의 지배하에 들어갔지만 1568년 독립 전쟁(80년 전쟁)을 일으켜 1648년 베스트팔렌 조약을 통해 독립을 쟁취했다. 타고난 장사꾼인 네덜란드인은 해외 무역업의 기수가 되어 유럽의 팽창에 앞장섰다.

16세기 종교 전쟁이라는 국가적 위기를 극복한 프랑스는 17세기 부르봉 왕조의 루이 13세와 루이 14세 시대에 중앙집권적인 절대 왕정 체제를 확립하고 유럽 대륙의 강국으로 부상했다. 특히 루이 14

세 시대에 프랑스는 전 유럽 군주국의 모범으로 떠올랐고, '위대한 세기'를 맞게 되었다. 그러나 잦은 전쟁과 그로 인한 재정 파탄으로 인해 18세기에 들어서면서 서서히 그 힘이 약해졌다.

장미 전쟁(1455~1485) 이후 성립한 튜더 왕조 시기에 영국은 의회 중심의 정치적 기반을 닦기 시작했다. 그러나 엘리자베스 1세를 끝으로 튜더 왕조가 단절되고 영국 왕실을 계승한 스튜어트 왕조는 절대 왕정을 추구하면서 의회와 부딪혀, 결국 청교도 혁명(1642)과 명예혁명(1688)으로 몰락했다. 두 차례의 혁명을 통해 영국은 근대적인 의회민주주의의 기틀을 닦았고, 국내 산업 발전과 해외 진출을 통해 국력을 크게 신장시켰다. 19세기에 영국은 세계 최대의 부국이자 최강의 군사 대국으로 '해가 지지 않는 나라'가 되었다.

30년 전쟁(1618~1648) 이후 두각을 나타내기 시작한 프로이센은 18세기 들어서면서 유럽의 새로운 강국으로 부상했다. 프리드리히 1세 이후 국력에 걸맞지 않는 상비대군常備大軍과 이를 지탱하기 위한 관료 기구를 발전시키고, 지주(융커)들에게 농민에 대한 강력한 지배력을 인정하면서 군국주의 국가로 발돋움했다. 19세기에 프로이센은 독일 통일을 주도했고, 비스마르크 시대에는 프랑스를 군사적으로 굴복시키면서 새로운 독일 제국의 기틀을 닦았다.

Re-thinking history

서양의 근대성이 확립되어 가던 시기에 마녀에 대한 무자비한 증오와 참혹한 학살을 이해하기란 쉬운 일이 아니다. 아니면 정말로 어둠의 세력이 존재하기라도 했던 것일까? 가장 흥미진진한 가설이기는 하나, 마법의 지팡이를 타고 날아다니거나 악마를 숭배하며 세상을 저주하는 어둠의 세력이 존재했을 가능성은 만화나 영화적 상상력의 세계로 넘기자.

19 마녀 잡는 퇴마 국가
헨젤과 그레텔, 마녀를 쫓다

　"염병할 놈", "우라질 놈", "벼락 맞을 놈" 등의 욕이 지니는 공통점은? 그것은 이 욕설이 모두 예측 또는 저주의 특징을 갖는다는 점이다. 염병할 놈이란 염병, 특히 장티푸스에 걸려 고생이나 실컷 하라는 뜻을 갖고 있으며, '우라지다' 라는 단어에서 나온 우라질 놈이란 오라를 지게 될, 즉 나쁜 일을 당할 것이라는 의미를 갖고 있다. 벼락 맞을 놈도 별 차이가 없다. 갑자기 욕에 대한 설명을 장황히 늘어놓는 것이 의아할 수도 있겠다. 하지만 상상해 보자. '며칠 전 나는 평소 별로 친하지 않은 지인으로부터 벼락 맞을 놈이라는 욕을 들었다. 그런데 오늘 아침 나는 벼락을 맞았다.' 벼락 맞는 상황을 상상하기 어렵다면, 벼락을 맞아 나무가 쪼개어지고 하필이면 그 순간 나무 옆에 서 있던 내가 그 나무 더미에 깔리게 되었다고 치자. 오늘날 대부분의 사람들은 해괴한 일 혹은 재수 없는 일로 치부하고 어떻게든 사태를 수습하려 할 것이며, 비록 며칠 전에 들은 욕설을 떠올릴 수는 있을지 모르지만, 그 욕을 한 자가 내게 닥친 불행의 직접적인 원인이라고 생각하지는 않을 것이다. 벼락이 떨어지는 것은 자연적 현상이며, 그 자연적 현상에는 과학적인 원인이 있게 마련이고, 이 과정에 한 인간이 직접적으로 개입하거나 영향을 줄 수는 없다는 사실을 잘 알고 있기 때문이다. 하지만 벼락에 관한 과학적 원리를 알지 못했던 옛날에는 어떠했을까? (15장을 참조하라)

16세기 중반부터 17세기 말까지 유럽은 일명 '마녀 사냥'이라는 해괴한 광풍에 휩쓸렸다. 주술로써 인간의 길흉화복을 건사할 수 있다는 생각은 동서고금을 막론하고 존재했지만, 어떤 문명도 이 시기의 유럽, 특히 스코틀랜드, 독일, 프랑스, 네덜란드에서만큼 마녀들을 조직적으로 학살한 적은 없었다. 정확한 수치를 알 수는 없지만, 최소 3만 명— 18세기의 볼테르는 10만 명의 희생자를 말하고 있지만 신뢰할 근거는 없다 —이상의 마녀들이 산 채로, 때로는 이미 목 졸려 죽은 상태로 장작더미 위에서 불태워졌다. 그 이름이 암시하듯이—마녀라는 용어는 있어도 '마남'이라는 말은 사용되지 않았다—여성의 희생 비율은 압도적으로 높았다. 이 말도 안 되는 사태의 진상은 무엇일까? 화형대 위에서 자신의 죄를 불로 태워버려야 했던 마녀들은 진정 악마의 하수인인가 아니면 또 다른 음모의 희생양이었는가?

　자연과 인간을 재발견하고 찬란한 예술을 꽃피웠던 르네상스 시대를 거쳐 나온 유럽이 이리도 끔찍한 학살극을 벌인 것을 어떻게 설명해야 할까? 중세를 암흑시대로 부른다면 근대는 빛의 시대일 터인데, 근대의 빛을 밝히기에 아직 화력이 부족했던 탓일까? 서양의 근대성이 확립되어 가던 시기에 마녀에 대한 무자비한 증오와 참혹한 학살을 이해하기란 쉬운 일이 아니다. 아니면 정말로 어둠의 세력이 존재하기라도 했던 것일까? 가장 흥미진진한 가설이기는 하나, 마법의 지팡이를 타고 날아다니거나 악마를 숭배하며 세상을 저주하는 어둠의 세력이 존재했을 가능성은 만화나 영화적 상상력의 세계로 넘기자. 사탄의 추종 세력을 쫓는 것 말고도 합리적으로 이해 가능한 설명이 있을 것이다.

　중세 시대의 마녀 사냥은 농촌 마을에서 역병이나 자연재해, 사산死産과 같은 일련의 불행이 누적되어 구성원 간의 관계가 심하게 악화되었을 때 발생하곤 했다. 중세인들은 그들이 겪어야 했던 모든 불행에 대해 납득할만한 설명을 찾고자 했고, '불순한' 사람들의 '불길한' 행동에서 그 원인을 찾아낼 수 있었다. 중앙 권력이 효과적으로 지방을 통합하고 있지 못한 데다, 폐쇄적이고 자급자족적이었던 농촌 마을은 대개 사형私刑이라는 신속한 방법에 의거하여 그들의 문제를 해결했다. 마법으로 인해 피해를 봤다고 여긴 당사자들은 냄비를 두드리면서 마녀의 집으로 떼 지어 몰려갔고

—이러한 시끄러운 소란을 샤리바리^{charivari}라고 부른다—욕지거리에 이어 혐의자에 대한 몽둥이질과 돌팔매질이 행해졌다. 그러나 이러한 방식의 마녀 사냥은 규모가 확대되지도 않았고, 조직적이지도 않았다.

그러나 15세기 말에 이르러 마법의 존재에 대한 믿음이 확산되었고, 인쇄술의 발달은 악마론 연구서의 출간을 급증시켰다—당대 최고의 지식인들이 행한 마법과 악마 숭배에 관한 연구들은 오늘날까지도 영화나 대중매체를 통해 우리에게 익숙한 일련의 고정관념이 되었다— 1480년대에만 28개의 마녀론서가 출간되었는데, 가장 유명한 것은 두 명의 독일 도미니크 수도사인 인스티토리스와 슈프렝거가 저술한 《마녀의 망치^{Malleus maleficarum, 1486}》*이다. 전 유럽의 언어로 번역된 이 책은 당시 약 30,000부 정도 인쇄되어 세기의 베스트셀러가 되었다.

악마론 저서들은 악마의 유혹에 빠진 자들의 특징과 행태를 자세하고 체계적으로 서술했다. 마녀는 악마와 짝짓기를 하고, 불임의 저주를 걸거나 주술로 가축의 번식을 막을 수 있었다. 또는 고양이로 변신하여 자는 아기의 숨통을 조이는 악마의 하수인들이 되었다. 이 책들은 한마디로 중세인이 갖고 있던 놀라운 상상력을 보여 주었다. 마녀를 입증하는 방법도 체계를 갖추기 시작했다. 바늘로 찌르거나—악마와 결합한 이는 상처에도 피를 흘리지 않는다는 논리이다— 몸에 남겨진 악마의 흔적을 찾거나, 온몸을 묶은

* 도미니크 수도회 소속의 하인리히 인스티토리스와 야콥 슈프렝거가 오랫동안 각 지역을 돌아다니며 이단자들을 색출했던 경험에 근거하여 저술한 마법학 연구서로, 마녀가 무엇이며, 마녀가 무슨 짓을 하며, 왜 마녀를 없애야 하는지 그들에 대한 범죄 행위와 죄악 그리고 형벌에 관해서 설명하고 있다.
이 책의 성공은 유럽에 마녀에 대한 공포를 불러일으켰고, 마녀 사냥이 이론적이고 조직적으로 자행될 수 있는 모든 근거를 제공하는 데 기여했다.

중세 시대의 마녀 사냥은 농촌 마을에서 역병이나 자연 재해, 사산死産과 같은 일련의 불행이 누적되어 구성원 간의 관계가 심하게 악화되었을 때 발생하곤 했다. 중세인들은 그들이 겪어야 했던 모든 불행에 대해 납득할만한 설명을 찾고자 했고, '불순한' 사람들의 '불길한' 행동에서 그 원인을 찾아낼 수 있었다.

화형대 위에서 자신의 죄를 불로 태워버려야 했던
마녀들은 진정 악마의 하수인인가
아니면 또 다른 음모의 희생양이었는가?

마녀 사냥은 16세기 이후 절대왕정의 이념이 현실로 나타나는 무대라고도 볼 수 있다. 그것은 구체적으로 사적인 권력 행사가 공적인 국가 권력에 의해 대체되는 과정이며 사회적 범죄에 대한 공적인 처벌 방식의 승리였다.

채 물에 빠뜨리는 실험을 되풀이하는 방법이 권장되었다.

교회가 가르치지 않았던 마녀들의 지식, 인간에게 초인적 능력을 부여하는 힘의 출처는 악마인 것이 분명했다. 어쨌든 당대인들은 그렇게 생각했다. 그리하여 1580년부터 1680년까지 마녀에 대한 체계적인 박해와 대량 학살이 벌어졌는데 학살 희생자들의 대부분은 여자, 특히 나이 많고 가난한 여자들이 대부분이었다. 자기 보호 능력이 떨어지는 독거 과부는 아마도 가장 '쉬운' 사냥감이었을 것이다. 여성은 이래저래 유혹에 약한 존재가 아니었던가. 뱀의 꼬임에 빠져 인류를 타락의 길로 이끌었다던 이브도 역시 여자였으니, 교회의 여성 혐오증은 다른 사회 분야에서와는 달리 마법의 분야에서만큼은 남성보다 여성에게 주도적인 역할을 부여했다.

농촌 사회의 전통 중 하나에서 유래한 마법에 대한 믿음과 위기 해결 방식이 근대 초에 이르러 조직적인 사냥으로 진화한 현상을 이해하기 위해서는 같은 시기 유럽 사회가 겪은 사회적이며 정치적인 거대한 변동을 주목할 필요가 있다. 종교적으로 루터와 칼뱅의 종교 개혁 이후 구교와 신교가 대치하고 있는 상황에서 신자들을 통제하고 단속하는 데 열을 올렸던 교회는 교파 정체성을 강화했다. 이 과정에서 오랫동안 큰 문제없이 공존해 왔던 미신과 농촌 사회의 비정통적 형태의 신앙을 없애기 위해서 악마에 대한 두려움을 이용했다고 볼 수 있다. 즉, 민중의 다신교적인 감성을 축출하고 무서운 유일신의 존재를 부각시키기 위하여 전통적인 민중 문화의 일부에 사탄의 이미지를 부여한 것이다. 그러나 종교적인 이유만으로는 마녀에 대한 대량 학살을 설명할 수 없다. 그토록 많은 마녀를 처형하는 일이 가능했던 것은 처형을 행했던 주체, 즉 국가 공권력의 힘과 어떠한 이유에서든 마녀 문제에 개입하려는 확고한 의지 때문이었다. 그러한 점에서 마녀 사냥은 16세기 이후 절대왕정의 이념이 현실로 나타나는 무대라고도 볼 수 있다. 그것은 구체적으로 사적인 권력 행사가 공적인 국가 권력에 의해 대체되는 과정이며—마을의 문제를 그 마을 사람들이 직접 처리할 수 없게 되고 공권력의 힘을 빌려야 비로소 처리할 수 있게 되는 과정—사회적 범죄에 대한 공적인 처벌 방식의 승리였다.

이 과정에서 국왕의 사법권을 행사하는 법관들은 종교적 일탈 행위에 대해 강력하게 대응했고, 도덕적이며 종교적인 단일한 질서를 확립할 의무를 부여 받았다. 그들은 마녀에 대한 재판과 처형을 통해 마법에 대한 교회와 국가의 공식 메시지를 전달하면서 농촌 세계에 뿌리내린 오랜 전통을 붕괴시켰다. 화형대를 통해 그들은 현학적 어구로 종교적 · 도덕적 권위를 내세웠고, 종교적 일탈을 처벌하는 국왕의 권력을 보여 주면서 왕권의 정당성을 확립시켰다. 중세의 농촌은 각 공동체마다 그들만의 방식으로 문제를 해결했지만, 절대왕정의 등장은 이러한 관행에 종지부를 찍으려 했다. 마녀 사냥을 통해 초자연적 문제를 해결하는 국가의 신성한 권위와 국왕이 지닌 절대적인 권력의 정당성이 확인되었던 것이다.

절대왕정이 어느 정도 완성된 시기에 이르러서야 마녀 사냥은 잠잠해졌다. 이제 마법에 대한 믿음 대신 그저 인간의 병적 상상력이 만들어낸 산물이라는 사유가 등장했고, 마법사로 지목된 사람들 역시 약물로 치료되어야 할 환자로 간주하기 시작했다. 재판관들도 더 이상 마법을 범죄의 구성 요소로 간주하지 않았고, 1670년 프랑스에서 발표된 형사 법령에서는 마법에 대한 언급이 사라지게 되었다. 게다가 18세기에 들어서면서 계몽 철학의 전파와 함께 마법은 점차 저속한 미신이나 대중들의 무지, 상상이 만들어낸 환상의 지위로 추락했다. 훗날 낭만주의자의 상상력은 마법에 대한 환상을 부활시켰지만 이는 문학이나 회화, 음악 속에서 예술로 승화했을 뿐이다. 《헨젤과 그레텔》의 마녀나 《백설공주》의 계모처럼 말이다.

Re-thinking history
.
.
.

11세기 초 베네치아 공국의 총독은 그리스 공주와 결혼했는데, 당시 비잔틴 문명권에서 포크의 사용은 일반적이었지만 유럽인들에게는 생소했다. 공주가 혼수로 가져온 두 갈래로 된 포크는 당시 베네치아에서 스캔들을 일으켰고, 성직자들에게 비난을 받았다. 얼마 후 공주는 병에 걸렸는데 성 보나벤투라는 주저 않고 이를 천벌이라고 떠들어댔다.

20 예절바른 인간의 탄생
문명화 과정과 감수성의 변화

식사 중에 침을 뱉어본 적이 있는가? 아직 해보지 않았다면 말을 하지 말지어다. 대개의 경우 그런 짓을 해보고 싶다는 생각조차 들지 않는 것이 정상일 것이다. 또 여자 친구가 정성껏 차려 놓은, 식탁보까지 깔아 놓은 밥상에서 그 식탁보로 코를 풀었다면? 상상도 못할 일이라 여기겠지만, 세상엔 상상도 못할 일들이 가끔 벌어지곤 한다. 특히 예전에는 더욱 그러했다.

우리가 오늘날 예절 혹은 에티켓이라고 굳이 말하지 않더라도 어느덧 완전히 몸에 배어버린 습속들 중의 일부는 사실 근대 이후에나 등장한 몸가짐의 혁명에서 유래했다. 예절 개념이 서구 사회에서 중요해진 시기는 기사 사회가 붕괴되고 가톨릭교회의 통일이 해체될 즈음이었다. 1530년 《우신예찬》의 저자로 알려진 인문주의자 에라스뮈스는 《어린이들의 예절에 관하여》라는 작은 책자를 내놓았는데, 이 책은 출간 후 6년 동안 30판 이상이 발행되었고 전체적으로는 총 130여 판본이 출간되면서 대박을 터트렸다. 책 속에서 에라스뮈스가 다룬 주제는 명료하다. 그것은 자신의 몸을 외면적으로 통제하는 방식, 즉 사회적 예절에 관한 것이었다.

중세 시대 사람들의 일상적 예절은 단순해서 현대의 기준으로 본다면 차라리 없다고 하는 편이 더 맞을 것이다. 감정은 직접적으로 표현되었고, 호불호는 분명했다. 존경할 만한 사람은 본받고 사악한 사람에게는 분노를 토해내면 그뿐이었다. 이런 사회에서는 예절이란 존재 자체가 거추장스러웠을지 모른다.

> "어떤 사람은 빵을 베어 먹고 상스럽게 그것을 음식에 적신다. 고상한 사람(궁정인)은 그런 나쁜 행동을 거부한다. 한입 벤 빵을 다시 공동의 수프 그릇에 담그지 마라. 그것은 농부나 할 짓이지 고상한 사람의 태도가 아니다. 많은 사람들은 뼈다귀를 뜯어 먹고 그것을 다시 그릇에 담는다. 이는 아주 불쾌한 행동이다. 식사 중에 헛기침을 하는 사람, 식탁보에 코를 푸는 사람은 모두 분명히 버릇없는 사람들일 것이다."

예절서에 실린 이러한 '하지마라' 식의 지침들에서 우선 알 수 있는 것은 실제로 이러한 행동들이 일반적이었다는 사실이다. 아

중세 시대 사람들의 일상적 예절은 단순해서 현대의 기준으로본다면 차라리 없다고 하는 편이 더 맞을 것이다. 감정은 직접적으로 표현되었고, 호불호는 분명했다.

직 손수건이 없었기 때문에 손으로 코를 푸는 것은 자연스러운 일이었다. 이쑤시개 대신 칼로 이를 쑤시는 일도 흔히 볼 수 있는 광경이었다. 식탁 위에 침을 뱉지 말라, 마시기 전에 입술을 닦아라, 음식물에 대해 흉보지 마라, 빵을 포도주에 담갔다면 다 마셔버리든가 쏟아버려라, 식탁보로 이를 닦지 마라, 너무 큰소리로 코를 풀지 마라, 식사 도중에 잠들지 마라 등의 가르침도 예절서에 자주 등장하는 레퍼토리였다.

침 뱉는 행위는 가장 많은 시정 요구를 받은 습관 중의 하나였다. 에라스뮈스의 예절서는 이렇게 가르친다.

"타액이 누군가에게 묻지 않도록 침 뱉을 때 몸을 돌려라. 가래가 땅바닥에 떨어지면 발로 비벼라. 남들을 구역질나게 해서는 안 되니까. 타액을 다시 삼키는 행위는 무례하다. 꼭 필요해서가 아니라 습관상 세 마디 말하고 한 번씩 침을 뱉는 사람들도 역시 무례하다."

1714년 프랑스의 한 예법서에도 침 뱉는 행위는 금기 사항으로 묘사된다.

"자주 침을 뱉으면 불쾌감을 불러일으킨다. 꼭 해야 할 경우에는 되도록 보이지 않게 감추고 해라. 누구든지 다른 사람들이나 그들의 옷은 물론 불 옆의 타다 남은 장작조차 더럽혀서는 안 된다. 어디에다 침을 뱉든 항상 발로 타액을 밟아라. 고위층의 집에서는 손수건에다 침을 뱉어라. 네가 침을 발로 밟을 수 없을 정도로 너무 멀리 뱉지마라."

19세기 후반에 들어서면서 침 뱉는 행위에 대한 비난은 또 다른 정당성을 확보했다. 바로 위생이었다. 침 뱉는 습관은 상스럽고 심히 무례할 뿐 아니라 건강에도 해롭다는 논지가 첨가된 것이다.

500년 전 서구에서 흔히 볼 수 있었던 풍속은 뚜렷하고 일정한 방향으로 변화한 것처럼 보인다. 침 뱉는 행위는 손수건의 사용에 대한 권유에서 시작해서 19세기에 이르면 불쾌하고 혐오스런 행위가 되었다. 그리고 오늘날 이 침 뱉는 욕구는 아예 사라진 것처럼 보인다. 그 결과 타구(唾具: 침 뱉는 그릇)와 같은 가정용품은 추방당해서 골동품 가게를 장식하게 되었다.

오늘날 파스타나 스테이크와 같은 서양 요리를 먹을 때 사용하는 포크에 관한 이야기를 들어 보자. 중세 말기의 포크는 공동의 큰 접시에서 음식을 집어낼 때에만 사용되었다. 11세기 초 베네치아 공국의 총독은 그리스 공주와 결혼했는데, 당시 비잔틴 문명권에서 포크의 사용은 일반적이었지만 유럽인들에게는 생소했다. 공주가 혼수로 가져온 두 갈래로 된 포크는 당시 베네치아에서 스캔들을 일으켰고 성직자들에게 비난을 받았다. 얼마 후 공주는 병에 걸렸는데 성 보나벤투라는 주저 없이 이를 천벌이라고 떠들어 댔다.

포크의 사용이 유럽에서 일반화될 때까지는 약 500년이라는 시간이 걸렸다. 16세기부터 이탈리아를 필두로 프랑스를 거쳐 영국과 독일로 전파되기 시작한 포크에 익숙지 않은 사람들은 처음에는 음식물의 절반을 입에 넣기도 전에 흘려버렸다. 17세기에도 포크는 상류층의 전유물이고 사치품이었다. 이처럼 포크를 대하는 중세인의 태도, 그릇에서 손으로 고기를 먹고, 같은 잔으로 술을 마시고 같은 대접의 국을, 같은 접시의 음식을 함께 먹던 중세인의 생활방식에서 그들의 예법 세계가 지금과는 매우 달랐다는 것을 알 수 있다. 이들의 감정 상태는 오늘날 우리에게는 불쾌감을 일으키는 인간관계와 행동 양식에 맞춰져 있었다. 오늘날 인간의 육체와 육체 사이를 나누듯 가로막고 있는 보이지 않는 감정의 벽은 이들의 예법 세계에는 존재하지 않는다.

이러한 수준에 비해 우리는 얼마나 진보했는가? 이러한 질문을 제기하는 사람은 자신에게도 공로의 일부가 돌아온다는 사실을 은연중에 암시하면서 자신을 우리와 동일시한다. 식사 시간의 행동 양식은 우리의 생활방식 및 사회 구조와 밀접하게 연결되어 있다. 즉 중세의 관습을 단순히 부정적인 것, 문명의 결핍으로 보아서는 안 되며 그 당시 사람들의 욕구에 완전히 부합했던 것으로 이해해야 한다는 것이다.

르네상스 시대에 와서도 중세적 요소는 여전히 잔존했다. 인간의 습성은 고집 센 편이어서 쉽게 변화하지 않았다. 그러나 에라스뮈스의 예절서에서 드러나는 새로운 면은 중세의 단순성, 즉 호불호의 단순한 대립이 사라졌다는 것이다. 행동에 대한 지시를 내리는 방식에서 중세와 르네상스 시대는 분명히 달랐다. 즉 과거에는 단순히 빵을 부수지 말고 품위 있게 잘라 먹으라고 했지만 이제 거기에는 행동에 대한 관찰과 경험이 결합한다. "음식에 덤비지 마라, 고기가 식탁에 오르기 전에 빵을 먹지 마라, 게걸스럽게 보인다", "많은 사람들은 금방 감옥에라도 끌려가는 것처럼 아니면 도둑이 훔쳐온 것을 먹어치우듯, 먹는다기보다는 집어삼킨다. 어떤 사람은 입 속에 너무 가득 넣어 풀무처럼 뺨이 불룩해진다."

타인을 관찰하려는 경향이 강해진다는 것은 행동에 관한 문제들이 이제 다른 성격을 띠게 되었다는 것을 의미한다. 중세에는 좀 더 의식적으로 자신과 타인을 틀에 맞게 변화시키려는 욕구가 팽배해졌고, 상호간의 강제력이 강해졌으며, 좋은 행동을 요구하는 목소리가 커져갔다.

Re-thinking history

·
·
·

"국가=왕" 의 공식대로라면, 왕의 목이 단두대에서 잘려나가는 순간 국가도 사라져야했다. 하지만 그런 일은 벌어지지 않았다. 프랑스 혁명 당시 단두대 위에 선 루이 16세는 왕이 아무 것도 아님을 자신의 목을 걸고 입증해냈다.

21 신이 된 인간
왕권신수설. 권력은 신으로부터!

16세기 유럽은 일대 혼란기를 맞이한다. 이때부터 이른바 "철의 세기^{Iron century}"라 불리는 무시무시한 시련이 찾아왔는데, 16세기부터 18세기에 이르는 기간 동안 유럽은 종교 개혁으로 인한 신·구교 간의 종교적 갈등, 경제적 어려움, 연이은 전쟁을 겪었다. 귀족과 부르주아지^{bourgeoisie}* 그리고 농민들 사이의 갈등은 심화되었고, 르네상스와 과학 혁명은 전통적인 가치관과 세계관을 붕괴시키면서—예를 들어 이때부터 지구가 태양 주위를 돌기 시작했다—도 덕적 정신적인 위기를 자아냈다. 이러한 위기의 시대를 겪으면서 유럽은 정치적으로 절대 왕정이라는 독특한 정치 체제를 만들어 낸다.

경제적 위기나 전쟁, 지진, 홍수 등의 자연 재해의 반복과 같은

* 부르주아지란 용어는 원래 도시^{bourg}에 거주하는 사람, 즉 도시민을 의미했으나, 자본주의 경제체제의 발전과 함께 자본가, 즉 생산수단을 소유한 자를 의미하는 용어로 변화했다. 절대주의 시대에 프랑스에서 부르주아는 귀족과 서로 대립/보완 관계에 있었다. 양측은 서로를 경멸하면서도 동시에 경원했다.

공동체 전체를 위협하는 위험 요소들은 절대 왕정을 위한 토대였다. 그런데 중세의 신분제 국가에서 절대 왕정 국가로의 이행을 촉발하는 가장 좋은 계기는 공동체를 구성하는 한 집단, 혹은 여러 집단들의 결합이 전체를 위협하는 경우일 것이다. 다음의 상황을 가정해 보자. 왕국의 한 신분 집단이 모든 이익을 독점하려 하고, 다른 신분 집단들은 이를 막을 만한 힘을 가지지 못했다면, 그들은 군주에 의지하여 군 지휘관으로서의 그의 능력을 이용하려 할 것이다. 그리고 자신들이 지닌 권력의 중요한 부분을 포기하면서까지 왕의 개인적 위신과 신성한 국왕권에 도움을 요청할 것이다. 이러한 가정은 결코 무의미한 것이 아닌데, 실제로 이러한 상황이 카를 11세의 스웨덴과 펠리페 2세 치하의 에스파냐, 그리고 루이 13세 시대의 프랑스에서 벌어졌다. 물론 이러한 상황이 절대적인 조건은 아니다. 브란덴부르크 프로이센에서는 국왕이 귀족과 연합하였고, 농민들에 대한 귀족의 통제력을 강화시켜주면서 그들의 봉사를 얻어냈다. 나라에 따라 차이는 있지만 절대 군주라 불리던 지배자들은 군사 조직과 관료 조직의 지원을 받으면서, 그리고 이러한 군사력을 뒷받침할 조세 수취력을 강화시키면서 국가 권력을 실질적으로 그리고 효과적으로 행사하는 체제를 마련했다. 그 결과 후에 등장할 '국민 국가nation-state'와 구별되는 중앙집권적인 '왕조 국가'가 탄생하게 되었다.

중세 유럽의 봉건 사회에서 국왕은 봉건 제후들 중의 1인자에 지나지 않았다. 그래서 중세 시대 유럽의 정치권력은 지정학적으로 잘게 쪼개어져 있었다. 봉건제는 주군과 가신 사이의 인적 유대 관계를 기초로, 가신들 사이에서 지정학적으로 분산된 가부장적 지배 체제였다. 그것은 집안에 어른이 있듯이 나라에 어른이 있다는 식의 논리, 우리에게 익숙한 군사부일체의 논리와 유사한 체제였다. 유럽 봉건 사회에서 주군은 자신에게 충성을 맹세한 가신에게 자신의 땅의 일부—그리고 그 땅에 긴박된 농노를 포함하여—를 봉토로 수여했는데, 이는 동시에 봉토에 대한 통치권을 포함하는 것이었기에 그 정치 체제는 지방 분권적인 성격을 띠었다. 결과적으로 오늘날의 국가와 비교했을 때 중세 봉건 사회가 보여 주는 특징 중 하나는 국가가 폭력 수단들을 —예를 들어 군대와 경찰 같은—독점하지 않고 있다는 점이다. 이러한 폭력 수단들은 기사라고 불리던 주군/가신 관계의 피라미드를 형성한 지배 계급에게 부여되었다. 그 결과 중세 봉건 시대의 국가는 통일된 국가라기보다는 기사/제후들의 느슨한 연합체에 지나지 않았고, 국왕은 대개 명목상의 지배자일 뿐 그의 권력은 오직 자신이 소유한 영지에 대해서만 행사될 수 있었다. 신성 로마 제국의 황제조차도 명목상의 독일 국왕에 지나지 않았다.

그래서 중세 봉건 국가에서 절대 왕정 국가로의 이행의 첫 단계는 국왕이 상비군과 그 군을 유지하기 위한 영속적인 재정 자원을 확보할 수 있을 때 이루어진다. 그러나 동시에 중세의 신분제 국가로부터 절대 왕정 국가로의 이행은 군주의 권력을 이론적으로 정당화하고 설명하려는 노력을 수반했다. 이러한 노력의 결과 새로운 주권 이론과 왕권신수설 등의 개념이 등장했다. 중세 후반, 법률가들은 최정상에 집중된 권력의 개념을 이야기하기 시작했고, 14세기 말엽에 이르면 사람들은 "자신의 왕국에서 국왕은 황제이다"라는 원칙을 받아들이게 된다. 이러한 중앙집권적 왕권은 지방의 저항에도 불구하고 조금씩 하위 권위들에 대한 우위를 확보해 나갔다.

왕권이 다른 권력보다 우월하다는 주장은 절대주의 시대에 이르러 국왕의 신격화로 귀결되었다. 아무래도 보통 사람들끼리 힘자랑을 하는 것보다는 인간이 아닌 신이 되는 편이, 적어도 신에 근접한 존재가 되는 편이 국왕에게 유리했을 것이다. 프랑스의 경우 국왕은 오래전부터 그 신성함을 인정받았지만 왕정이 지닌 기독교적 기원—프랑스 최초의 왕 클로비스는 가톨릭으로 세례 받고, 가톨릭 주교에 의해 대관되었다—이 왕의 신격화의 원인은 아니다. 중세 왕정은 국왕과 교회의 사제를 동일시하곤 했다. 그러나 종교 전쟁 이후 등장한 왕권신수설의 절대 왕정은 그보다는 국왕의 신격화를 추구하면서 왕국을 국왕 개인의 인격으로 표현했다. 국왕은 신의 권위라는 이미지로써 고양되었고, 국왕을 신의 이미지로 받드는 왕정 의례가 발전했다. 궁극적으로는 국왕은 신과 인류 사이의 새로운 중재자로 부상했고, 그 결과 국왕에 대해서는 신

"모든 권능과 모든 완전성을 내면에 결합시킨 신은, 또한 국왕의 인격과 결합되어 있다. 신은 거룩함 그 자체이며, 선 그 자체, 권능 그 자체이다. 이 모든 것 안에 신의 주권이 있다. 이 모든 것의 표상 안에 군주의 주권이 있다."

이외에 그 누구도 책임을 물을 수 없게 되었다. 국왕은 자신의 왕국에서 주권자이며 신에 의해 왕위에 올랐으므로, 왕국에 대한 국왕의 권리에 영향력을 행사할 수 있는 영적인, 세속적인 그 어떠한 권력도 이 지상에 존재할 수 없었다.

이러한 왕의 신격화는 프랑스의 절대 군주 태양왕 루이 14세의 치세가 절정에 달했을 때 만개한 왕정의 수사학에 잘 드러나 있다. 주교이자 왕의 정치 교사였던 보쉬에Jacques Bénigne Bossuet는 왕권신수설을 바탕으로 국왕과 신의 결합을 이야기한다. "모든 권능과 모든 완전성을 내면에 결합시킨 신은, 또한 국왕의 인격과 결합되어 있다. 신은 거룩함 그 자체이며, 선 그 자체, 권능 그 자체이다. 이 모든 것 안에 신의 주권이 있다. 이 모든 것의 표상 안에 군주의 주권이 있다."

왕은 신 이외의 누구에 대해서도 책임을 지지 않는다. 신이 왕보다 위에 있듯이 왕은 다른 인간보다 훨씬 위에 있었다. 국왕이 자신도 평범한 인간처럼 죽을 수밖에 없다는 사실에 대해 불안해 할 것을 걱정한 나머지 보쉬에는 다음과 같이 덧붙인다. "비록 전하께서 사망하신다 해도 전하는 신이십니다."

과연 인간이 신이 될 수 있을까? 국왕을 신성한 존재로 부각시키려는, 그래서 모든 제약으로부터 해방되어 오직 신에게만 책임을 지는 절대 군주를 만들려는 야심은 분명히 시한폭탄과 같은 문제를 안고 있었다. 살아 있는 신이 되면서 왕은 분명 정치적 자율성을 확보할 수 있었다. 그러나 왕의 권력이 확대되고 강화되면서 관료제나 조세 제도와 같은 통치 기구 역시 발전했다. 절대주의 국가는 합리적 토대 위에 성립한 신비한 군주제, 마치 교회와 비슷한 무언가가 되려는 듯이 보였다. 즉, 왕의 신격화를 통한 절대주의의 완성이 불가피하게 관료제를 통한 권력의 공적 기구화와 결부되었고, "국가=왕"의 공식에서 나타나는 것처럼 국가를 왕 개인을 통해 구현하는 왕정의 비인격화에 문제가 생긴 것이다. 애초에 왕의 개인적이고 사적인 의도로 추진된 국가였지만 개인적이고 사적인 통치권은 점차 공적인 통치권으로 변모하였고, '짐이 곧 국가'라는 공식이 실현되면서 절대 군주의 사적 독점권은 더 이상 사적이지 않은 공적인 성격을 갖게 되었다. 통치 기구가 공적인 것이 되면서 왕실과 왕가는 그것의 한 기구로 전락했고, 결국 아무 것도 아닌 처지로 떨어질 것이었다.

"국가=왕"의 공식대로라면, 왕의 목이 단두대에서 잘려나가는 순간 국가도 사라져야했다. 하지만 그런 일은 벌어지지 않았다. 프랑스 혁명 당시 단두대 위에 선 루이 16세는 왕이 아무 것도 아님을 자신의 목을 걸고 입증해냈다.

Re-thinking history

.

.

.

결국 왕은 아주 특별한 과제를 수행해야 했다. 서로 대립하는 궁정인들을 끊임없이 그리고 주도면밀하게 감시하며 상황에 따라 특정인을 초대하거나 초대하지 않는 무수한 축제와 산책 및 야유회를 보상과 처벌의 수단으로 활용했고, 질투를 부추겼으며, 소소하고 일상적인 이익 또는 자질구레한 총애를 나누어주었다. 이런 방식으로 왕은 "은총을 분배했고 신하들을 지배하였다."

22 신들의 산책
태양왕과 베르사유

위기의 시기에 성장한 절대 왕정 체제하에서 신으로부터 부여받은 절대적인 권력을 행사하며, "국가, 그것은 곧 짐이다"[*]라는 구호를 외쳤다던, 국가 전체를 군사 병영화하면서 국왕 중심의 강력한 행정 관료들로 국가를 무장시켰다던, 그 절대 군주는 과연 어떠한 존재였을까? 왕권신수설이 예찬해 마지않듯이 국왕은 과연 신의 위치에 올라섰을까? 이제부터 절대 군주의 귀감으로 여겨졌던, 스스로 '태양왕'이라 칭했던 프랑스의 루이 14세의 삶을 차근차근 거들떠보자.

서유럽의 여러 왕국들이 모방하려 했던 베르사유 궁정은 루이 14세가 이룩한 가장 눈부신 업적 중의 하나이다. 궁정은 전통적으로 만족을 모른 채 불평만을 일삼던 봉건 귀족을 다스리기 위한 정

[*] "L'etat, C'est moi. 국가, 그것은 곧 짐이다." 이 말은 루이 14세의 절대 왕정을 상징하는 표현이지만, 사실 루이 14세가 이러한 말을 했다는 흔적은 어느 기록에도 남아있지 않다.

✦ 이오니아식은 주두(기둥머리)가 소용돌이 모양, 혹은 양의 뿔 모양으로 되어 있다. 코린트식은 기원전 6세기부터 기원전 5세기경 그리스의 코린트에서 발달한 건축 양식으로, 화려하고 섬세하며 주두에 아칸서스 잎을 조각한 것이 특징이다.

✦✦ 르네상스 시대의 고대 그리스·로마 고전에 대한 심취에서 비롯된 문예 사조로 조화와 균형을 중시하였다. 당시 인간의 이성에 대한 신뢰감과 부합되어 17세기에 문학 분야-특히 프랑스 희곡문학-에서 전형적인 형태로 발전했다. 이후 음악과 회화와 건축·조각 분야에서도 통일성과 법칙성, 안정미를 추구하는 고전주의가 발전하여, 하이든, 모차르트 등의 오스트리아 고전파 음악, 장 루이 다비드와 앵그르 등의 프랑스 고전주의 미술 시대가 출현하였다.

고전주의는 예술을 갖가지 미*의 법칙으로 규제하고 거기서 벗어나는 것을 거부하였는데, 19세기부터는 보다 자유롭고 정서적인 낭만주의가 대두되었다. 고전주의는 후에 생겨난 많은 예술 사조의 한 정점을 이룬다.

치적 도구이자 국왕의 일과표에 따라 정확하게 움직이던 기계 장치였다. 이전에는 그 누구도 상상치 못했던 엄청난 규모의 이 왕궁은 절대 왕정의 상징이 되었다. 베르사유는 원래 루이 13세의 사냥터였는데, 1662년부터 건축가이자 정원 설계사인 르노트르Le Nôtre에 의해 《이솝 우화》와 오비디우스의 《변신 이야기》에 등장하는 갖가지 동물들과 신상들, 그리고 수많은 분수와 폭포, 이국적 식물들로 화려하게 장식된 정원으로 탈바꿈했다. 이 모든 장식들은 신의 지상 대리인을 자처한 태양왕의 권위를 드높여 주었다. 성을 나와 정원에 들어서는 순간, 사람들의 시선은 젊고 패기에 찬 루이 14세를 연상시키는, 황금 마차를 타고 아름다운 젊음을 과시하는 태양신인 아폴로로 향한다. 정원의 머리에 위치한 이 아폴로의 분수에서 모든 자연이 시작되었다.

1669년 르 보Le Vau와 망사르Mansart의 설계에 따라 성채가 건설되기 시작했다. 1층은 저부조로 장식된 돌벽으로, 2층과 3층은 각각 이오니아식과 코린트식*으로 장식되면서 왕권의 장엄함과 위대함을 과시하고자 했다. 베르사유 궁의 이러한 특징은 훗날 고전주의**라고 명명될 건축 양식의 핵심을 보여 주었다.

이 거대한 정원과 성채는 그 자체로써 하나의 정치적 상징이었다. 국왕의 의지에 복종하는 듯한 베르사유의 자연은 루이 14세가 자신의 왕국에서 이루려 했던 정치적 야심의 한 얼굴이었던 셈이다.

루이 14세는 1682년부터 베르사유에 거주하기 시작했다. 왕의 침실은 정원의 머리에 위치한 아폴로 분수에서부터 정원을 가로질러 시가로 이어지는 정중앙선상에 위치했다. 이곳은 어떤 의미에서 왕국의 심장이었다. 왕의 거주 공간은 다른 방으로부터 분리되어 마치 성당의 제대를 연상시켰다. 바로 이 방에서 국왕은 마치 태양이 뜨고 지듯이 일어나고 잠자리에 들었다.

그러나 이 궁에서 먹고 자는 이는 왕만이 아니었다. 베르사유는 궁정 사회 전체의 숙소, 어마어마하게 큰 하숙집과 비슷했다. 루이 14세는 신하들이 궁정에서 머무르는 것을 반겼고, 그들이 베르사유에 숙박을 요청하는 걸 좋아했다. 공식적으로는 왕궁에서 별로 하는 일이 없었던 생시몽 공작^{Duc de Saint-Simon, 1675~1775}*은 거의 궁정을 떠나지 않았다. 고위 귀족은 대개 궁정에 체류하거나 베르사유 시내에 있는 호텔에 머무르면서 매일 입궁했다. 1744년에는 시종들까지 포함해서 1만 명 정도가 살았다고 하니, 말이 궁이지 베르사유는 언제나 북새통이었다.

그러나 이러한 북새통에도 엄연한 질서가 있었다. 매일 6000명 이상의 귀족들이 들끓던 이 작은 우주는 궁정 사회의 원심력이자 궁정 예식의 유일한 동력이었던 국왕이 통제하는 질서와 법칙에 따라 움직였는데, 그것은 바로 에티켓이었다. 독일의 사회학자인 노르베르트 엘리아스^{Norbert Elias}(《궁정사회》, 한길사, 2003)는 궁정 체제가 어떻게 루이 14세 치하에서 그 완벽한 모습을 갖추게 되었는

✤ 1675년 파리에서 태어난 생시몽은 젊은 시절 군대에서 경력을 쌓고자 했으나 곧 실패하고 루이 14세의 베르사유에서 결코 국왕의 총애를 받지 못한 채 궁정인으로 살아갔다. 그런 그가 유명해진 것은 20세부터 쓰기 시작한 그의 회고록 때문이다. 편파적이지만 진지했던 그는 왕궁에 출입하던 많은 인물들과 궁정 생활을 세밀하게 묘사해냈다.

베르사유는 궁정 사회 전체의 숙소, 어마어마하게 큰 하숙집과 비슷했다. 루이 14세는 신하들이 궁정에서 머무르는 것을 반겼고, 그들이 베르사유에 숙박을 요청하는 걸 좋아했다.

"허공을 맴도는 영구 기관"인 궁정 예법을 통해서 국왕은 궁정인을 조종할 수 있었다.

가를 보여 주었다. 군주는 의례 규범에 있어서 복종적 상황을 상징적 행동으로 가시화하는 인간 행동 양식의 조직자였다. 국왕은 기침起枕 의례에서 취침에 이르기까지 자신의 모든 행동에 대해 왕궁 안의 모든 사람들에게 세부적인 지위를 부여했고, 궁정인은 국왕이 정한 지위와 서열에 따라 자신이 절대 군주로부터 얼마나 사랑받고 있는지를 확인했다. 그것은 마치 태양에 가까울수록 더 많은 빛을 받는 태양계의 행성들과 같았다. 왕의 특별한 은총은 다양한 방식으로 표현되었는데, 예를 들어 국왕과 함께한 자리에서 등받이 의자에 앉을 수 있는 권한을 가진 자와 등받이 없는 의자에 앉는 자, 그리고 서 있어야만 하는 자 등이 구분되는 식이었다.

생시몽에 따르면 루이 14세의 지능은 평균 이하였으며, 부실한 조기 교육 탓에 너무나 무식해서 대부분 사람들이 알고 있는 역사적 사실 등에 대해서도 전혀 모르고 있었다고 한다. 과장일 수 있겠지만 루이 14세 자신도 "다른 모든 사람들이 통달한 사안들을 나만 알지 못할 때 뼈저린 비애를 느낀다"고 밝힌 적이 있으니 전혀 틀린 말은 아닌 듯하다. 그럼에도 루이 14세는 의심할 바 없이 서양에서 가장 위대한 왕이자 영향력 있는 왕이었다.

루이 14세는 보통 8시 정각에 왕의 침대 아래쪽에서 자던 제1(침실)시종에 의해 깨워졌다. 다른 시동이 침실 문을 열고 대시종장에게 왕의 기상을 보고하면 제2시종장이 조식을 준비하러 궁정 주방—주방은 베르사유 궁정 건너편에 위치했다—으로 갔고, 문 앞에서 있는 제3시종은 허락된 사람들을 입장시켰다. 이때는 엄격하게 등급화된 여섯 집단이 순서에 따라 입장했는데 가장 먼저 직계가족들, 왕의 적자와 손자, 왕자들과 공주들, 제1주치의, 제1외과의, 그리고 제1시종과 시동이 들어온다. 두 번째로 내각 대신들과 의상 실장, 왕이 명예를 인정해 준 남자 귀족 등의 대공 입장이 이루어지고, 세 번째로 왕에게 공문서를 읽어 주는 '제1순위 입장객'과 축하연을 관장하는 사람들이 들어간다. 네 번째로 의전실 요원을 포함한 다른 각료들, 구호물자 담당관과 각 부서의 장관과 비서들, 국무위원, 왕실 수비대, 제독이 입장하고, 5순위 입장객은 어느 정도 제1시종의 취향에 좌우되는데, 왕의 총애 정도를 감안하여 선발했다. 끝으로 모든 사람들이 가장 원하는 제6순위 입장객이 남아 있다. 그들은 침실의 뒷문으로 들어간다. 여기에는 왕의 적자는 물론 서자 및 왕의 나머지 가족과 사위들이 포함된다. 이 순위에 속하는 것 자체가 상당한 총애의 표현이었다.

이러한 의식의 모든 개별 과정은 정확하게 조직되었다. 이 모든 과정은 어떤 합리적인 이유에 의해 만들어진 것이 아니라 해당하는 권력 분배의 상징으로써 모든 행동에서 보이는 특권적 성격과 연관되었다.

궁정 예절에는 왕비도 예외일 수 없었다. 루이 16세의 왕비이자 프랑스 혁명과 함께 비극적인 종말을 맞이했던 베르사유의 장미 마리 앙투아네트의 아침 시간을 살펴보자.

궁정인들의 질투, 자존심, 상호 의무 그리고 경쟁심을 이용하여 국왕은 총애를 나누어줄 수 있는 유일한 인물로 부상했고, 말 한마디, 몸짓 하나로 상대방을 기쁘게도 또 당황하게도 했다.

왕비가 눈을 뜨면 왕비에게 옷을 건네줄 수 있는 권리를 가진 궁정 시녀가 왕비에게 속치마와 상의를 입혀 주었다. 그러나 우연히 왕가의 공주가 왕비 곁에 있을 경우에는 이 공주에게 왕비의 옷을 입힐 수 있는 권리가 이전된다. 일단 왕비는 시녀들에 의하여 바로 옷이 벗겨졌다. 왕비의 (침실)시녀는 상의를 들고 있었는데, 방금 말했듯이 오를레앙 공작부인이 들어올 때는 상의를 넘겨주었다. 그러나 시녀는 오를레앙 공작부인보다 서열이 더 높은 프로방스 백작부인이 왔을 경우에는 공작부인에게 건네려 했던 상의를 다시 돌려받는다. 이제 그 상의는 다시 (침실)시녀에게 되돌아왔으며 프로방스 백작부인의 손을 통하여 마지막으로 다시 왕비에게 건네진다. 이 과정이 진행되는 동안 왕비는? 그저 발가벗은 채 서 있을 뿐이고.

왕은 사소한 특권들에 서열을 부여했다. 그래서 제1순위 입장객들은 제3순위 입장객들을 멸시했고 그들의 특권을 양보하려 하지 않았으며 후자는 전자를 부러워하고 시기했다. 고통스러울 정도로 정교하게 만들어진 궁정의 질서를 통하여 왕은 신하들에게 관심과 총애 때로는 불쾌감과 불신임을 표현했다. 이 "허공을 맴도는 영구 기관"이 되어간 궁정 예법을 통해서 국왕은 궁정인을 조종할 수 있었다. 궁정인들의 질투, 자존심, 상호 의무 그리고 경쟁심을 이용하여 국왕은 총애를 나누어줄 수 있는 유일한 인물로 부상했고, 말 한마디, 몸짓 하나로 상대방을 기쁘게도 또 당황하게도 했다. "사회관계를 만드는 것은 누군가의 마음에 들고 싶어 하는 욕심이다. 인류에게는 다행스럽게도 사회를 파멸로 이끌어야 할 인간의 자존심이 사회를 강하게 하고 확고부동한 것으로 만든다"라는 몽테스키외의 지적은 절대 군주의 궁정에서 매우 적절했다.

궁정 예법 내부에서 우선권의 위계질서가 잡히면 그 질서가 곧 권력이 되었다. 우선권을 보호받기 위해 궁정인들은 경쟁했고, 경쟁으로 인해 이 말도 안 되는 예법이 유지되었다. 맘에 안 든다고 포기하거나 거부할 수도 없는 노릇이었다. 예법을 포기한다는 것은 권리의 포기요, 권력과 특권 가치의 상실을 의미했기 때문이다. 이 사회의 지배층에게 그러한 권력 기회를 침해하거나 심지어 폐지하려는 것은 일종의 금기였다. 그래서 모든 것은 전처럼 존속했다. 결국 왕은 아주 특별한 과제를 수행해야 했다. 서로 대립하는 궁정인들을 끊임없이 그리고 주도면밀하게 감시하며, 상황에 따라 특정인을 초대하거나 초대하지 않는 무수한 축제와 산책 및 야유회를 보상과 처벌의 수단으로 활용했고, 질투를 부추기거나 소소하고 일상적인 이익 또는 자질구레한 총애를 나누어주었다. 이런 방식으로 왕은 "은총을 분배했고 신하들을 지배하였다."

궁정 예법은 단순한 의식이 아니라 신하들을 휘어잡는 도구였으며, 태양왕 루이 14세의 삶은 그 자체가 곧 통치였지만 동시에 왕도 이 예법의 고단한 노예가 되었다.

울타리 치기의 결과 전통적인 농촌 공동체는 붕괴되었다. 땅을 잃은 농민들, 조상 대대로 농사를 지어왔기에 농사일만을 알던 농민들은 한순간에 토지 없는 노동자가 되거나 그도 아니면 양보다도 처지가 못한 거지가 되었다.

"그토록 온순하고 먹이도 조금만 먹던 양이 이제는 너무도 게걸스럽고 난폭하게 돌변하여 인간들을 집어 삼키고 있다."

2.3 식인양의 탄생

《유토피아》의 저자 토머스 모어 선생은 어느 날 사람을 잡아먹는 식인양을 보고는 기겁해서 소리친다. "양이 사람을 잡아먹네!"

이 무슨 해괴한 이야기인고? 물론 순하디 순한 이 초식 동물들이 어느 날 갑자기 사람 잡아먹는 괴물이 되어버렸다는 것은 아니다. 원래 영국은 농촌 사회로—다른 유럽 국가들도 마찬가지였지만—농부들이 고만고만한 땅뙤기를 갖고 농사지어 먹고 살았는데, 농사를 짓는 것보다 양을 키워서 그 털을 팔면 더 많은 이문을 남길 수 있다는 걸 깨닫게 된 지주들이 농민을 내쫓고 농토를 목초지로 바꾼 후 그 경계에 울타리를 치기 시작했다.

엔클로저 운동, 즉 울타리 치기 운동은 우선 양을 가두어 두는 역할을 했지만 동시에 토지에 대한 근대적 소유권의 확립을 알리는 말뚝박기이기도 했다. 중세 봉건제의 장원에서 영주의 땅과 농민의 보유지는 명확히 구분되어 있지 않았기에 파종이나 추수는 네 땅 내 땅 구분 없이 농촌 공동체 단위로 공동 경작되었다. 즉, 농업에 관한 한 토지에 대한 개인 소유권 개념은 아직 존재하지 않았던 셈이다. 이제 대규모 토지를 소유하고 경영할 수 있게 된 지주들은 자급자족이 아니라 이윤을 추구했고, 서서히 자본주의적인 농업 경영 방식이 도입되었다.

18세기에 들어서면서 울타리 치기는 비약적으로 늘어났다. 중세인들은 지력의 회복을 위해 경작 가능한 땅을 경작지와 휴경지로 나누었다. 즉, 일정 정도의 땅을 번갈아 휴경지로 정해서 쉬게 한 것이다. 퇴비도 있었고 가축도 있었지만 그 양은 제한되어 있었다. 농가의 가축을 사육하기 위해서는 사료가 필요했고, 그 사료를 재배하기 위해서는 다시 농지가 필요했기 때문에 무작정 가축의 수를 늘릴 수는 없었다. 그러나 18세기에 이르러 지주들은 양 사육을 위해서가 아니라 과학 영농을 위해서, 즉 클로버, 콩, 순무와 같은 새로운 작물과 생산량을 늘려주는 영농 기술(잡초 제거법과 파종기)을 도입하였다. 순무와 클로버는 지력의 회복에—땅도 원기 회복을 위해 가끔 쉬게 해 주어야 한다—도움을 주었고 가축의 사료로 이용되었으므로 가축 생산의 양과 질을 높여주었다. 그리고 가축이 늘어나면서 배설물의 양도 늘어났고, 그 결과 퇴비 생산이 증가했다. 그리고 퇴비는 농업 생산성 향상을 가능하게 해 주었다.

"그토록 온순하고 먹이도 조금만 먹던 양이 이제는 너무도 게걸스럽고 난폭하게 돌변하여 인간들을 집어 삼키고 있다." 엔클로저 운동, 즉 울타리 치기 운동은 우선 양을 가두어 두는 역할을 했지만 동시에 토지에 대한 근대적 소유권의 확립을 알리는 말뚝박기이기도 했다.

이러한 새로운 경작 방식의 효율성을 높이기 위해 울타리가 쳐진 큰 면적의 땅이 필요해졌고, 영국 정부와 의회도 울타리 치기를 법안화해 주었다.

울타리 치기의 결과 전통적인 농촌 공동체는 붕괴되었다. 땅을 잃은 농민들, 조상 대대로 농사를 지어왔기에 농사일만을 알던 농민들은 한순간에 토지 없는 노동자가 되거나—산업 혁명이 시작되었을 때 이들은 값싼 임금의 산업 예비군이 되었지만, 고용은 불안정했고 여전히 가난했다—그도 아니면 양보다도 처지가 못한 거지가 되었다. "그토록 온순하고 먹이도 조금만 먹던 양이 이제는 너무도 게걸스럽고 난폭하게 돌변하여 인간들을 집어 삼키고 있다."* 그래서인지 훗날 신대륙으로 이민을 떠난 영국 이민자들은 땅에 대한 강한 애착을 보여 주었다. 무시무시한 양들의 공격을 피해 "기회의 땅" 아메리카를 찾은 이주자들이 바랐던 것은 바로 땅이었다. 자신의 땅을 갖게 된 이주민들이 가장 먼저 한 일은 집을 짓는 것이 아니라 울타리를 쳐서 "내 땅"을 확인하는 일이었다. 양보다 소가 더 많이 방목된 것도 어쩌면 양에 대한 잠재적인 공포와 뿌리 깊은 원망 때문이었는지 모를 일이다.

이 '신흥' 거지들은 이곳저곳을 떠돌아다니며 사회적인 문젯거리로 간주되었다. 고아나 노인처럼 전통적으로 보호해야 할 대상으로 여겨지던 부류와 달리 일할 능력이 있지만 일하지 않는 빈민들의 경우는 흔히 식량 폭동의 원인으로 간주되었기에 국가의 가혹한 대접이 뒤따랐다. 정부는 부랑자들이 사회를 불안하게 만드는 것을 원하지 않았기에 이들을 감금하려 했다. 영국의 엘리자베스 1세는 구빈법을 제정해서 빈민들의 부랑을 막고 자신의 고향에서만 보조를 받을 수 있도록 했다.

사실 굶주림의 문제는 빈민들만의 것이 아니었다. 배고픔이 빈민의 조건이라면 17세기까지 유럽의 농민들은 대부분 빈민에 가까웠다. 자급자족하며 살았던 유럽의 농민들은 춘궁기의 배고픔에 익숙해야 했고, 때가 되면 잊지 않고 찾아오는 흉작과 기근으로

* 물론 모어의 지적은 과장되었다. 1525년 이전 영국의 엔클로저는 전체 경지의 3%에 불과했다. 그리고 언제나 양 사육을 위한 것도 아니었다.

"산타예요?"

18세기에 유럽인들은 놀라운 기적의 선물을 받게 되었다. 바로 인디언 옥수수와 감자였다. 당시 농민들은 이 새로운 작물을 두려워했고 나병을 옮긴다고까지 생각했지만 그보다는 배고픔이 먼저였다.

인구가 증가하면서 빈곤의 문제는 점점 심각해졌다.

수많은 '올리버 트위스트'들과

'성냥팔이 소녀'들이 거리로 나오기 시작했다.

영양실조에 걸리거나 목숨을 잃기 일쑤였다. 이러한 식량 문제는 인구 조절의 기능을 효과적으로 해냈다. 이른바 맬서스의 인구 법칙에 적용받는 세계였던 셈이다.

제대로 못 먹는 터이니 사람들은 전염병에도 취약했다. 페스트는 17세기에도 유럽 곳곳에서 창궐해 사람들의 목숨을 앗아갔고, 식량은 산술급수적으로 증감하지만 인구의 증감은 기하급수적이라는 맬서스의 인구 법칙의 실현을 위해 공헌했다. 페스트는 18세기 초반 자취를 감췄지만 페스트의 뒤에는 이질이나 천연두, 티푸스 같은 전염병 선수들이 줄줄이 대기하고 있었다. 사람들은 아직 위생에 대한 관념을 갖고 있지 않았고, 전염병을 옮긴다고 하여 목욕하기를 두려워했으며, 속옷은 거의 입지 않거나 1년 내내 같은 속옷을 입고 버리는 것이 관례였다. 한마디로 전염병이 가장 좋아하는 환경이었다.

그러나 18세기에 유럽인들은 놀라운 기적의 선물을 받게 되었다. 바로 인디언 옥수수와 감자였다. 감자는 다른 작물의 재배가 불가능한 북부 유럽에서도 잘 자랐고, 수확량도 풍부해서 농민들의 배고픔을 달래 주었다. 당시 농민들은 이 새로운 작물을 두려워했고 나병을 옮긴다고까지 생각했지만 그보다는 배고픔이 먼저였다. 북부 유럽에서 감자는 농민들의 주식이 되었다. 그래서 18세기 후반부터 지속적으로 인구가 증가했고, 맬서스식 인구 순환의 고리는 깨어졌다.

인구가 증가하면서 빈곤의 문제는 점점 심각해졌다. 유아 사망률이 감소했고, 많은 아기들이 버려지거나 살해당했으며, 고아원은 포화 상태에 이르렀다. 1780년대 파리에서 출생한 30,000명의 아이 중 7~8천명이 유기되었다. 수많은 '올리버 트위스트' 들과 '성냥팔이 소녀' 들이 거리로 나오기 시작했다.

Re-thinking history

·

·

·

"자연과 자연의 법칙은 암흑 속에 묻혀 있었다. 하느님이 이르시기를, '뉴턴이여 존재하라' 하시자 모든 것이 빛 속에서 모습을 드러냈다."

빛의 세기
과학과 실험, 이성에 의한 진보를 믿다

영국은 17세기에 두 차례의 혁명—청교도 혁명과 명예혁명—
을 경험하면서, 정치적으로 유럽에서 가장 선진적인 국가로 부상
했다. 절대 왕정이 유럽 본토에서 발전한 것과 달리, 영국에서는
찰스 1세의 처형(1649년)으로 끝난 청교도 혁명과 뒤이은 명예혁명
을 통해 스튜어트 왕조의 절대주의가 종식되고, '의회 내 국왕King
in the Parliament' 의 원칙을 바탕으로 의회주의가 발전했다.

그러나 영국의 발전은 경제적이고 정치적인 차원을 넘어섰다.
17세기 영국은 학문과 사상면에서도 유럽의 귀감이 되었다. 1660
년에는 프랜시스 베이컨의 《신 아틀란티스The New Atlantis, 1627》에 등
장하는 솔로몬 하우스를 모델로 영국학술원이 창립되었다—훗날
조나단 스위프트는 《걸리버 여행기》에서 이 학술원 회원들을 바보

라고 놀려먹었다. 플램스티드^{John Flamsteed, 1646~1719}는 그리니치에 국립 천문대를 세웠고, 훅^{Robert Hooke, 1635~1703}은 현미경으로 미생물을 관찰했으며, 기존의 진자시계 대신 스프링을 장착한 시계도 발명되었다. 로버트 보일^{Robert Boyle, 1627~1691}은 《회의적인 과학자》에서 마술사와 연금술사들을 애들이나 읽는 동화의 세계로 보내버렸고, 핼리^{Edmund Halley, 1656~1742}는 신의 분노의 징조로 여겨지던 혜성이 규칙적인 주기로 공전한다는 사실을 밝혀냈다. 그리고 이 모든 발명과 발견들이 뉴턴에 의해 하나의 체계로 종합되었다. 명예혁명 1년 전, 영국학술원은 뉴턴의 《자연철학의 수학적 원리》를 간행했는데, 이 책은 중력 이론을 만유인력의 법칙으로 발전시켜 천체의 모든 운동을 설명했다.

더 중요한 것은 사물들이 서로 시간을 동일하게 맞출 수 있는 균질적, 추상적 시간 개념의 등장이었다. 뉴턴의 시간은 전체적이며 절대적이고, 피안은 존재하지 않으며 대신 과거와 미래로 나누어진다. 시간의 흐름은 원인과 결과의 연쇄를 통해 결정되었고, 이제 세계는 빈틈없는 원인과 결과의 그물망을 통해 하나의 완결된 체계가 되었다. 그곳에 신의 기적이 개입하는 것은 불가능했다. 세계는 스스로 움직이는 잘 만들어진 시계 장치처럼 생각되었다. 공간과 시간이 서로 결속하여 영원한 운동이 되고 우주는 서로 끼워 맞춘 부분들의 시스템이 된다. 라이프니츠가 말했듯이, 세계는 모든 가능한 것들 중 가장 좋은 것이었다. 그렇다면 여기에 신의 개입은 혼란을 가져올 뿐이었다. 이제 사람들은 세계의 개선이 저 세상에서 오는 것이 아니라 미래에서 올 것이라고 기대하게 되었다.

처음에는 많은 사람들이 이 새로운 발견에 놀란 나머지 지적 위기감을 느꼈다. 그래서 일부는 신비주의에, 또 일부는 종교적 맹신으로 복귀하기도 했다. 1611년 시인 존 던은 이렇게 개탄했다. "새로운 철학은 모든 것에 의문을 제기한다. 그리하여 불의 요소는 완전히 꺼지고, 태양도 지구도 없어져 버렸다. 모든 것이 산산조각 났고 통일성은 완전히 사라져 버렸다." 하지만 18세기 초 영국의 시인 알렉산더 포프는 이렇게 말했다. "자연과 자연의 법칙은 암흑 속에 묻혀 있었다. 하느님이 이르시기를, '뉴턴이여 존재하라' 하시자 모든 것이 빛 속에서 모습을 드러냈다."

세계는 밝아졌다. 이성의 등불이 중세의 어둠을 몰아냈다. 더불어 "행복한 감정이 보편적으로 이 시대를 사로잡았다." 18세기의 계몽 사상가들은 지상에서의 행복 추구를 의식적 목표이자 의무라고 강조하면서 기독교적 금욕주의와 내세적 태도에 반항했다. 18세기 후반 도덕을 강조하거나 애국심을 촉구하는 현상들이 나타나면서 행복 추구에 대한 반란이 일어나기도 했지만, 그럼에도 세상은 예전에 비해 훨씬 밝은 것처럼 보였다.

세상을 밝힌 등불 중 하나는 바로 과학이었다. 프랑스의 18세기는 과학에 대한 열정이 지배한 시대였다. 점잖은 사람들이 모여 담소를 나누던 살롱에서는 과학적 문제, 문학, 사회 이론에 대한 토

세계는 밝아졌다. 이성의 등불이 중세의 어둠을 몰아냈다. 세상을 밝힌 등불 중 하나는 바로 과학이었다. 프랑스의 18세기는 과학에 대한 열정이 지배한 시대였다.

론이 벌어졌다. 프랑스의 계몽사상가 볼테르^{Voltaire, 1694~1778} 역시 자신의 실험실을 갖고 물리학 실험을 즐겼다. 징세 청부업자였던 라부아지에^{Antoine Laurent Lavoisier, 1743~1794}는 공기와 물의 성분을 분석하고, 발화에 있어서 산소의 역할을 입증했으며, '질량보존의 법칙'을 발표해 근대 화학의 창시자가 되었다. 이러한 과학적 발견은 인간 생활에 적용되었고, 사람들은 과학에 무한한 신뢰를 보냈다. 과학은 인간 이성의 업적이므로 이성의 힘을 의심할 수 없게 되었고, 계몽 사상가들은 이제 자연과학을 넘어 종교와 사회·정치 제도에 이성의 잣대를 들이대고 분석하기 시작했다. 화학자가 물을 분해해서 산소와 수소를 분리해 내듯이 사람들은 사회를 분해해서 개인을 발견해냈다. 개인의 등장은 로빈슨 크루소와 같은 가상의 인물을 통해 실험대 위에 올랐다. 다니엘 디포^{Daniel Defoe,} ^{1660~1731}의 이 소설은 자연 속에 홀로 남겨진 한 인간이 어떻게 문명과 사회를 일궈내는지를 보여줌으로써 개인의 힘과 문명 생성의 과정을 집약적으로 보여주려 했다.

이제까지 유럽인들은 여러 종류의 선입견들을 무비판적으로 받아들였다. 왕권의 절대성이라든가 사회의 기본 원리로서의 불평등은 봄에 싹이 트는 것처럼 자연스러운 것이었다. 그러나 18세기 사람들은 바로 이러한 일반적 확신에 대해 의문을 제기하고, 그것의 오류, 즉 비이성적인 측면을 전투적으로 들춰내기 시작했다.

과학에 대한 무한한 신뢰는 곧 진보에 대한 확신으로 이어졌다. 진보는 계단을 올라가는 것과 같았다. 그리고 유럽은 이제 그들이 하나 둘씩 알기 시작한 나머지 세상을 이 진보의 계단들에 줄지어 세워 놓고 싶어 했다. 물론 유럽 자신이 진보의 계단 꼭대기에 가장 먼저 올랐기에, 다른 비유럽 세계는 유럽을 본받고 올려다볼 처지에 놓이게 되었다. 이러한 자기중심적 시각은 나머지 세상을 개화시켜야 한다는 일종의 사명감을 스스로에게 부여하기에 이르렀다.

프랑스의 계몽 사상가 볼테르

본명은 François-Maris Arouet. 파리에서 공증인의 아들로 태어난 볼테르는 예수회 학교 루이 르 그랑Louis Le Grand에서 공부했고, 1717년에 오를레앙공公의 섭정을 비방하는 시를 썼다가 투옥되었다. 비극 《오이디푸스》를 옥중에서 완성하고, 1718년에 상연하여 성공을 거둔 다음 볼테르라는 필명으로 바꾸었다. 1726년에 영국으로 건너갔으며, 그곳의 자유로운 공기를 마시면서 타고난 비판 정신을 더욱 굳건히 하였다. 종교 전쟁을 끝나게 한 앙리 4세를 찬양하는 서사시 〈앙리아드Henriade, 1728〉를 출판한 후, 1729년에 귀국, 《철학서간 Lettres philosophiques ou Lettres sur les anglais, 1734》을 통하여 영국을 높이 평가하고 프랑스 사회를 비판하였다. 고등법원은 그의 책이 반종교적이고, 풍기문란을 조장한다하여 그를 처벌했다.

그 후 애인인 뒤 샤틀레 후작부인의 영지에서 1734년부터 10년간을 저술과 연구로 보냈다. 이곳에서 그는 철학의 대중화에 몰두하면서 1738년 《뉴턴 철학의 개요》를 집필했다. 그러다가 1744년 친구의 외무장관 취임과 함께 프랑스 궁정에 들어가게 되었으며, 1746년에 아카데미프랑세즈 회원으로 뽑혀 역사 편찬관이 되었으나 또다시 궁정의 반감을 사서 불우한 나날을 보냈다. 1750년 프로이센의 프리드리히 2세의 초빙으로 베를린에 가서 역사서 《루이 14세의 세기Le Siccle de Louis XIV, 1751》를 완성했다. 한편, D.디드로, J.J.루소 등과 함께 백과전서百科全書 운동을 지원하였으며, 백과전서파의 한 사람으로서 중요한 역할을 하였다.

Re-thinking history
.
.
.

공포 정치, 그것은 사실상의 혁명 독재였다. 이는 외국의 군사적 위협에 대응하고 혁명을 지속시키기 위한 방편이었다. 공안위원회는 귀족들의 재산을 징발하고, 공정 가격제를 실시했으며, 반역 혐의자들을 체포하고 처단했다. 귀족들, 그리고 온건한 혁명가들이 차례로 단두대에 올라갔다. 한 귀족은 이른 아침 단두대로 오르는 계단 위에서 발을 헛디디면서 이렇게 말했다고 한다. "아침부터 계단에서 삐끗하면 하루 종일 재수가 없다던데."

25 프랑스 혁명
자유와 평등의 가능성을 시험하다

프랑스는 유럽에서 가장 대표적인 절대주의 국가였다. 혁명이 일어나기 전 18세기 프랑스 사회를 '구체제(Ancien Régime, 앙시엥 레짐)'라고 부르는데, 정치적으로 절대주의 국가였던 프랑스 사회는 신분제 사회였고, 경제적으로는 봉건제와 자본주의가 특이하게 접합된 상태에 있었다. 모든 사회 체제처럼 구체제도 특정한 모순과 문제를 안고 있었다. 그 문제들은 절대 왕정 체제가 발전할수록 심화되었다.

개인의 경제적 능력과 역할에 따른 사회적 지위인 계급과는 달리 구체제는 법과 관습 그리고 출생에 의해 사회적 지위가 결정되는 신분제 사회였다. 제1신분인 성직자 집단과 제2신분인 귀족은 전체 인구의 5%를 넘지 못했지만, 이들은 전체 토지의 절반 이상을 소유했고 면세권과 상석上席권 같은 다양한 특권과 함께 주요 관직과 군장교직을 독점했다.

반면 전체 인구의 대부분을 차지한 것은 바로 제3신분이었다. 이 평민 집단은 전체 인구의 70% 이상을 차지한 농민에서부터 도시의 임금노동자, 그리고 부르주아로 구성되었다. 농민들은 각종 세금과 부역, 공납 등으로 영주의 착취에 시달렸고, 주로 대도시에 분포되어 있던 임금노동자는 1790년 이후 혁명의 과격화에 큰 역할을 했다. 중세 말 이래 꾸준히 성장한 부르주아 계급은 재능과 재력을 겸비했지만, 그들의 능력에 걸맞은 대접을 받지 못하고 귀족층에 강한 반감을 갖고 있었다. 이들은 18세기에 꽃핀 다양한 계몽사상의—몽테스키외로부터 루소에 이르기까지—세례를 받았고, 혁명을 주도하는 세력이 되었다.

18세기 말의 분위기도 앞선 시기와는 여러모로 달랐다. 사람들의 감수성도 변화했고, 정치에 대한 관심도 증대되었으며, 카페나 살롱, 신문 등을 통해 공적 여론이 형성되기 시작했다. 이 시기의 프랑스인들은 전통적인 로마 가톨릭으로부터 조금씩 멀어졌고, 국왕에 대해서도 풍자나 악담을 일삼기 시작했다.

결정적으로 혁명이 촉발된 것은 파산에 이른 국가 재정 때문이었다. 루이 14세 말기부터 불안했던 국가 재정은 영국에 대항한 아메리카 식민지에 대해 군사적 원조를 시작하면서 파국에 이르렀다. 루이 16세는 스위스 은행가 네케르를 등용하여 재정 절감, 성직자와 귀족의 면세 특권 폐지 등 개혁을 단행하려 했지만 특권층의 반발로 실패했다. 하지만 개혁 시도에 위협을 느낀 고등법원은 삼부회 소집을 요구하고, 멍청했던 루이 16세는 결국 절대 군주제가 확립된 이후 150년간 단 한 번도 소집된 적이 없었던 삼부회를 소집하기로 결정했다. 그리고 바로 이 삼부회가 군주제의 종식을 고한 프랑스 혁명의 시발점이 되었다.

이제 혁명의 과정을 살펴보자. 조금 지루하겠지만, 그래도 알아둬서 손해 볼 것은 없다.

1789년 5월 삼부회가 개최되었다. 도처에서 정치 클럽이 생겨났고, 사람들은 시끄럽게 정치를 논하기 시작했다. 삼부회는 3개의 신분들이 따로 모여 회합을 가졌는데, 제3신분 대표들은 자신들의 대표 수를 늘려줄 것, 그리고 머릿수에 따라 표결할 것을 주장했다. 이에 왕은 해산을 명령했지만, 제3신분은 왕의 명을 거역하고 자신들의 요구가 관철되기 전에는 결코 해산하지 않겠다고 왕에게 공개적으로 도전했다. 이제 제3신분 대표들의 모임은 국민을 대표하는 국민의회로 변해버렸다. 이미 상당수의 성직자 대표들과 몇몇 귀족들이 제3신분에 가담한데다 파리와 베르사유 주민들까지 합세하자 왕은 머릿수 표결 요구를 수용했고, 국민의회는 곧바로 헌법 제정에 착수하였다. 루이 16세는 군대를 동원해서라도 문제를 해결하려 했지만 소식은 왕의 군대 소집만큼이나 빨랐고, 사람들의 행동은 거칠 것이 없었다.

1789년 7월 14일 파리 시민은 군대 소집 소식을 듣자마자 봉기에 돌입했다. 그들은 무기 창고를 습격하여 무기를 확보했고, 바스티유 감옥으로 진격했다. 혁명은 시작되었다. 수감된 범죄자들은 몇 명 안 되었지만 군중에게 숫자는 중요치 않았다. 절대 왕정의 상징이었던 파리시 한복판의 요새가 시민에 의해 장악되었다는 사실이 중요했다. 바로 이 날이 훗날 프랑스 최대의 국경일이 되었다.

혁명은 전국으로 확산되었다. 그해 8월 농촌에서는 '대공포大恐怖, Grand Peur' 라 불리는 대규모 농민 폭동이 일어났는데, 이들은 영주의 성을 약탈하고 영주의 권리가 기록된 문서들을 불태웠다. 각종 소요로 사회가 불안해지자 의원들은 1789년 8월 4일 밤 구체제의 완전한 청산, 즉 신분제와 봉건적 권리의 폐지를 결정하고 3주 뒤에는 라 파예트가 기초한 인권 선언을 공표했다. 인권 선언은 "인간의 권리에 대한 무지와 망각 또는 경멸이 공공의 불행과 정부 부패의 유일한 원인"임을 지적하고, 만인의 법적 평등, 노동 · 언론 · 양심의 자유, 재산권, 국민 주권 등 총 17개조의 사회 원리를 제시했다. 루이 16세는 다시 한 번 군대의 힘으로 혁명을 분쇄하려 했지만, 10월 5일에 발생한 파리 여성들의 베르사유 행진에 의해 또한 번 굴복하고 말았다.* 이들은 왕의 인권 선언 재가에 만족하지 않고 왕을 아예 파리의 튈르리Tuileries 궁**으로 이사시켰다. 그동안 부르주아 출신의 국민의회 의원들은 입헌 군주제적 성격의 새 헌

* 1789년 혁명 당시 파리는 연이은 흉작으로 식량난이 심각했다. 특히 빵 값이 폭등하여 도시 곳곳에서 식료품 가게를 약탈하는 등 식량 폭동이 발생했다. 이런 상황에서 10월 폭동이 일어났고, 7000여 명의 파리 여성들은 빵을 내놓으라고 외치며 왕가가 거처하던 베르사유로 몰려갔다. 이들은 특히 왕비 마리 앙투아네트를 원망했는데, 왕비가 "빵이 없으면 과자나 고기를 먹으면 되지 않느냐"라고 말했다는 소문이 불만을 증폭시켰다. 이들은 "마리 앙투아네트의 목을 베고 심장은 도려내고 간은 기름에 태워버리자"라고 외쳐댔다.

** 앙리 2세의 명에 의해 루브르궁 서쪽에 세워진 궁전으로 실제 건축이 끝난 것은 루이 14세 때였다. 그러나 국왕이 거처를 베르사유로 옮기면서 오랫동안 방치되었다. 1871년 보불 전쟁 당시 파리에서 벌어진 시가전으로 거의 불타 없어지고 현재는 정원만이 남아있다.

법을 완성하고 혁명의 골격을 만들기 시작했다. 혁명이 진행되면서 당파간의 색깔이 분명해졌다. 자코뱅 클럽, 코르들리에 클럽, 왕당파 등의 노선이 생기고, 좌파와 우파*라는 말도 생겨났다. 이때 로베스피에르, 알렉상드르 드 라메트, 미라보와 당통같은 웅변가들이 이름을 날리기 시작했다.**

혁명의 원인이었던 재정 적자와 부채 문제는 성직자들의 재산을 국유화하고 이를 담보로 아씨냐라는 국채를 발행함으로써 일부 해결되었다. 충분히 이해할 수 있는 바이지만, 루이 16세는 여전히 불만이었다. 하지만 그의 탈주 계획은 정말 멍청했고, 야반도주한 왕의 위신은 땅으로 추락했다.

1791년 10월 새 헌법에 의해 실시된 선거를 거쳐 입법의회가 개회되었다. 회의실 우측에는 온건파가, 좌측에는 브리소^Jacques Pierre Brissot, 1754~1793***를 중심으로 한 지롱드 지방 출신의 의원들이 자리를 잡았다. 이듬해 지롱드파 내각이 성립되었고, 혁명에 대해 경악을 금치 못했던 오스트리아—빵을 요구하던 백성들에게 '왜 케이크를 안 먹을까' 궁금해 했던 그 유명한 마리 앙투아네트가 바로 이 나라 출신이다—와의 전쟁이 개시되었다. 전쟁은 프랑스에 불리했지만 의회는 애국심에 호소했다. 많은 프랑스 젊은이들이 군에 자원했고, 수많은 지방군이 파리로 몰려들었다. 특히 마르세유 연맹군들이 파리로 행군하면서 부른 '라 마르세예즈^La Marseillaise(작곡: 루제 드 릴^Rouget de Lisle)' 는 오늘날 프랑스의 국가가 되었다.

* 좌파와 우파라는 말은 급진적인 혁명파가 의사당 좌측에, 온건한 세력이 우측에 앉은 데서 유래했다. 혁명 당시 로베스피에르가 대변하던 산악파라는 이름은 주로 이들이 의원석 상단부에 앉았던 데서 붙여진 이름이다.

** (프랑스 혁명 당시의 정치 클럽들, 그리고 혁명가들에 대해서는 245p 박스를 참고하라)

*** 샤르트르 출신의 변호사, 언론인. 지롱드파의 지도자였으며, 오스트리아에 맞서 혁명전쟁을 적극 주장했다. 1793년 자코뱅파가 득세하면서 반혁명분자로 몰려 단두대에서 처형당했다.

오스트리아와의 전쟁은 프랑스에 불리했지만 의회는 애국심에 호소했다. 많은 프랑스 젊은이들이 군에 자원했고, 수많은 지방군이 파리로 몰려들었다.

시민들은 반혁명 용의자가 수감되어 있는
감옥을 돌아다니며
죄수들을 닥치는 대로 도륙했다.

혁명 과격파는 왕의 폐위를 요구하기 시작했다. 주저하는 입법의회 대신 다시 한 번 시민들이 들고 일어났다. 1792년 8월, 튈르리 궁으로 밀려든 군중은 총싸움도 불사하며 왕의 거처를 점령하고 국왕 일가를 끌고 나와 감옥에 가둬버렸다. 의회는 루이 왕의 권한을 정지시켰고, 당통 ^{Georges Jacques Danton, 1759~1794} 이 이끄는 6인의 임시 내각을 만들었으며, 보통선거를 통해 새로운 의회를 구성하겠다고 선포했다. 그럼에도 전황은 불리했고, 정부는 반혁명 용의자들을 색출하는 것으로 국내 상황을 진정시키고자 했다. 그러나 파리 시민들의 심리적인 공황 상태는 더욱 악화되었다. 시민들은 혁명의 반역자들을 두려워했고, 갑자기 집안 청소를 해야 한다는 생각에 사로잡혔다. 이들은 반혁명 용의자가 수감되어 있는 감옥을 돌아다니며 죄수들을 닥치는 대로 도륙했다. 1792년 9월에 벌어진 이 학살극은 닷새 동안 계속되었다. 같은 달 22일 국민공회*는 왕정을 공식 폐지하고 공화정을 선포했다. 반역죄로 재판에 회부되어 사형을 선고 받은 국왕은 1793년 1월 21일 혁명 광장(오늘날 콩코르드 광장)에 설치된 단두대에서 머리와 몸이 분리되었고, 마리 앙투아네트도 곧 남편 뒤를 따랐다.

　루이 16세의 처형은 유럽을 경악시켰다. 영국, 오스트리아, 프로이센, 독일, 러시아, 에스파냐, 이탈리아는 대불동맹을 결성해 프랑스를 상대로 전쟁을 선포했다. 전쟁과 국내 경제의 어려움은 정치 상황의 변화를 가져왔고, 한동안 의회를 장악했던 지롱드파는

* 혁명기의 의회는 1795년까지 3차례 변화했다. 1789년 6월부터 91년 10월까지 국민의회(혹은 제헌의회), 91년 10월부터 92년 8월까지 입법의회, 그리고 92년 9월부터 95년 8월 새 헌법에 의해 총재정부가 들어서기까지의 국민공회가 그것이다.

몰락했다. 1793년 4월, 당통을 위원장으로 한 9인의 공안위원회가 구성되자 지롱드파의 몰락 이후 산악파의 우두머리인 로베스피에르가 전면으로 부상하게 되었다. 그는 덕의 실현을 위해 '테러'를 주문했다. 공포 정치, 그것은 사실상의 혁명 독재였다. 이는 외국의 군사적 위협에 대응하고 혁명을 지속시키기 위한 방편이었다. 공안위원회는 귀족들의 재산을 징발하고, 공정 가격제를 실시했으며, 반역 혐의자들을 체포하고 처단했다. 귀족들, 그리고 온건한 혁명가들이 차례로 단두대에 올라갔다. 한 귀족은 이른 아침 단두대로 오르는 계단 위에서 발을 헛디디면서 이렇게 말했다고 한다. "아침부터 계단에서 삐끗하면 하루 종일 재수가 없다던데." 또한 공안위원회는 반기독교 노선을 강화했다. 교회는 폐쇄되고, 노트르담 성당은 하루아침에 '이성의 사원'으로 개명되었다. 혁명에 헌신하겠다는 선서를 거부한 성직자들은 추방시키거나 강제로 결혼시켰고, 이혼을 허용하는 법령도 통과시켰다.

 1793년 말부터 전세를 회복하기 시작한 프랑스군은 1794년에는 벨기에를 공격하여 합병하고 오스트리아군을 격파했다. 이러한 군사적 성공 가운데 코르시카 출신의 포병 장교 나폴레옹 보나파르트Napoléon Bonaparte가 있었다. 사람들은 공포 정치에 염증을 느끼기 시작했다. 당통이 나서서 공포 정치의 종식을 주장했으나 로베스피에르의 계략에 의해 결국 반혁명 용의자로 재판에 회부되었고 단두대로 끌려갔다. 그러나 이미 공안위원회는 내부로부터 흔들리고 있었다. 로베스피에르의 독주를 두려워한 사람들이 결국 그를 무너뜨렸다.* 당통을 단두대로 보냈던 "부패를 모르는" 로베스피에르는 1794년 7월 28일 자신이 그토록 애용하던 단두대에 스스로 오르게 되었다.

한동안 좌경화하던 혁명은 이제 우경화하기 시작했다. 로베스피에르를 처단한 테르미도르파는 새 헌법을 만들었고, 온건한 총재 정부(1795년 10월~1799년 11월)를 세웠다. 총재 정부는 공포 정치를 무효화하고 종교를 다시 허용했으며, 언론 자유를 보장했다. 그러나 권력의 기반이 약했던 이 정부는 급진적인 민중 세력과 왕당파 모두로부터 공격을 받았고, 지속되는 영국과 오스트리아와의 전쟁 탓에 난관에 봉착했다. 특히 정치적 충돌이 있을 때마다 군대의 힘을 빌려 해결하곤 했는데, 이 때문에 군대 지휘관들은 권력의 맛을 알아가기 시작했다. 그리고 1799년 11월, 나폴레옹은 쿠데타를 일으켜 총재 정부를 쓰러트리고 스스로 권좌에 오르면서, 10년간에 걸친 프랑스 혁명의 종결을 선포했다.

프랑스 혁명은 무엇을 남겼을까? 역사가들 사이에선 그것이 시민 혁명, 즉 봉건제 사회에서 자본주의 사회로의 이행을 결정짓는 사건인지 아닌지에 대해 의견이 분분하지만, 이 논의는 지나치게 복잡해서 이를 설명하자면 이미 혁명의 과정의 수렁에서 겨우 기어오른 독자들을 다시 한 번 수렁으로 밀어 넣는 꼴이 되고 말 것이다. 여기에선 혁명이 남긴 유산, 자유와 평등 그리고 우애라는

* 테르미도르Thermidor의 반동, 혹은 열월熱月의 반동. 1794년 7월 공안위원회 내 온건파가 쿠데타를 일으켜 로베스피에르 일파를 구축한 사건. 혁명 정부는 1793년 공화국 선언일(1792년 9월 22일)을 원년으로 1년은 12달, 1달은 30일, 나머지 5일은 축제일로 한 혁명력을 제정하였다.

혁명 이념을 살펴보고자 한다.

자유와 평등은 동전의 앞뒷면과 같다. 인종 또는 신앙, 재산 정도의 구별 없이 모든 사람의 자유란 평등 없이는 성취될 수 없기 때문이다. 누군가의 자유가 내게는 허락되지 않는다면, 그것은 자유가 아니라 특권이 된다. 그런데 평등은 법 앞에서의 공평한 권리나 정치적인 권리만이 아니라 사회적이고 경제적인 평등도 포함하는데, 바로 이것이 문제가 된다. 현대 민주주의 사회의 운영의 묘는 바로 이 자유와 평등의 올바른 균형을 찾는 데 있다. 게다가 우애, 즉 형제애는 자유와 평등이 이루어졌을 때 가능한 국민적 단합의 이념으로, 국가의 차원을 넘어가면 세계 평화의 이념이기도 하다. 그런 점에서 프랑스 혁명은 이 세 이념을 인류가 나아갈 길로 제시하기는 했지만 완전히 성취하지는 못했다. 혁명기에 제정된 헌법들은 선거권에서조차 불평등했기에 완전한 정치적 자유마저 실현하지 못했다. 그러나 이러한 이유로 이 사건의 역사적 가치가 축소되지는 않는다. 왜냐하면 프랑스 혁명은 이후 이 자유와 평등을 실현하기 위해 고민해야 할 문제들을 마치 족집게 과외 선생마냥 짚어 주었기 때문이다.

19세기 이후 세계의 경제가 주로 영국 산업 혁명의 영향 아래 형성되었다면, 19세기 세계의 정치와 이데올로기는 프랑스 혁명에 의해 형성되었다. 1789년과 1917년 사이의 유럽 정치는 주로 프랑스 혁명이 제시한 원칙들에 대한 찬반을 둘러싼 투쟁이었다. 혁명 이후 세계는 혁명이 탄생시킨 자유주의, 민주주의의 개념과 용어를 받아들였다. 이는 놀라운 성과였다. 이 혁명은 동시대의 다른 어떤 혁명보다 근본적이었고, 그 결과도 심대했다(에릭 홉스봄,《혁명의 시대》제3장).

프랑스 혁명 당시의 정치 클럽들, 그리고 혁명가들

프랑스 혁명 당시에는 여러 혁명적 정치 클럽들이 생겨났는데, 이들은 자유로운 토론의 장을 제공했고, 대중 동원 조직 역할을 하기도 했다. 1790년 봄경에 만들어진 코르들리에 클럽은 파리의 코르들리에구區에 위치한 코르들리에 수도원에 본부를 두었기 때문에 그 명칭이 생겨났다. 혁명 초기부터 전투적이었던 이 클럽은, 1791년 7월 샹 드 마르스 학살 사건 당시 거대한 대중 동원력을 보여 주었다.

자코뱅 클럽(또는 자코뱅당)의 자코뱅Jacobins이라는 이름은 제3신분의 대표들이 자주 모였던 수도원의 이름에서 비롯되었다. 1789년 12월 국민의회 의원들과 시민들은 귀족들의 반혁명에 대항하기 위해 '헌법 수호회'를 만들고, 파리 생토노레Saint-Honoré가街의 자코뱅 수도원에 본부를 두었다. 이후 왕당파들은 이들을 자코뱅 클럽이라고 불렀다. 자코뱅 클럽은 1790년 오스트리아의 전쟁 문제를 둘러싸고 브리소가 주도한 지롱드주 출신으로 지롱드당과 분열되었다. 국민공회 시기 지롱드당과 로베스피에르 등이 이끄는 자코뱅당의 대립은 확대되었고, 자코뱅당은 파리에서 새로 뽑힌 좌파 의원들로 구성된 산악파Montagnards를 받아들였다.

파리의 혁명 세력에 기반한 산악파는 자코뱅당을 주도하며 급진적인 사회 혁명을 추진하였다. 자코뱅당은 주로 노동 계급과 농민, 수공업자에 세력 기반을 두고 있었으며 식량 부족과 물가 상승으로 고통 받는 민중의 생활을 보호하기 위한 생존권을 주장하였고 국가에 의한 경제 통제의 필요성을 제기하였다.

로베스피에르Robespierre는 프랑스 북부 아라스Arras 출신의 변호사로 1789년 삼부회 의원에 선출되고, 혁명이 일어나자 자코뱅당의 우두머리가 되었다. 당통, 마라 등과 함께 산악파를 이끌며 혁명을 주도했고, "미덕 없는 공포는 치명적이며, 공포 없는 미덕은 무력하다"고 외치면서 공포 정치를 실시했다.

알렉상드르 드 라메트Alexadre de Lameth, 1760~1829는 아메리카 독립 전쟁 참전 중에 삼부회 대표로 선출되어 혁명 초기 의회 내에서 바르나브Barnave, 뒤포르Duport와 함께 급진파를 이끌었다. 미라보를 비난한 연설로 유명하며 후에는 혁명군 지휘관으로 활약했다. 하지만 1792년 반역죄로 기소되어 해외로 망명했고, 나폴레옹의 통령 정부 시기에 귀국했다.

미라보Honoré Gabriel, comte de Mirabeau, 1749~1791는 귀족 출신이지만 제3신분 대표로 삼부회에 참여했고, 혁명 초기 뛰어난 연설로 '의회의 사자'라는 별명을 얻으면서 파리 시민들에게 큰 인기를 얻었다.

당통Georges Jacques Danton, 1759~1794은 법률가 출신으로 프랑스 혁명 당시 마라, 에베르 등과 함께 코르들리에 클럽을 결성하고 파리의 자코뱅 클럽에도 가입하여 혁명 운동을 주도하였다. 1792년 8월 10

일의 봉기 이후 법무장관에 취임했다. 반혁명 용의자를 학살한 9월 대학살 사건을 묵인하였다 해서 지롱드당으로부터 공격을 받았다. 대단한 웅변가로 알려졌지만 축재 혐의로 비판받기도 하였으며, 후에 혁명 독재와 공포 정치를 비판하다가 1794년 4월 로베스피에르에 의하여 단두대에서 처형되었다.

Re-thinking history

·
·
·

혁명적인 산업 발전의 결과 경제적 생산성은 놀라울 정도로 향상되었다. 부르주아 계급의 소득은 비약적으로 증가하여 신속히 자본을 축적했고, 또 다른 투자처를 노리게 되었다. 그러나 비극적인 인간의 고통은 끝나지 않았다. 사회 혁명의 재료인 빈곤과 불만이 생겨나기 시작한 것이다. (……) 그러나 영국에서 시작된 산업 혁명은 이제 세계를 변화시킬 것이었다. 그리고 누구도 이를 막을 수는 없었다.

산업혁명
혁명적인 산업 발전, 빈곤과 불만을 낳다

경제사에 있어서 인류 최초의 혁명은 기원전 7000년경 메소포
타미아 지방(오늘날 이라크와 시리아 북동부)에서 시작된 농경과 가축
사육이다. 그리고 그에 견줄만한 또 하나의 혁명이 바로 18세기에
시작된 영국의 산업 혁명이다. 이 혁명을 계기로 유럽은 농업 사회
에서 공업 사회로 전환되었는데 앞서 보았듯이 유럽은 19세기 이
전까지만 해도 압도적인 농업 중심 사회였다. 1800년 유럽의 인구
는 1억 8천 7백만 정도였으며 이들은 오늘날 유럽인들에 비해 키
도 작았고 몸무게도 가벼웠다. 이들 인구의 90% 이상이 농촌 인구
였으며 영국의 도시 인구수가 농촌 인구를 능가한 것은 1851년에
이르러서였다.

산업 발전은 이후 유럽과 미국 그리고 아시아 지역으로 확산되

었고, 현재 우리가 살고 있는 산업 사회의 방아쇠는 당겨졌다. 그 결과 산업은 무한히 발전했고 그에 따른 노동 문제가 등장했으며, 선진국이 후진국을 착취하는 경제 관계가 형성되었고, 화석 원료의 사용으로 이산화탄소와 온실가스가 극적으로 생산되기 시작했다.

산업에 혁명이 일어난다는 게 무슨 뜻일까? 홉스봄 선생님의 설명을 들어보자. 그것은 1780년대의 어느 시점에서 인간 역사상 최초로 인간 사회의 생산력을 옭죄던 굴레가 벗겨져서 이후 인간과 재화 그리고 용역을 신속하고 무한하게 증식시킬 수 있게 되었다는 것을 의미한다. 그것은 시작은 있어도 끝은 없는 혁명이다. 산업 혁명은 여전히 진행 중이다.

산업 혁명 이전 영국에서 일어났던 엔클로저 운동과 농업 생산성의 증가는 공업화를 위한 필요조건들을 만들어 주었다. 17세기부터 18세기까지 점진적으로 진행된 농업의 혁신은 생산의 전문화나 새로운 영농 기술을 바탕으로 그 생산량을 극대화했다. 그 결과 급속히 늘어나는 비농업 인구에 식량을 공급하는 문제가 해결되고 공업 부문에 이용될 자본의 축적을 위한 메커니즘이 제시되었다. 게다가 정치와 이윤의 관계가 긴밀해져 공업화에 장애가 되는 요소들은 법으로 제거되었다. 대체적으로 돈이면 거의 모든 문제는 해결되었다.

이러한 조건 위에서 공업화를 주도할 첫 산업은 일종의 수입 대체 산업으로 발전한—이전에 영국인들은 인도에서 수공업으로 생

산업에 혁명이 일어난다는 게 무슨 뜻일까? 그것은 1780년대의 어느 시점에서 인간 역사상 최초로 인간 사회의 생산력을 옭죄던 굴레가 벗겨져서 이후 인간과 재화 그리고 용역을 신속하고 무한하게 증식시킬 수 있게 되었다는 것을 의미한다.

산된 면제품을 수입했다—면공업이었다. 방적과 방직 분야에서 나타난 일련의 기술 혁신들, 예를 들어 제니 방적기나 뮬(mule: 잡종이라는 뜻) 방적기, 비사飛梭와 역직기 등의 발명은 사실 매우 간단한 것들로써 획기적인 과학 기술의 개가와는 거리가 멀었다. 즉, 큰 비용을 들이지 않고 생산량을 증대시켜 제조업자에게 큰 이익을 남겨줄 수 있게 된 것이다. 게다가 영국은 만들어진 상품들을 판매할 수 있는 식민지라는 큰 시장을 갖고 있었다. 원면은 영국의 아메리카 식민지로부터 공급받았는데, 아메리카에서 원면 생산은 아프리카 흑인 노예들의 몫이었다. 그리고 그 흑인 노예들을 공급 판매한 것이 영국인이었으니, 참으로 영악한 시스템이 아닌가.

면공업의 발전은 다른 분야도 자극했다. 우선 상품 운송비의 절감을 위해 운하와 도로가 건설되었고, 토목 건설업의 발전은 다시 제철의 발전을 야기해서 이 분야에서도 코크스(cokes: 고체 연료의 일종)를 이용한 선철 제조법이나 압연법과 같은 일련의 기술 혁신, 그리고 석탄 산업의 발전을 이루어냈다. 17세기 이전까지 탄광촌 빈민들이 가정용 연료로만 사용했던 석탄의 생산은 비약적으로 증가했다. 석탄이 제공하는 화학적 에너지는 증기 기관을 통해 기계적 에너지로 전환되었고, 면공업과 제철 공업 그리고 철도업으로 연결되었다. 특히 철도는―오늘날 기간 시설로 여겨지는 것으로 모든 산업 발전의 기초가 된다―경제적 관점에서 막대한 비용을 필요로 했지만 그만큼 파급 효과가 컸다. 철도의 탄생 이후 20년 동안 영국의 철 생산은 68만 톤에서 225만 톤으로 세 배가량 증가했고, 석탄 생산량은 1830년과 1850년 사이에 1천5백만 톤에서 4천9백만 톤으로 늘어났다.

이후 영국은 자국의 공산품을 앞세워 세계 시장에 진출했고, 세계 곳곳의 수공업자들을 괴롭혔다. 1786년 영국과 프랑스 사이에 자유무역관세협정―오늘날의 FTA와 유사하다―이 체결되자 프랑스의 전통 수공업자들이 몰락했고, 인도의 면 생산 수공업자들도 몰락했다. 비폭력 투쟁을 벌이던 간디가 물레를 돌려 자기 옷을 만들어 입은 것은 결코 취미 삼아 한 일이 아니었다.

혁명적인 산업 발전의 결과 경제적 생산성은 놀라울 정도로 향상되었다. 부르주아 계급의 소득은 비약적으로 증가하여 신속히 자본을 축적했고, 또 다른 투자처를 노리게 되었다. 그러나 비극적인 인간의 고통은 끝나지 않았다. 사회 혁명의 재료인 빈곤과 불만이 생겨나기 시작한 것이다. 영국에서는 19세기 중엽 차티스트 운동*과 같은 노동 운동이 폭발했다. 그러나 영국에서 시작된 산업 혁명은 이제 세계를 변화시킬 것이었다. 그리고 누구도 이를 막을 수는 없었다. 지금도 그렇지 않은가. 북극의 빙하가 녹아내리고 지구의 평균 기온이 제아무리 상승한다고 해도 이윤 추구의 경제 자체가 멈추는 일은 없을 것임을 우리 모두 알고 있다.

* 1838~1848년 노동자층을 주체로 하여 전개된 영국의 민중 운동으로 1832년 선거법 개정에도 불구하고 선거권을 획득하지 못한 노동자들은 사회경제적 불만을 표출하고 참정권을 주장했다. 1836년 결성된 런던노동자협회는 이듬해 인민헌장People's Charter을 발표하고 조직을 전국화하면서 집회 및 서명 운동을 전개했다.

과연 동화가 어린아이들에게 꿈과 희망을 전해줄까요? 자선과 기부의 중요성을 일깨워줄까요? 《성냥팔이 소녀》는 눈곱만큼의 희망도 담고 있지 않은 아주 냉정한 동화입니다. 도대체 이 불쌍한 소녀는 어쩌다 추운 겨울 맨발로 거리에 나와 성냥을 팔게 됐을까요? 누가 그랬을까요? 누가 이 어린 여자아이에게 성냥을 팔아오라고 시킨 걸까요? 왜 소녀는 집으로 돌아가지 않았을까요? 설마 가출 소녀인가요?

27 올리버 트위스트와 성냥팔이 소녀들

*이번 장에서는 동화를 이야기합니다. 그래서 말투를 조금 바꿔보았습니다. 귀엽게!

"성냥 사세요. 성냥 하나만 사주세요."

눈 내리던 섣달 그믐날 밤, 성냥팔이 소녀는 그렇게 성냥을 팔았습니다. 유난히 추웠던 그날 소녀는 맨발이었습니다.* 어쨌든 성냥을 사는 사람은 없었습니다. 성냥을 팔지 못했기에 집에 돌아갈 수도 없었던 소녀는 성냥을 태워 몸을 녹이려고 합니다. 하지만 성냥의 화력은 체온을 높이기에는 턱없이 부족했습니다. 굶주림과 추위에 떨던 소녀는 서서히 의식을 잃어가고 드디어 환각 상태에 빠집니다. 소녀는 어느 가정집 창문 너머로 활활 타오르던 벽난로

* 덴마크의 동화작가인 안데르센1805~1875은 유난히 발에 집착하던 작가였다. 빨간 구두를 좋아하던 카렌은 괜히 구두를 신었다가 발목이 잘리는 수모를 당하고, 종족의 장벽을 넘는 사랑을 꿈꾸며 무허가 마녀에 의해 인어에서 인간으로 불법 종種전환 수술을 받았던 인어공주도 주로 맨발로 돌아다녔다. 19세기에는 그만큼 구두가 귀하고 중요했던 것일까?

와 크리스마스트리 장식, 잘 차려진 저녁 식탁에 오순도순 모인 화목한 가정을 꿈꿉니다. 그리고 환각 속에서 할머니가 등장합니다. 할머니는 성냥팔이 소녀를 이끌고 하늘로 올라갑니다. 다음날 소녀는 길거리에서 미소를 머금은 동사체로 발견됩니다. 안데르센 씨는 이렇게 이야기합니다. "소녀가 어떤 아름다운 것을 보았는지, 축복을 받으며 할머니와 함께 얼마나 즐거운 새해를 맞이하였는지, 아는 사람은 아무도 없었다……."

과연 동화가 어린아이들에게 꿈과 희망을 전해줄까요? 자선과 기부의 중요성을 일깨워줄까요? 《성냥팔이 소녀》는 눈곱만큼의 희망도 담고 있지 않은 아주 냉정한 동화입니다. 도대체 이 불쌍한 소녀는 어쩌다 추운 겨울 맨발로 거리에 나와 성냥을 팔게 됐을까요? 누가 그랬을까요? 누가 이 어린 여자아이에게 성냥을 팔아오라고 시킨 걸까요? 왜 소녀는 집으로 돌아가지 않았을까요? 설마 가출 소녀인가요?

덴마크에 성냥 팔던 소녀가 있다면 영국에는 런던의 뒷골목을 누비던 올리버 트위스트가 있었습니다. 물론 둘은 서로 몰랐지만, 상대방의 처지를 알았더라면 아마도 금세 친해졌을지 모릅니다. 올리버는 아버지가 누구인지도 모릅니다. 어머니는 그를 낳다가 돌아가셨습니다. 올리버는 천애 고아입니다. 그가 갈 곳이라고는 심한 학대를 견딜 것을 기본 조건으로 하는 고아원뿐이었습니다. 하지만 악덕 고아원장은 후원금은 뒷주머니로 빼돌린 채 원생들

"부자 아저씨를 찾습니다."

"소녀가 어떤 아름다운 것을 보았는지, 축복을 받으며 할머니와 함께 얼마나
즐거운 새해를 맞이하였는지, 아는 사람은 아무도 없었다……."

에게는 매일 죽만 줍니다. 배가 고팠던 올리버는 죽 한 숟가락만 더 달라고 떼를 썼을 뿐인데, 그만 장의사에게 팔려 가게 되었습니다. 이 장의사는 고아원장보다 더한 친구였습니다. 결국 올리버는 인간 이하의 대접을 받다 못해 탈출을 감행합니다. 그리고 런던으로 갑니다. 역시 사람은 서울로 가야하는 걸까요? 런던에서 그는 당연히 노숙자가 됩니다. 그래도 인간관계는 조금 넓어집니다. 길거리에서 사귄 친구의 알선으로 유대인 악당 페긴이 이끄는 소매치기 일파의 일원이 된 올리버는 소매치기 앵벌이를 하게 됩니다. 굶어 죽지 않으려면 어쩔 수 없습니다. 하지만 하는 짓이 어설픈 이 초보 소매치기는 결국 동료의 죄를 뒤집어쓰고 체포됩니다. 이쯤 되면 정말이지 무엇 하나 제대로 풀리는 것이 없는 인생이라고 아니 할 수 없습니다. 다행히도 친절한 부자—우연치고는 너무나 기막히게 이 부자 아저씨는 한 번도 본 적 없는 아버지의 친구였습니다—의 도움으로 양자가 되어 행복하게 살게 되지만, 올리버의 인생의 전반부가 현실성 있는 이야기라면 친절한 부자와의 만남과 입양 부분은 별로 현실성이 없어 보입니다. 만일 이 부자를 못 만났더라면 올리버는 어떻게 되었을까요? 올리버와 같이 죽으로 연명하던 다른 원생들의 운명은 어땠을까요? 또 같이 앵벌이를 하던 소매치기단 일원들도 '친절한 부자' 아저씨들을 만났을까요?

도대체 왜 이런 불쌍한 소년 소녀들이 동화와 소설의 주인공이 된 걸까요?

《성냥팔이 소녀》와《올리버 트위스트》는 더불어 산업 혁명의 비참한 사회적 결과를 어린아이들의 눈높이에 맞추어(!) 우화적으로 이야기해 주고 있다고 할 수 있습니다. 《올리버 트위스트》가 빈곤의 원인을 개인에게 돌리면서—일할 수 있는 사람들에게는 강제 노역이 벌로 부과되었습니다—구빈 조건을 하향 조정하고 빈민 구제 비용을 낮추기 위해 제정된 1834년의 신구빈법을 배경으로 하고 있다는 사실은 잘 알려져 있습니다. 법이 제정된 것은 그럴 필요가 있어서겠지요. 그리고 불쌍한 어린이가 소설의 주인공으로 등장한 것도 아마 그 수가 많아서였을 것입니다.

19세기 들어 유럽의 인구는 비약적으로 증가했습니다. 영국의 경우 1800년 1천6백만에서 1850년에는 2천7백만 명으로 인구가 증가했습니다. 이러한 인구 폭발은 의학 지식의 발전과 농업 생산성의 향상, 출산율의 증가와 사망률의 감소 때문입니다. 그러나 인구가 이렇게 갑자기 늘어나면 빈곤의 문제가 심각해지게 마련입니다. 인구가 많아지면 일자리를 구하는 사람이 늘게 되고, 수요 공급의 법칙에 따라 임금은 낮아지게 됩니다. 더불어 고용도 불안정해집니다. 그래서 이 시기 유럽의 정부들은 인구 억제 정책을 펼치기도 했습니다. 예를 들자면 법정 혼인 연령을 규정해서 어느 정도 나이가 되지 않으면 결혼을 못하게 하는 것입니다. 그런데다 앞서 보았듯이 농촌에서는 농업 자본주의가 발전하면서 땅 잃은 농민들이 급증했습니다. 즉 어떻게든 먹고 살아야할 처지의 사람들이 많아진 것입니다. 이들은 일자리를 찾아 공업화되어가던 도시로 몰려듭니다. 그러자 이번에는 전체적인 인구 증가보다 더 심각한 도시의 인구 과밀 사태가 벌어졌습니다. 도시의 인구가 이렇게 갑자기 증가하면 주택난에서부터 주거 환경에 이르기까지 복잡한 문제들이 발생하게 됩니다. 어떻게든 도시로의 인구 유입을 막기 위해 일부는 해외로 이민을 장려합니다. 그래서 많은 영국민들이 아메리카와 호주로 이민을 가게 되었습니다. 그럼에도 도시의 인구 과밀 문제를 해결하지는 못합니다. 도시의 공장 지대에는 노동자들이 집중 거주하게 되는데 상하수도 시설과 같은 주거 환경이 거의 갖추어져 있지 않았기 때문에 콜레라나 결핵과 같은 질병이 맹위를 떨치게 되었습니다.

노동자 가족들은 대개 단칸방에서 살았고 너무 가난했습니다. 상하수도도 화장실도 없었고, 농촌에서처럼 놀고 있는 텃밭에서 찬거리를 키울 수도 없었습니다. 여성은 피임 기구가 없다보니 언제나 임신 상태인 경우가 많았습니다. 결혼을 한다 해도 전업주부가 될 가능성은 별로 없어서, 낮에는 다림질, 성냥갑에 풀칠하기와 같은 허드렛일을 하거나 남의 집 하녀로 일해야 했습니다. 남자에 비해 고용 기회가 월등히 적었던 처녀들은 매춘의 길로 접어들기 쉬웠습니다. 어쨌든 이러저러한 이유로 아이들이 많이 버려졌습니다. 도저히 키울 형편이 안됐으니까요. 게다가 사생아의 출산도 많았습니다. 전통적인 농촌에서는 대개 이웃집 수저가 몇 개인지

19세기 들어 유럽의 인구는 비약적으로 증가했습니다. 이러한 인구 폭발은 의학 지식의 발전과 농업 생산성의 향상, 출산율의 증가와 사망률의 감소 때문입니다. 그러나 인구가 이렇게 갑자기 늘어나면 빈곤의 문제가 심각해지게 마련입니다.

알 정도로 서로서로 가깝게 지냈으니 젊은이들에 대한 감시 기능이 있었습니다. 하지만 이제 농촌을 떠나 도시로 온 젊은이들은 헐거워진 가족 관계에 주변의 감시도 소홀해져 혼전에 임신하는 경우가 많아졌습니다. 농촌에서라면 둘을 결혼시켜버리면 그만이지만, 19세기의 공업 도시에서는 이도 불가능한 경우가 많았습니다. 젊은 남녀 두 사람이 서로 사랑에 빠지고, 그래서 결혼을 약속하고 임신까지 했는데, 고용이 불안정하다보니 어느 날 갑자기 예고도

식 인 양 의   탄 생

없이 남자와 여자가 다니던 공장에서 해고라도 당하게 되면 결혼을 해서 가정을 꾸리는 꿈은 물거품이 되어버립니다. 곧 태어날 아기는 강물에 버려지거나 누구처럼 고아원에 맡겨지겠지요. 부모 곁에서 길러진다 해도 그 아이는 또 누구처럼 일찍부터 자기 밥벌이를 하러 거리로 나가야합니다. 오랫동안 아동 노동은 아주 흔한 일이었습니다. 이 어린이들에게 올리버 트위스트의 운명은 정말 꿈같은 일입니다. 다시 말해서 실현 가능성이 거의 없는 부질없는 희망이었을 것입니다. 노력하면 이루어진다는, 하늘이 스스로 돕는 자를 돕는다는 것은 대부분의 빈민들에게는 신화였습니다. 사실 신화보다 더 안 좋았지요. 왜냐하면 이 신화 때문에 많은 이들이 가난을 개인의 탓으로 돌려버렸기 때문입니다.

성냥팔이 소녀가 의식을 잃어가는 와중에 그려보았던 그 환상은 사실 아주 소박한 것이지만, 그녀에게 유럽의 19세기는 이 소박한 꿈마저 쉽사리 허용하지 않던 시절이었습니다. 성냥팔이 소녀의 명복을 빕니다.

Re-thinking history
.
.
.

그러나 철도보다 더 경이로운 변화는 전신이었다. 가느다란 전 깃줄을 통해 먼 거리에서 서로 소식을 주고받는 상황은 천지개벽할 혁신이었다. (……) 물론 이때나 지금이나 정보는 불평등하게 소비되었다. 뉴욕에서 동경까지 5분 안에 전보를 보내던 〈뉴욕 헤럴드New York Herald〉는 중앙아프리카를 떠난 리빙스턴의 편지를 9개월 만에 받아보았다.

28 작고 작아진 이 세상
로빈 후드, 살 곳을 잃다

 《메밀꽃 필 무렵》의 장돌뱅이 허생원은 이 장터 저 장터를 돌아다니다 봉평이란 마을에서 우연히 성 서방네 처녀와 하룻밤의 정을 나누게 된다. 처음 보는 남정네와 정을 통하는 처녀의 심리를 제대로 알 노릇이야 없지만, 장돌뱅이라는 직업이 갖고 있던 특수성에 대해서는 할 말이 조금 있다. 장돌뱅이라는 직업은 오랫동안 예외적이고 특수한 직업이었다.

 사람이 끊임없이 움직이는 것이 당연한 오늘날, '역마살'이라는 팔자는 별로 특별할 것 없는 일반적인 것이 되어버렸지만, 옛날에는 굳이 역마살이라는 팔자를 만들어 놓고 문제 삼을 정도로 인간의 삶은 정적인 것이 정상으로 여겨졌다. 다시 말하자면, 사람들은 자신이 태어난 마을을 벗어나지 않고 죽을 때까지 살았다.

18세기에 들어서면서 세상은 확연히 바뀌기 시작했다. 외교 정책 또는 선교 활동을 통해, 과학적 호기심과 경제적인 동기 때문에, 세계의 각 부분들은 조금씩 연결되기 시작했다.

이동은 위험했다. 마을 주변을 둘러싸고 있는 숲은 땔감을 제공해 주긴 했지만, 로빈 후드와 임꺽정 같은 도적들의 소굴이기도 했다. 정말 운이 없다면 구미호에게 간을 내어줘야 할 수도 있고, 늑대가 빨간 망토를 뒤집어쓰고 할머니네 집으로 위장 잠입할 수도 있었으며, 사탕과 과자로 집을 만들어서 아이들을 현혹하는 마귀할멈의 저녁 탕거리로 전락할 수도 있었기에 마을을 벗어나는 것은 위험천만한 일이었다.

사회의 유동성이 현저하게 낮은 자급자족적 경제였으므로 필요한 모든 것은 마을 안에서 해결할 수 있었다. 그러므로 장돌뱅이는 위험하고도 어딘지 모르게 신비한 존재였다―게다가 시대를 막론하고 여자들은 이따금 위험한 사랑을 꿈꾸지 않는가― 그들은 마을 공동체가 모르던 신기한 물건들을 소개했고, '바깥세상'에 대한 정보를 전달해 주었다. 그래서 세상은 오랫동안 장돌뱅이를 신기하게 여겼다.

　유럽의 상황도 크게 다르지 않았다. 그들은 타 지역에 대한 지식을 거의 갖고 있지 않았거나 아예 무관심했다. 아는 것이 별로 없는 정도가 아니라 아예 지도상에 나타나지 않는 곳들도 많았다. 아는 것이 별로 없으니 다른 세계와 외교적이건 경제적이건 관계를 맺는 일도 없었다. 하지만 18세기에 들어서면서 세상은 확연히 바뀌기 시작했다. 외교 정책 또는 선교 활동을 통해, 과학적 호기심과 경제적인 동기 때문에, 세계의 각 부분들은 조금씩 연결되기 시작했고, 자본주의의 전제 조건인 세계 시장이 발전했다. 영국의 역사가 에릭 홉스봄과 같은 사람들은 이 같은 변화를 아주 흥미롭게 설명하고 있다.*

　미지의 세계에 대한 탐험도 증가했다. 그런 점에서 19세기는 리빙스턴David Livingstone, 1813~1873이나 아문센Roald Amundsen, 1872~1928**과 같은 탐험가들의 세기였다. 그 결과 19세기 후반 세계지도는 거의 완성된 모습을 갖추게 되었다. 그리고 때가 되면 무역상인과 광산업자, 측량사, 철도와 전신 기술자, 마지막으로 군대와 관리들이

* 《자본의 시대》(한길사, 1998) ; 《혁명의 시대》(한길사, 1998)

** 19세기 영국의 선교사이자 남아프리카 탐험가였던 리빙스턴은 빅토리아폭포와 잠베지강을 발견하였고, 켈리마네 주재 영국 영사로 니아사호湖 등을 탐험, '노예 사냥' 실태를 폭로함으로써, 노예 무역 금지에 이바지하였다.
아문센은 노르웨이의 극지 탐험가로 1911년 인류 사상 최초로 남극점 도달에 성공하였다. 1928년 노빌레 북극 탐험대의 행방불명 소식을 듣고 구출하기 위해 비행정을 타고 나갔다가 돌아오지 못하고 조난사했다.

* 프랑스의 SF소설가. 80여
편의 공상과학소설과 모험소
설을 남겼다. 대표작으로는
《15소년 표류기》, 《해저 2만
리》, 《지구 속 여행》, 《80일
간의 세계 일주》 등이 있다.
《80일간의 세계 일주》에서
주인공 필리어스 포그는 친구
들과 80일이면 세계 일주가
가능하다는 내기를 하게 되고
이를 증명하기 위해 여행을
떠난다.

탐험가들이 개척한 바로 그 길을 밟게 될 것이었다. 주로 군사적
목적을 위해 상세한 지도가 작성되었고, 철도와 증기선 그리고 전
신과 같은 교통, 통신 수단에 의해 긴밀하게 연결되었다. 이러한
연결망은 전대미문의 것이었다. 쥘 베른$^{Jules\ Verne,\ 1828~1905*}$의《80
일간의 세계 일주》는 더 이상《해저 2만 리》나《지구 속 모험》과 같
은 공상과학 소설이 아니게 되었다. 1872년 이후가 되면 런던을 출
발해서 수에즈 운하를 거쳐 인도를 기차로 횡단하고 다시 증기선
으로 태평양을 횡단하여 1869년 완공된 아메리카 대륙 횡단 열차
를 이용해 7일 만에 북미 대륙을 횡단하고 다시 대서양을 건너 리
버풀에 도착한 필리어스 포그의 여정은 79일 안에 가능한 것이 되
었다. 만약 20년 전이었다면 포그 씨의 여행을 위해서는 아무리 운
이 좋아도 11개월은 족히 걸릴 것이었다.

  가장 큰 변화는 철도와 전신이었다. 1845년 유럽 이외의 지역에
서 철도를 1마일이라도 가진 나라는 쿠바뿐이었지만, 10년 뒤 5대
륙 모두에 철도가 부설되기 시작했다. 다시 20년 뒤에는 브라질,
페루, 이집트, 실론, 일본 심지어 타히티에도 철도가 개통되었다.
이것은 인류 역사상 가장 큰 규모의 공공사업이었으며 토목과 건
설 기술의 개가였다. 1869년 미국의 유니언 퍼시픽 철도 회사가 해
발 8600피트에서 로키산맥을 통과하는 철로를 개설했고, 1874년
헨리 메이그스는 1만 5840피트에 달하는 페루의 고지에 철로를 개
설했다. 알프스를 관통하는 몽스니 터널은 1857년에 착공되어

1870년에 완공되었고, 필리어스 포그는 바로 이 터널 덕에 하루를 벌었다.

철도 건설에 뛰어든 사업가들은 모험을 즐기는 낭만적 기업가의 탈을 썼지만 실은 악당에 가까웠다. 미국 서부 건맨들의 시대(1850~1870)는 바로 철로 건설의 시대였다. 기찻길을 놓기 위해서는 땅과 물이 필요했지만 사업가들은 여기에 돈을 들이고 싶지 않았다. 그래서 총잡이들, 즉 조직 폭력배들이 고용되었다. 그리고 이들에 맞서 자신의 땅을 지키려 했던 이들도 다른 총잡이들을 고용했다. 이들은 OK목장이나 마을 구석에서 사시미칼이나 쇠파이프 대신 총을 들고 싸움을 벌였다. 건맨들의 총싸움은 결코 정정당당하지도 신사적이지도 않았다. 이들은 대개 뒤에서 총을 쐈는데, 총탄에 맞아 상처를 입는 것만큼이나 총기가 폭발해서 다치는 경우가 많았다. 영화는 영화일 뿐 오해하지 말자. 그대로 믿는 놈만 바보 된다.

그러나 철도보다 더 경이로운 변화는 전신이었다. 가느다란 전깃줄을 통해 먼 거리에서 서로 소식을 주고받는 상황은 천지개벽할 혁신이었다. 1836년 전신기가 발명되고, 1847년 영국의 과학자 패러데이Michael Faraday, 1791~1867가 절연제를 고안해내면서 해저 전선망이 설치되기 시작했다. 19세기 중엽 북대서양에 해저 전선이 설치된 이후 5~6년 사이에 전 세계가 전선으로 포장되었다. 그것은 핸드폰 이전의 정보 통신 혁명이었다. 영토가 넓을수록 전신의 가

철도 건설에 뛰어든 사업가들은 모험을 즐기는 낭만적 기업가의 탈을 썼지만 실은 악당에 가까웠다. 미국 서부 건맨들의 시대 (1850~1870)는 바로 철로 건설의 시대였다.

정보 전달과 이동의 속도가 어느 수준에 도달하자 이 세상은 문화면에서 과거에 비해 표준화되었다.

치는 중요해졌다. 인도에 파견나간 식민지 관리들은 런던에서 벌어지는 경마 소식을 5분 안에 전달받을 수 있었고, 이 정보를 수집하고 판매하는 회사(로이터 통신사)도 등장했다. 물론 이때나 지금이나 정보는 불평등하게 소비되었다. 뉴욕에서 동경까지 5분 안에 전보를 보내던 〈뉴욕 헤럴드 New York Herald〉는 중앙아프리카를 떠난 리빙스턴의 편지를 9개월 만에 받아보았다.

세상은 글로벌 시대로 들어섰다. 정보 전달과 이동의 속도는 19세기에 비해 비교할 수 없을 정도로 빨라졌고, 지금도 여전히 빨라지고 있다. 전신이 유선 전화로 발전하고, 유선 전화는 카폰을 거쳐 무선 전화기로 진화했다. 무선 전화기는 단순한 목소리의 전달 수단이기를 거부하고 영상을 보내거나 정보를 검색하는 능력을 발휘하고 있다. 이 변화의 속도는 이제 너무 빨라서 따라가기에 숨이 찰 지경이다. 정보 전달과 이동의 속도가 어느 수준에 도달하자 이 세상은 문화면에서 과거에 비해 표준화되었다. 서울 시민과 부산 시민 그리고 제주도민은 똑같은 시각 똑같은 방송사에서 방영하는 야생 버라이어티 TV쇼를 보고 함께 웃는다. 한국의 영화팬들은 미국과 거의 동시에 개봉하는 할리우드 영화를 보며, 본토의 힙합 뮤직과 한국 토종 힙합을 비교해가며 음악을 감상한다. 경제·정치면에서도 세계는 매우 긴밀해졌다. 서로 경쟁하는 국민 경제 구조를 가졌지만 저 멀리 태평양 건너에 위치한 나라의 경제 상황에 따라 한국의 금융 시장과 주식 시장이 춤을 춘다.

어쨌든 오늘날 이 세계는 싫으나 좋으나 서로 긴밀한 관계가 되었다. 어찌 보면 세상은 그만큼 작아졌다. 하지만 가깝다고 다 친한 것은 아니다. 굳이 서먹한 사이가 되어야 할 필요도 없지만, 반드시 친해질 필요도 없다는 얘기다.

가족과 학교는 이제 아이들을 어른의 세계로부터 분리시켰고 대신 아이들을 엄격한 규율 속에서 통제했다. 19세기의 아동은 기숙사에 감금되었다. 학교는 통상 범죄자들에게나 가해졌던 매질과 체벌을 아이들에게 가했는데, 이러한 엄격함에도 다른 감정이 개입되었다. 즉 강박적인 사랑이다. 그래서 사랑의 매라고 했던가?

29 Home, sweet home

오늘날 서구 사회가 직면한 심각한 위기 중의 하나는 '가족의 붕괴'이다. 가족이라는 둥지가 중요한 것은 비단 동양에서만이 아니다. 서양에서도 가족과 가정은 'Home, sweet home'의 신화가 말해주듯이 나름 확고한 뿌리를 가지고 있다.

그런데 가족 관계가 옛날 같지 않음을 보여주는 이야기들이 여기저기서 들린다. 특히나 서구 사회에서는 부부간의 사랑이나 부모님 모시기 그리고 자식을 키우는 바탕인 가족의 의미가 점차 희미해지고 있다. 몇 년 전 여름 폭염에 수많은 노인들이 사망했던 유럽의 한 예는 충격적이다. 바캉스를 떠났던 한 가족이 병원으로부터 부친이 사망했으니 사체를 확인해달라는 연락을 받았다. 그런데 그 아들은 당장 휴가를 접고 상경하는 대신 바캉스가 끝날 때까지 기다려달라고 했단다. 환장할 노릇이지만 이는 서구인들만의 문제는 아니다. 대한민국의 주요 일간지에 심심찮게 오르내리는 신판 고려장 사건이라든가, 자식을 한강에 빠뜨린 가혹한 부정에 관한 이야기, 카드를 남용한 부인에 대한 남편의 보복에 관한 기사들이 보여 주는 가족의 위기는 바로 우리네 이야기이다.

인생의 선배들이 그다지 고무적인 모습을 보여 주지 못해서일까? 요즘 젊은 사람들은 결혼에 대해 지극히 신중하거나 경우에 따라서는 아예 이를 거부하는 독신주의가 늘고 있다. 가정을 이루고 사는 일을 3D 업종 중의 하나쯤으로 치부하는 경우도 있을 것이고, 또 한 사람에게 매여 일생을 살아야 한다는 게 자신 없는 탓도 있을 것이다. 요즘 흔히 하는 말로 사랑에도 유효기간이 있다던데, 그게 삼 년이라나, 아니 석 달이라나.

프랑스에서는 결혼을 희망하는 고등학생이 30% 미만이라고 한다. 가장 선호하는 것은 동거였다는데, "살아보고 결정하자. 그리고 싫으면 깨끗하게 헤어지자." 뭐 이런 식이다. 그런데 문제는 이 이야기가 일부 탈선 혹은 비행 청소년들의 이야기가 아니라 워낙 일반화된 이야기라는 것이다. 그래서 프랑스에서는 동거가 법적으로 인정된 공식적인 관계로 확립되었고, 그에 따라 생활보조비 지급이나 보험, 상속과 같은 법적 문제에서 기혼자와 동일한 대우를 받는다.

결혼 비중은 점점 줄어들고, 이혼율은 높아가고—서울에서는 매일 219쌍이 결혼하고 70쌍이 이혼한다 ─ 출산율은 저하되고, 이러한 현상은 사회 경제 문화 등 모든 면을 뒤흔들고 있다. 오랜 인류 역사에서 사회의 가장 기본적인 세포 역할을 해왔던 가족은 오늘날 엄청난 변화를 겪고 있는 것이다. 가족은 과연 이러한 변화를 버텨낼 수 있을까? 미래에 대한 답을 정확하게 예측할 수는 없지만, 보다 정확한 이해와 진단을 위해 위기의 현대 가족이 서구 역사를 통해서 어떻게 탄생했는지, 어떠한 변화와 발전의 경로를 밟았는지를 추적하고 재구성해 낼 수는 있을 것이다. 이야기를 시작하기에 앞서 강조하고 싶은 것은 가족이라는 인간 집단은 그 오랜 역사만큼이나 인간에게 자연스러운 현상이지만, 가족이라는 물리적 형태에 대한 인간의 의식과 감정은 결코 한결같지 않았다는 점이다. 그것은 만들어졌고, 만들어지고 있으며, 그리고 또 새롭게 만들어질 것이다.

과거의 가족은 오늘날의 가족과 분명 달랐다. 얼핏 생각하면 옛날로 거슬러 올라갈수록 가족의 중요성이 강조되었다고 생각하기 쉽지만 실제로는 정반대이다. 가족의 중요성이 크게 부각된 것은 18~19세기 들어서의 일이며 그 이전에는 가족의 중요성이 매우 낮았고, 중세로 가면 과연 가족이라는 개념이 존재하기는 했었나 의문이 들 정도이다. 19세기에 들어서야 '어린이의 세기'라고 부를 수 있을 정도로 어린이의 위치가 중요해졌고, 이상적인 행복한 가정은 곧 순진무구한 어린이가 따뜻한 분위기 속에서 보호받는 곳

어린이는 이유기가 끝나고 몇 년이 지나 7세가량이 되면 곧바로 어른 사회로 흡수되었다. 어른과 똑같은 놀이를 즐겼고, 일찍이 어른들의 직업 세계에 입문하여 10살 이전에 길드의 도제가 되었다.

이라는 이미지를 떠올리게 했다.

중세에는 우선 어린이라는 개념 자체가 없었다. 인생의 여러 단계라는 개념 자체가 없었던 것이다. 어린이는 이유기가 끝나고 몇 년이 지나 7세가량이 되면 곧바로 어른 사회로 흡수되었다. 어른과 똑같은 놀이를 즐겼고, 일찍이 어른들의 직업 세계에 입문하여 10살 이전에 길드*의 도제가 되었다. 즉 다른 사람 집에 들어가 다양한 봉사를 하게 되는데 이들은 흔히 도제 견습생으로 불렸다. 이

* 중세 유럽에 존재하던 동업자조합. 즉 상업과 수공업 분야에서 같은 업종에 종사하던 사람들이 결성한 단체로 중세 도시의 성립과 발전에 중요한 역할을 했다. 엄격한 위계질서를 갖고 있으며, 상권의 결정과 기술의 통제, 상호부조 등의 기능을 했다.

러한 관행은 재산 정도에 상관없이 서양 중세에 거의 공통적인 현상이었고, 주인에게 위탁된 아이의 기본 의무는 주인을 제대로 섬기는 것이었다. 주목할 것은 중세 시대에는 이러한 가내 봉사가 지위의 실추나 반감의 대상이 아니었다는 점이다. 특히 주인의 식사 시중은 고용 하인이 아니라 양가집 자제가 맡았는데 시종은 최종 신분이 아닌 일종의 수련 기간에 불과한 것이었다. 이러한 가내 봉사는 도제 수업과 뒤섞여—오랫동안 직업 생활과 사생활 사이에 경계가 없었다—아이는 실습을 통해 배우고 남의 가정에서 인생을 시작했다.

그 결과 가족은 생활과 재산 그리고 이름을 계승시키는 역할을 할 뿐 인간의 감성 속으로 파고들지는 못했다. 결혼은 가벼웠고, 아이들이 집을 나가 성장하는 동안 부모 자식의 관계는 느슨했다. 이런 아이들이 어른이 되어 가족의 품으로 되돌아온다 해도 너무 일찍 가족으로부터 벗어났던 아이에게 가족은 부모 자식 간의 깊은 감정을 제공할 수는 없었을 것이다. 물론 사랑이 없었다는 것은 아니다. 그러나 부모가 아이에게 애정을 쏟는 것은 부모 자식간에 애정 때문이라기보다는 아이들이 공동의 작업에서 무언가 보탬이 되기 때문이었다. 아들부자라고 하지 않았던가. 가족은 감정적 실체라기보다 사회적 실체였다. 그것은 부자의 경우 재산의 풍요, 가문의 명예와 동일시되었다. 가난한 이들에게 가족은 정서적으로 거의 존재하지 않았다.

그러다가 대략 14세기경부터 새로운 변화가 나타났다. 아동복이 등장했고, 그림 속에서도 아기 천사나 아기 예수가 비로소 아이답게 그려지기 시작했다. 16세기에 이르면 아동에 대한 특별한 이해 방식의 필요성이 대두되면서 교육의 개념이 등장하게 된다. 어린이가 일찍이 어른들의 세계로 흡인되는 현상—예를 들어 공장의 아동 노동과 같은—은 하층 계급에서 여전히 계속되었지만, 사회 상층에서는 순진무구한 아동이라는 개념이 등장하기 시작했다. 티 없이 맑은 영혼의 소유자, 타락한 어른으로부터 격리되어야 하는 그런 어린이들. 이제 청소년기가 상정되었고, 이는 동시에 학생 시기가 되었다. 따라서 청소년들을 사회로부터 격리해서 잘 교육시키는 학교가 중요해졌다. 이러한 변화의 정점은 19세기에 나타난—해리포터가 다니는 호그와트와 같은—영국의 기숙학교였다.

오늘날 우리 사회는 교육 체제의 성공에 크게 의존하고 교육 체제와 교육 개념, 교육의 중요성을 강하게 의식하고 있다. 심리학, 정신분석학 등도 아동 문제에 큰 비중을 두며, 대중 문헌을 통해 이를 접할 수 있게 된 부모들은 아이의 신체와 정신, 성[性]적인 문제로 고민한다. 중세에는 그러한 문제가 존재하지 않았다. 젖을 뗀 아이는 곧장 어른의 동반자가 되었으며, 교육이라는 개념도 갖지 못했기 때문이다.

학교 교육이 발전하면서 사람들은 아이가 인생을 바로 시작하기에는 준비가 되어 있지 않으므로 어른이 되기 전에 일종의 검역과 같은 특수 처방이 필요하다는 것을 인정하게 되었다. 더불어 가족은 자녀들의 영혼과 육체의 발전을 중요시하게 되었고, 평등한 자녀 양육이 강조되었다. 장남만 특별대우를 받는 일은 점차 사라지고 모든 자식들이 교육 받고 또 미래를 준비할 수 있도록 힘썼다. 물론 이 준비는 학교를 통해 이루어졌다. 전통적인 견습 도제 제도는 학교로 대체되고 엄격한 규율에 의해 보호받게 되었다. 17세기 학교의 발달은 아동 교육에 대한 부모들의 새로운 관심이 빚어낸 결과였다. 도덕론자들은 이제 아이를 낳는 것보다 기르는 것, 즉 제대로 교육시키는 것이 더 중요하다고 말하기 시작했다.

가족과 학교는 이제 아이들을 어른의 세계로부터 분리시켰고 대신 아이들을 엄격한 규율 속에서 통제했다. 19세기의 아동은 기숙사에 감금되었다. 학교는 통상 범죄자들에게나 가해졌던 매질과 체벌을 아이들에게 가했는데, 이러한 엄격함에도 다른 감정이 개입되었다. 즉 강박적인 사랑이다. 그래서 사랑의 매라고 했던가?

이러한 변화 속에서 근대 가정이 탄생했다. 그것은 무엇보다도 애정의 공동체이자 행복의 보금자리이며, 타인이 침범할 수 없는 성채와 같은 곳이 되었다. 중세에는 가족이라는 개념이 그리 중요하지 않았다. 그보다는 마을 공동체가 훨씬 강한 영향력을 행사했다. 예를 들어 부부간의 성과 애정 문제 같이 오늘날에는 당연히 가정 내부의 일로 여겨지는 일도 이 시기에는 누구나 간여할 수 있는 일이었다. 결혼 후 애가 없는 여인이나 낯선 외부인과 결혼한 과부, 나이 차가 많이 나는 결혼 등은 축제 기간을 통해 잔인한 놀림거리(샤리바리)가 되었다. 심지어 신혼 초야에 마을 사람들이 신혼부부를 도와주기 위해 같은 방에서 동침했을 정도였으니, 사생활의 개념 자체가 존재하지 않았다고 볼 수 있겠다. 이런 점에서 근대적 가정의 탄생은 프라이버시의 존중과 동행한다.

집의 구조도 변화했다. 중세 건축을 보면 농민이건 영주건 개인의 생활을 보호하는 공간이란 없었다. 먹는 곳과 일하는 곳, 잠자는 곳은 언제나 같은 공간이었다. 그러나 19세기에 이르러 공간은 전문화되어 침실, 식당, 거실, 복도 등이 생겨났다. 더불어 시도 때도 없이 남의 집을 방문하는 관행도 사라져서 약속 없이 타인의 집을 방문하는 것은 무례까지는 아니더라도 불편함을 주는 행위로 간주되기 시작했다.

식구들에 대한 호칭에도 변화가 나타났는데, '부인'이라는 구식 호칭이 사라지고, '사랑하는 엄마', '내 새끼', '우리 아들, 우리 딸'과 같은 친밀하고 내밀한 호칭들이 나타났다. 이는 새로운 부모 자식 사이의 관계, 그들의 유대감과 친밀감의 표현이자 가족과 외부인을 구별하려는 욕구의 표현이었다. 아마도 서구 사회에서 전통적인 인구 증가 경향에 제동을 건 한 요인도 이러한 가족 의식이었을 것이다. 교육이 중요시되면서 미래를 책임질 수 없는 너무

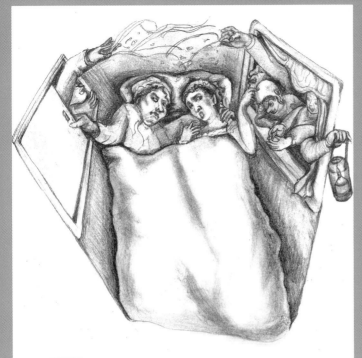

　　　　　중세에는 가족이라는 개념이 그리 중요하지 않았다. 그
보다는 마을 공동체가 훨씬 강한 영향력을 행사했다. 예를 들어 부부간의 성
과 애정 문제 같이 오늘날에는 당연히 가정 내부의 일로 여겨지는 일도 이
시기에는 누구나 간여할 수 있는 일이었다.

19세기에 이르러 근대적 가족은

승리의 기쁨을 만끽했다. 그들의 승리란

'가정을 중심으로 한 개인주의'의 승리였다.

많은 수의 아이는 확실한 부담이었을 것이고, 결국 고의적이고 자발적인 산아 제한 움직임, 더불어 피임에 대한 요구가 확산되었다.

19세기에 이르러 근대적 가족은 승리의 기쁨을 만끽했다. 그들의 승리란 개인주의, 더 정확히 말하면 '가정을 중심으로 한 개인주의'의 승리였다. 내 가정, 내 집, 내 아이, 내 아내가 삶의 가장 중요한 단위가 되었고, 집집마다 가족의 초상화—사진이 발명된 이후에는 가족사진—한 점으로 거실을 장식하는 것이 유행이 되었다. 가족사진, 그것은 서로 사랑하는 부모가 소수의 아이를 낳아 잘 기르고, 그 가족끼리 애틋한 행복의 터전을 지켜가고 있다는 근대적 가족 개념의 울림이다. 그것은 또한 사람과 사람 사이의 관계에서 어떻게 새로운 느낌이 만들어지고 또 사라지는가를 보여 주는 울림이기도 하다. 역으로 이러한 가정을 이룰 수 없는 상태는 곧 불행을 의미했다. 성냥팔이 소녀에게는 근대적 가정이 허용되지 않았다. 소녀가 불쌍하게 느껴지는 것은 이 때문이다. 소녀 스스로도 그 점을 느꼈을 것이다. 소녀가 진정으로 부러워하던, 꿈에서라도 갖고 싶었던 것은 바로 화목한 가정이 아니었던가?

하늘나라에 간 성냥팔이 소녀는 그토록 갈망하던 화목한 가정을 갖게 되었을까? —그런데 빨간 구두를 신고 끔찍한 벌을 받았던 카렌은 하늘나라에 올라가서는 마음 놓고 빨간 구두를 신고 다니려나?

Re-thinking history

이 민족주의는 현대 세계에 강력한 영향력을 행사하는 힘 가운데 하나이다. 그것은 때로 경제적 동기와 맞물려서, 때론 종교적 성격을 가미해서, 또 대개는 정치적, 군사적 형태를 띠고 표출된다. 우리의 경우에도 '과거 청산'이나 '동북 공정', 혹은 '독도 문제'와 같은 뜨거운 이슈들이 제기될 때마다 민족주의가 예외 없이 영향력을 행사하고 있다.

30 민족주의의 시대
상상의 공동체, 애국심을 강요하다

    아주 먼 옛날, 사람이 되고 싶었던 곰 한 마리와 호랑이 한 마리가 있었다. 왜 이 동물들이 기어이 사람이 되고 싶었는지는 잘 모르겠지만, 어쨌든 그들은 누군가가 알려준 정보대로 동굴 속에 들어가 쑥과 마늘만 먹고 인간되기 실험에 참여했다. 육식 동물인 이들이 마늘과 쑥만 먹으며 동굴 속에 틀어박혀 있기는 쉽지 않았을 테지만 동면을 하는 곰이 아무래도 호랑이보다는 유리했다. 결국 호랑이는 포기했고, 곰은 시험을 통과하여 웅녀가 되었다. 이 곰 여인을 하느님의 아들인 환웅이란 친구가 부인으로 맞이했고, 웅녀는 아들을 낳았으니 그가 곧 단군이다. 한민족의 조상이라고 일컬어지는 단군은 몸 안에 곰의 DNA를 갖고 있을지도 모를 일이다. 그리고 우리가 모두 단군의 자손들이라면, 기분이 나쁠 수도 있겠지만―물론 내 조상이 원숭이라고 생각하는 것도 썩 기분 좋은 것은 아니다―우리에게도 곰 같은 구석이 있을 것이다. 그렇다면 '미련 곰탱이 같은 어쩌구'라는 욕은 가능하면 자제하는 것이 좋겠다. 조상 욕이 될 수도 있으니까.

그렇다. 우리는 단군의 자손들이다. 그리고 백의민족이며 단일민족이다. 영토의 지정학적 위치 때문에 비록 수많은 외침을 받아왔지만 단 한 번도 굴복하지 않은 은근과 끈기를 자랑하는 민족이다. 유관순 누나와 성웅 이순신 장군을 존경하며 한강의 기적과 월드컵 4강 진출의 신화를 이루어낸 제법 훌륭한 민족이다. 그래, 민족은 하나다. 민족은 단결해야 옳으며 민족의 하나 됨을 방해하는 요소들은 민족성을 박탈당하거나 배제되어야 마땅하다.

이상은 어릴 적부터 들어왔던 '우리 민족'에 대한 보편적인 담론이다―'우리'라는 표현은 새로 전학 온 친구에게 "너, 우리랑 놀래?" 내지는 초등학생들의 놀이에서 "우리 편과 너희 편"을 가를 때 쓰이는 그 '우리'와 똑같다― 여기에서 우리는 민족에 대해 몇 가지를 짐작할 수 있다. 먼저 개인 혼자서는 결코 민족이 될 수 없다. 둘째, 민족은 개인이 아닌 다수의 집단이므로, 그것이 하나의 민족일 수 있기 위해서는 어떠한 공통점, 예를 들어 혈연, 언어, 문화, 공통의 경험과 공통의 역사와 같은 것들이 필요하다. 민족이란 보통 '국민'과 동의어로 사용되지만, 주로 혈연적 공동성, 문화적 공동성, 다른 집단과는 구별되는 하나의 전통에 대한 귀속 의식, 즉 '민족의식'이라는 주·객관적 요인들에 바탕을 둔 전체 사회 속의 한 기초 집단을 뜻한다. 그리고 이러한 민족을 강조하고 그 통일성을 강화하며 그래서 민족의 우수성을 믿고 떠받드는 운동이자 이데올로기를 '민족주의'라고 한다. 이 민족주의는 현대 세계에 강력한 영향력을 행사하는 힘 가운데 하나이다. 그것은 때로 경제적 동기와 맞물려서, 때론 종교적 성격을 가미해서, 또 대개는 정치적, 군사적 형태를 띠고 표출된다. 우리의 경우에도, '과거 청산'이나 '동북 공정', 혹은 '독도 문제'와 같은 뜨거운 이슈들이 제기될 때마다 민족주의가 예외 없이 영향력을 행사하고 있다.

'이차적 이데올로기'인 민족주의는 보수주의, 자유주의, 사회주의 등 주요한 이데올로기들과 유연하게 결합될 수 있다. 그런데 여기에서 잊지 말아야 할 것은 민족이란 어느 날 갑자기 하늘에서 툭 떨어져 내려왔거나 땅에서 불쑥 솟아오른 것이 아니란 점이다. 현재 우리가 알고 있는 민족은 예외 없이 역사적으로 만들어진 것들이다. 민족과 민족주의는 명백히 근대적인 현상이다. 그러나 민족은 무에서 창출된 것이 아니며 보통 근대 이전 시기인 '인종 ethnie'에 뿌리를 두고 있다. 그러나 민족은 상대적으로 최근의 구성물로서 일종의 '상상의 공동체'이다. 우리가 알고 있는 민족의 전통들이란 실상 최근에, 특히 19세기 후반 이후에 만들어졌다. 그러한 전통 중에는 어느 순간에 완전히 '날조된' 것이 있는가 하면 ─예를 들어 스코틀랜드 남성들의 전통 의상인 체크무늬 치마바지 퀼트에 관한 것—그 기원을 따지기 어려울 정도로 '유구한' 것으로 생각되지만 실상 그것이 전통으로 확립된 시점이 추정 가능한 것들도 있다.

유럽의 민족주의는 19세기에 만들어졌다. 유럽은 영국과 프랑스를 제외하면 오랫동안 지리적으로나 문화적으로 통일되지 못했고, 특정 영역의 거주민들을 하나로 묶어줄 정치적 통일체도 존재하지 않았다. 만일 17세기에 조선인이 오늘날의 독일이나 이탈리아를 여행한다면 그 여행자는 결코 독일인과 이탈리아인을 만나지 못했을 것이다. 대신 작센인^{Sachsens}*이나 베네치아인을 만날 수 있었을 것이다. 그러나 민족주의는 바로 이러한 곳들에서 더 강력히 분출되었다.

＊독일 동부, 체코 및 폴란드의 국경 근방에 위치한 작센 주^州는 1423년 베티너^{Wettiner}가의 봉토로 시작하여 1806년 작센 왕국이 되었다. 1815년 나폴레옹 편에 가담했다는 이유로 1815년 프로이센에게 영토의 절반을 할양하였고, 1918년까지 베티너가의 왕국으로 존속하다가 2차 대전 후 동독 치하에서는 한때 주가 해체되었으나, 1990년 다시 부활하였다.

나폴레옹의 전쟁이 바로 그 계기가 되었다. 독일의 철학자 피히테^{Johann Gottlieb Fichte, 1762~1814}는 프랑스 혁명을 인간 정신의 해방을 가져온 사건으로 환영했지만 프랑스의 독일 지역 정복에는 반대했다. 그는 개인보다 전체를 강조했고, 1808년 '독일 민족에게 고함'이라는 강연에서 독일의 정신을 예찬하면서 프랑스를 축출하자고 선동했다. 동시에 그는 낭만주의자였다. 이성을 신봉한 18세기의 계몽사상—즉 프랑스 혁명에 영향을 주었고, 프랑스 혁명은 다시 나폴레옹을 낳았다—과 달리 낭만주의는 감성을 중요시했고, 계몽사상이 암흑시대로 무시해버린 유럽의 과거, 특히 중세 시대를 예찬했다. 전통을 계승하고 과거를 예찬한다는 점에서 낭만주의는 민족주의와 연결되었다.

민족주의 운동에 영향을 받은 민족의식은 이제 국민 국가의 건설로 실현되었다. 여기에서 네 가지 상이한 역사적 발전 과정을 구분할 수 있다.

1)단일 국가 속에서 민족 정체성을 획득하려는 국가 민족주의 State Nationalism : 영국, 프랑스, 네덜란드, 스웨덴, 덴마크 등이 이에 속한다.

2)공동의 문화가 정치 구조에 선행하면서 민족 운동과 중심 국가가 결합한 통합 민족주의 Unification Nationalism : 19세기의 이탈리아와 독일의 경우이다. 이탈리아에선 19세기 중반에 통일 운동이 일어났다. 삼면이 바다인 이 반도 역시 외세의 개입이 많았고, 로마 제국의 몰락 이후 단 한 번도 통일된 적이 없었으며, 롬바르디아 공화국과 베네치아는 오랫동안 오스트리아의 지배하에 있었다. 그러나 1848년 이후 사르데냐 왕국 카부르의 주도하에 오스트리아 세력을 이탈리아에서 몰아내는 데 성공했고, 가리발디 Giuseppe Garibaldi, 1807~1882 의 '붉은 셔츠단' *이 이탈리아 남부를 통일하면서 하나의 이탈리아가 탄생했다. 그리고 이탈리아가 만들어졌으니 이제 이탈리아인을 만들 차례였다. 오랜 세월 서로 다른 체제에, 오랜 지방색에 길들여져 있던 이탈리아 반도의 거주민들이 한순간 하나의 국민으로 동질감을 느끼는 것은 국가를 통일하는 것과는 다른 문제였다. 공통의 경험을 만들어야 했다. 공통의 기초 교

* 니스에서 선원의 아들로 태어난 가리발디는 사르디니아 해군에 복무하던 중 청년 이탈리아당의 혁명 운동에 가담하였다가 1834년 관헌에 쫓겨 프랑스로 피신하였다. 프랑스에서 남미로 건너간 그는 리오그란데와 우루과이의 독립 전쟁에 참가하여 공을 세우기도 했다.
1848년 혁명 운동이 일어나자 귀국하여 의용군을 조직하고, 해방 전쟁에 참가했다. 이후 미국으로 망명을 떠났다가 1854년 귀국하여 카프레라 Caprera 섬에서 살았다. 이 무렵부터 공화주의에서 사르데냐 왕국에 의한 이탈리아통일주의로 전향, 1859년의 해방 전쟁에서는 알프스 의용대를 지휘하였고, 이듬해 5월에는 '붉은 셔츠대'를 조직하여 남이탈리아 왕국을 평정하고, 사르데니아 왕에 바침으로써 이탈리아 통일에 기여하였다.

육, 국방의 의무, 똑같은 제도들이 공통의 경험을 만들어내는 기제가 되었다. 독일의 통일은 프로이센의 철혈 재상 비스마르크의 주도하에 위에서 아래로 이루어졌다.

3)자치주의적 또는 분리주의적 민족주의^{Autonomist/Separatist} 를 Autonomist/Separatist Nationalism: 바스크, 바이에른, 카탈루냐, 플랑드르, 스코틀랜드, 웨일즈는 전자에, 발칸 국가들, 코르시카, 보헤미아, 헝가리, 에스토니아, 라트비아, 리투아니아 등은 후자에 속한다.

4) 주로 아프리카와 아시아에서 나타난 제국주의에 대한 반동, 또는 식민 본국에 대한 반감과 결합한 민족주의Afro-Asian Anti-imperialist Nationalism: 우리나라의 경우가 이에 해당한다.

우리나라에서 민족주의가 싹튼 것은 일제 강점기이다. 그런 점에서 우리의 민족주의는 외세로부터의 해방이라는 목적을 갖고 출발했다. 그리고 이러한 민족주의는 해방 이후 한국의 근대화 시기, 정치사적으로는 박정희 시대에 이르러 근대 국가의 발전을 정당화하는 기능을 수행했다. 이를 뒷받침한 것은 역사학, 민족 사관에 경도된 한국 사학이었다. 한국의 대학에서 한국사 연구가 본격적으로 발전하고, 각 대학에 국사학과가 생긴 것도 이 시기이며, 군인으로써 이순신이나 유관순과 같은 '민족'의 영웅이 부각되고 정형화되어 국민의 자긍심을 드높이게 된 것도 이 시기이다. 70년대와 80년대의 경제 발전도 민족적 정체성을 고양하는 데 한몫했고, 월드컵 4강의 '신화'도 비슷했다. 한마디로 이 정도면 훌륭한 민족이라는 거다. 그런데 그것만으로는 자긍심을 느끼지 못하겠다면, 내가 세상을 너무 비딱하게 보는 걸까. 하지만 맹목적인 민족의 예찬이 인류의 역사에서 얼마나 많은 슬픔과 눈물을 가져왔던가를 상기한다면, 민족과 민족주의가 어떻게 만들어졌는가의 문제를 외면해서는 안 될 것이다.

Re-thinking history

유럽인들은 자신들의 제국주의를 선전하면서, 이것이 먼저 진보를 이룬 백인의 숭고한 사명이라고까지 떠들었다. 영국의 시인 루디야드 키플링Joseph Rudyard Kipling, 1865~1936은 "절반은 악마이고, 절반은 어린이" 상태의 인종을 문명화시켜야 한다면서, 이러한 사명을 "백인의 짐"이라고 부추겼다.

"백인들이여, 짐을 져라."
환영 받지 못한 유럽의 민주화

19세기 후반에 들어서면서 산업화는 영국뿐 아니라 유럽의 보편적인 현상이 되었다. 특히 철강과 전기 분야에서 새로운 기술들이 개발되었고, 인구가 증가했으며, 전반적인 생활 수준도 높아졌다—물론 생활수준의 향상이 사회적으로 고른 것은 아니었다—주식회사가 등장했고, 기업은 점차 과학적으로 경영되었다. 그러나 이러한 발전은 국가 간의 경쟁을 야기했다. 유럽의 열강들은 원료 공급지와 시장을 확보하기 위해 직접적으로 대립하기 시작했다. 그러나 이러한 대립에도 불구하고 이제 국제 경제는 서로 긴밀하게 연결되었고—물론 오늘날만큼은 아니지만—공업과 금융업, 무역업은 지속적으로 성장했다. 특히 금융업은 제조업만큼이나 발전했는데, 유럽의 국가들은 보험이나 대출, 투자 등을 통해 상품이 아닌 자본의 수출을 활성화시켰다.

　저개발 지역도 이러한 세계 경제에 직·간접적으로 편입되기 시작했다. 인도나 중국으로부터 중앙아프리카에 이르기까지 유럽인의 발길이 닿지 않은 곳이 없었다. 이들 지역은 유럽의 근대 문명, 과학과 기술, 경제 및 정치 제도의 침투로 인해 심각한 변화를 겪어야 했다. 대체로 저개발 국가의 사람들은 서구 자본주의를 위해 미숙련 노동자의 역할을 해야 했다. 대한민국도 오랫동안 그러한 처지에 있었다.

　세계는 점차 '진보된' 자들이 '후진적인' 자들을 지배하는 세상, 즉 제국의 세계로 나아갔다. 1875년부터 1914년까지는 근대 세계사에서 공식적으로 스스로를 황제라 칭했던 지배자의 수가 가장 많았던 시기였다(영국, 독일, 오스트리아, 러시아, 터키, 영국 등). 이 제국들은 식민지 제국이었다. 자본주의 국가들은 경제적, 군사적 우위를 바탕으로 아프리카와 아시아 지역을 식민지화했고, 그 결과 20세기 초에 이르면 6개 나라가 지구의 약 1/4씩을 나눠가졌다. 직접적인 통치를 하지 않더라도 서구 열강은 식민지의 저항을 군사적으로 분쇄할 만큼 강력한 영향력을 행사했다.

　식민지 제국의 건설 과정은 국가 안보와 세력 균형과도 연관되어 발전했다. 1880년대 영국은 오스만(오토만) 제국*에 대한 러시아의 영향력을 우려하면서 이집트에 개입하기 시작했고 수에즈 운하를 사들였다. 이에 이집트에 대한 영국의 지배력이 증대하자 이

✽ 오스만 제국은 오늘날 터키의 전신이지만, 터키 민족의 단일 국가는 아니었다. 제국의 지배자인 술탄은 투르크 계열이고 언어도 페르시아어와 아랍어에서 변형된 터키어였지만, 그 구성원은 민족·종교에 관련 없이 다양한 출신으로 구성되었다.
시조인 오스만 1세가 아나톨리아(소아시아) 서북부에 세력을 확립하여 1299년 왕조를 개창했고, 14~15세기에 크게 번성했다가 서서히 쇠약해졌다. 오스만 제국은 1922년 술탄제가 폐지되고 메메드 6세가 폐위되면서 공식적으로 해체되었다.

번에는 프랑스가 영국을 견제하면서 파쇼다 사건(1898)*을 일으켰다. 이러한 경쟁의 결과 아프리카의 경우 1902년에 이르면 영토의 90%가 유럽 국가들의 수중으로 넘어갔다. 물론 이 기간 동안 크고 작은 영토 쟁탈전이 벌어졌다. 앙골라에서, 소말리아와 에티오피아에서, 카메룬과 토고에서, 그리고 경제적으로 별 가치도 없는 서남아프리카 지방 등에서까지 충돌이 벌어졌다.

아시아와 인도도 유럽의 이러한 땅따먹기 경쟁을 위한 게임판이 되었다. 영국은 인도에서 패권을 장악한 후 식민 통치를 실시했고, 동남아시아에서도 프랑스와 네덜란드, 영국, 포르투갈 등이 경합했다. 여기에 뒤늦게 일본과 미국이 경쟁 대열에 합류했다. 미국은 주로 중남미 지역을 에스파냐의 낡은 통치로부터 빼앗아 자국의 영향력 아래 두었다. 1898년 필리핀이 미국에 합병되고, 쿠바가 보호령이 되었으며, 파나마 독립을 지원하는 척하면서 토지를 임대받아 운하를 건설하고 내정에 개입했다.

몇 안 되는 서구 국가가 세계를 분할하면서 강자와 약자, 진보된 자와 후진 자가 분리되었다―그리고 곧 후진에서 벗어나려는 '개발도상국'들을 보게 될 것이었다―유럽인들은 자신들의 제국주의를 선전하면서, 이것이 먼저 진보를 이룬 백인의 숭고한 사명이라고까지 떠들었다. 영국의 시인 루디야드 키플링Joseph Rudyard Kipling, 1865~1936**은 "절반은 악마이고, 절반은 어린이" 상태의 인종을 문명화시켜야 한다면서, 이러한 사명을 "백인의 짐White man's

* 19세기 후반 아프리카 대륙에서 세력 확대에 열을 올리던 프랑스는 1898년 7월 마르샹Jean-Baptiste Marchand 대령 지휘하에 이집트·수단 남부의 나일 계곡에 있는 파쇼다에 도착하여 프랑스 국기를 게양하였다. 이에 영국의 키치너Horatio Herbert Kitchener 장군은 수단 지방으로 남하하여 동년 9월 2일 하르툼을 점령하였다. 9월 19일 키치너는 파쇼다에서 마르샹에게 철퇴할 것을 요구하였으나 불응하여, 결국 양국의 외교적 절충 문제로 위임되었다. 양국의 관계가 긴장되었으나 이듬해 영국이 이집트를, 프랑스가 모로코를 각각 세력 안에 두기로 하고 타협하였다.

** 《정글북》의 저자로 잘 알려진 키플링은 1865년 인도 봄베이에서 예술가이자 건축가인 존 로크우드 키플링과 앨리스 맥도널드 사이에서 태어났다.
〈백인의 짐〉으로 알려진 그의 시는 1899년 미국의 필리핀 지배를 찬동하면서 발표한 것으로, 설사 원망과 비난의 대상이 될지라도 야만을 개화시키는 것은 진보한 백인의 고귀한 의무라고 역설하면서 백인의 인종적 편견과 우월감을 가감 없이 드러냈다.

몇 안 되는 서구 국가가 세계를 분할하면서 강자와 약자, 진보된 자와 후진 자가 분리되었다. 유럽인들은 자신들의 제국주의를 선전하면서, 이것이 먼저 진보를 이룬 백인의 숭고한 사명이라고까지 떠들었다.

세계는 점차 '진보된' 자들이
'후진적인' 자들을 지배하는 세상,
즉 제국의 세계로 나아갔다.

burden" 이라고 부추겼다.

　이 시대에 제국들은 민주화의 문제에 부닥쳤다. 민주주의의 전면에 인민대중*이 등장했던 것인데, 이들은 대개 가난했다. 가난한 자들과 부유한 자들의 이해관계는 분명 달랐다. 따라서 인민대중의 정치 참여는 지배 계급의 기득권 훼손을 의미했다. 1870년 이후 유럽 국가들의 민주화는 불가피해졌다. 지배 계급은 결코 달가워하지 않았지만, 민주주의는 혁명을 방지하는 수단이기도 했다. 문제는 이들을 어떻게 조작할 것인가였는데 그 해답은 바로 의회 민주주의와 사회 복지였다. 이를 통해 계급적 성격의 운동을 체제 내로 흡수시켰고, 또한 제국의 식민지 정복, 군사적 승리감 같은 낡은 도발 등을 활용한 전통의 창조를 통해, 좀 더 나중에는 대중적 시장과 소비문화, 상업적 오락 등을 통해 불만을 잠재울 수 있었다. 유럽인들에게 이 시기는 힘의 절정에 달한 시기, 그래서 상대적으로 행복한 시기였다. 하지만 누군가의 행복은 다른 누군가의 불행일 수 있다는 말이 제국의 시대만큼 잘 어울리던 때도 없었다.

＊ 역사의 주체, 사회적 운동의 주체인 모든 계급과 계층을 통틀어 이르는 말

Re-thinking history

·
·
·

양차 대전은 인류의 역사에 씻을 수 없는 흔적을 남겼다. 인간은 마치 물 만난 물고기 마냥 잔인성과 폭력성을 맘껏 분출시켰다. 이성 적이고 합리적인 인간이라는 앞선 세기의 모든 사상과 관념은 전혀 근 거 없는 헛소리였던 것처럼 느껴졌다. 아우슈비츠 수용소나 원자 폭탄 을 맞은 히로시마 앞에서 인간이 어찌 동물보다 낫다고 주장할 수 있 겠는가.

32 전쟁으로 시작한 20세기

    그러나 언제나, 행복이란 꿈일 뿐이다. 행복한 시기가 있으면 상대적으로 그보다 못한 시기가 있게 마련이다. 하지만 유럽에 찾아온 불행은 상대적으로 앞선 시기보다 못한 정도의 것이 아니었다.

    1914년 여름 긴 전쟁의 그림자가 유럽에 드리우기 시작했다. 문제는 동유럽이었다. 이 지역이 안고 있는 문제는 20세기 말에도 끔찍한 결과를 초래할 정도로 뿌리 깊었다. 제1차 세계대전은 오스트리아 대공 페르디난드—그는 오스트리아 제국의 황제 계승자였다—가 사라예보에서 암살당한 사건에서 비롯되었다. 범인은 보스니아 출신의 세르비아계 학생인 가브릴로 프린키프였다. 오스트리아는 이를 제국에 대한 공격으로 간주하고 세르비아 정부에 선전포고했다. 발칸 반도의 상황에 무관심할 수 없었던 러시아가

즉각 세르비아 편을 들었고, 러시아의 뒤에는 프랑스가 있었다. 이어 독일이 러시아와 프랑스에 최후통첩을 보냈고, 이 사이에 영국이 연합국 편으로 끼어들었다. 8월 일본은 영국과의 동맹 조약을 빌미로 독일에 선전 포고했고, 터키는 독일 편에 서서 러시아를 공격했다. 이탈리아는 1915년 5월까지 눈치를 보다가 러시아, 프랑스, 영국(삼국협상) 편에 가담했다. 사라예보 암살에 뒤이은 5주간 거의 전 유럽이 이 전쟁에 가담하게 되었다.

전쟁은, 언제나 그렇듯이, 끔찍했다. 총력전의 양상을 띤 이 전쟁에서 소외된 사람은 없었다. 각국의 정부는 이 전쟁을 숭고한 전쟁으로 선전했다. 사회주의 제2인터내셔널*이 전쟁에 반대하긴 했지만, 이념보다 국적의 힘이 더 컸다. 정부는 자유, 정의, 약자의 보호와 같은 온갖 정의로운 대의명분을 전쟁에 갖다 붙였다. 독일은 자국민에게 이 전쟁이 우월한 민족의 십자군이라고 과대 광고했고, 반대쪽에서도 이를 사악한 군국주의에 대한 민주주의의 성전이라고 떠들어댔다.

많은 젊은이들이 몽롱한 상태에서 '조국을 위해 목숨을 바치라' 또는 숭고한 대의를 위해 전선으로 떠났다. 군 입대를 영광으로 생각하지는 않았지만—이는 예나 지금이나 똑같다—군복은 멋있었고, 사내다운 우월감을 주었으며, 여자들에게도 인기가 있었다. 군대는 지배 계급에게는 노동 운동이나 기타 대중 운동을 통제하기 위해 국민의 충성심에 호소하는 수단이기도 했다. 동시에

* 1889년 7월 프랑스 혁명 100주년 기념일에 파리에서 설립된 국제노동자단체. "만국의 노동자여, 단결하라"고 주문했던 마르크스의 동료 엥겔스가 기본 이론을 제공했고, 각국의 사회주의 정당, 노동조합 등이 대단히 느슨한 형태로 연합 단체를 결성했다. 그러나 마르크스주의가 세계 노동 운동의 주류를 점하게 되면서, 제2인터내셔널은 설립 후 10년 동안 노동 운동의 확대에 주도적 역할을 담당하게 되었다. 20세기에 들어서면서는 점차 교조적인 마르크스주의 노선을 포기하고 개량주의의 경향을 띠었다. 이 국제기구가 붕괴된 결정적인 요인은 제1차 세계대전에 대한 그들의 태도였다. 러시아의 볼셰비키당을 제외하고 각국의 단체들은 각자 자국의 전쟁 수행에 협력했다. 계급의 이익보다는 조국애의 힘이 더 강했음을 입증하는 순간이었다.

군대는 국민을 통합하는 훌륭한 기제였다. 국민 의무병제가 실시된 곳에서 군대는 젊은 남성들에게 군사 훈련 외에도 짬밥이나 축구와 같은 공통의 경험과 유대감을 심어 주었다―해병대 전우회를 상상해보면 된다―이탈리아에서 군대는 가난한 남부 지역 음식인 스파게티를 전국적인 음식으로 만들어 주었다.

독일은 이미 1905년에 수립한 전략에 따라 신속하게 프랑스로 진격했지만 고지가 바로 앞에 보이는 상황에서 멈추고 말았다. 이후 지루한 전투가 계속되었다. 제1차 대전은 소모전이었는데, 특히 스위스에서 북해에 이르는 서부전선에서는 아예 철조망으로 둘러쳐진 병사들의 '참호 마을'이 생겨났다. 왜 싸우는지 이유를 잊게 할 만큼 지루한 참호전이 계속되었다. 참호 속의 생활은 끔찍했다. 하루 이틀도 아니고 3년에 걸쳐 습기가 차오르는 지저분한 참호 속에서 병사들은 쥐와 동거하며 불쾌감, 공포, 독가스와 벌레에 맞서 싸웠다. 서부전선은 죽음의 전선이었다. 1916년 2월부터 7월까지 벌어진 베르됭 전투에서 독일군은 100만 명을 잃었다. 영국의 솜^{Somme}강 공세 때는 공격 첫 날 6만 명이 기관총 세례를 받고 죽었다. 이 전쟁에서 살아남은 자들은 전쟁 혐오자 내지 반전주의자가 되거나 아니면 아예 미쳐버렸다. 이 미친 자들 중에는 전사로서의 자신감에 충만해서 스스로를 위대한 사명을 자긴 자로 착각한 히틀러와 같은 인물도 있었다.

제1차 대전은 새로운 군비 경쟁의 실험장이기도 했다. 각국은 산업화로 인한 신기술의 발전이 전쟁에서 중요한 의미를 가질 것이라고 믿었고, 군비 확충에 놀라운 열정을 보여 주었다. 화기와 포탄, 엔진의 성능이 개선되었고, 놀라운 능력의 전함과 탱크가 만들어졌다. 국가들은 다른 나라에 뒤처지지 않기 위해 경쟁했고, 많은 돈을 쏟아부었다. 밑 없는 독에 물 붓는 식으로 군사비 예산은 꾸준히 증가했다. 그 결과 거대 군수품 생산과 관련된 거대 산업이 발전했고, 정부와 공생관계를 형성했다. 군수 산업은 자본주의 사회에서 유일하게 수요 공급의 시장원리에서 자유로웠다. 당장의 수요에 의해 공급이 이루어지는 것이 아니었기에 군수품에 적정량이란 존재하지 않았다. 그것은 일종의 허수의 경제학이었고, 19세기 후반부터 오늘날에 이르기까지 가장 잘 나가는 사업이 되었다.

1918년에 이르러 전쟁의 향배는 분명해졌다. 10월 터키가 항복했고, 오스트리아는 분열했다. 독일의 국내 사정도 전쟁의 고통 속에 내전 상태에 이르게 되어, 카이저^Wilhelm II, 1859~1941*의 퇴위를 요구하는 혁명이 발발했다. 독일은 공화국이 되었고, 새로운 지도자들은 평화 협상에 나섰다. 패전의 대가는 가혹했다. 독일은 승전국에게 손해 배상을 해야 했고, 오스트리아-헝가리 제국은 와해되어 여러 민족들의 자치가 허용되었다. 승전국은 독일이라는 과일의 과즙을 마지막 한 방울까지 짜낼 기세였다. 그 결과 베르사유에서 14개 조항의 강화 조약이 체결되었다. 독일은 완전 항복을 선언하

✱ 빌헬름 2세를 일컫는다. 독일의 황제이자 프로이센의 왕으로 적극적인 해외 진출을 도모했다. 그 결과 독일은 국제적인 고립에 이르렀고, 계속되는 퇴위 요구에 1918년 퇴위하여 네덜란드로 망명하였다.

패전의 대가는 가혹했다. 독일은 승전국에게 손해 배상을 해야 했고, 오스트리아-헝가리 제국은 와해되어 여러 민족들의 자치가 허용되었다. 승전국은 독일이라는 과일의 과즙을 마지막 한 방울까지 짜낼 기세였다.

고 무장 해제되었다. 벨기에는 원상회복되고, 알자스-로렌은 프랑스의 땅이, 프로이센 서쪽은 폴란드 땅이 되었다. 제1차 대전 중에 발생한 최대의 변수는 러시아에서 수립된 볼셰비키 정권이었는데, 승전국은 러시아 혁명의 확산을 저지하고자 했고, 러시아 주변에 '반공'의 벽을 세우고자 했다. 핀란드에서 발트해 연안의 에스토니아, 라트비아, 리투아니아, 그리고 폴란드와 루마니아는 혁명 러시아와 유럽 사이의 방벽이었다. 유럽의 화약고인 발칸 반도에서도 이 지역 사정에 별 관심이 없던 승전국의 지도자들에 의해 새로운 국경선들이 그려졌다. 세르비아와 슬로베니아, 크로아티아 몬테네그로가 합쳐져 유고슬라비아가 되었고, 체코와 슬로바키아가 합쳐져 체코슬로바키아가 탄생했다. 민족 자결의 원칙에 입각했다고 선전했지만, 이 결정은 하나의 재난이었다. 그것은 결코 민족 자결의 원칙에 충실하지 못했고, 발칸의 불씨는 20세기 말까지 꺼지지 않았다. 마지막으로 승전국들은 전쟁의 재발을 방지하기 위한 장치인 국제 연맹을 고안해냈다. 그러나 이 기발한 착상은 결국 실패했고, 유럽은 20년 뒤 더욱 처참한 전쟁에 돌입했다.

제1차 대전 후 유럽의 상황 전개는 여러모로 흥미롭다. 이탈리아는 전쟁의 전리품에 불만을 터뜨렸다. 한마디로 자기 몫이 너무 적다는 것이었다. 이미 오랜 남북문제(산업화된 부유한 북부와 가난한 농업 지대인 남부)로 인한 어려운 국내 상황과 별 소득도 없이 진만 뺀 제국주의 정책으로 인해 이탈리아는 전후 혁명적 상황에 들어섰다. 사회주의 운동이 활발해졌고, 노동자와 농민들은 자본가와 지주들을 위협했다. 이러한 상황에서 지배 계급들은 사회주의보다는 전체주의가 덜 위험하다고 판단하게 되었다. 이제 무솔리니가 이끄는 파시스트 민병대 '검은 셔츠단'*이 로마로 진군하여 정부를 전복했고, 국가와 민족을 최우선시하는 파시즘 정권을 수립했다. 독일에서는 전후 수립된 바이마르 공화국이 히틀러의 나치당(정식 명칭은 독일 국가사회주의 노동당)에 의해 무너졌다. 히틀러는

* 1919년 3월 베니토 무솔리니의 주도로 결성된 파시스트당의 전위 활동대. 유니폼으로 검은 셔츠를 입고 다녔기 때문에 붙여진 이름이다.

유대인과 공산주의자에 대한 증오심과 패전에 대한 배신감을 부추기며 강력한 지도력을 강조했고, 그의 이러한 주장은 패전 이후 엄청난 배상금으로 상처를 입고 일련의 경제 위기로 허덕이던 독일인들을 현혹시켰다. 1933년 3월 제3제국이라는 괴물의 탄생을 목도한 이들 가운데 몇 년 후 히틀러라는 이 미치광이가 인류사에 끔찍한 재앙을 안겨줄 것임을 예상한 사람은 거의 없었다. 독일의 전체주의는 인종주의를 노골적으로 주장하며 유대인 학살을 자행했고, 결국 두 번째 세계대전을 촉발시켰다. 제2차 대전은 유럽뿐 아니라 아프리카에서 태평양에서, 그야말로 전 세계를 무대로 벌어졌다. 독일과 일본은 정말이지 타협을 모른 채 끝까지 싸우고자 했다. 결국 이 대전은 전쟁을 종식시키기 위해서라면 다른 나라 국민들의 생명은 그다지 중요하지 않다고 생각하던 한 참전국이 그간의 군비 경쟁의 결정판이었던 핵폭탄을 투하함으로써 끝나게 되었다.

양차 대전은 인류의 역사에 씻을 수 없는 흔적을 남겼다. 인간은 마치 물 만난 물고기 마냥 잔인성과 폭력성을 맘껏 분출시켰다. 이성적이고 합리적인 인간이라는 앞선 세기의 모든 사상과 관념은 전혀 근거 없는 헛소리였던 것처럼 느껴졌다. 아우슈비츠 수용소나 원자 폭탄을 맞은 히로시마 앞에서 인간이 어찌 동물보다 낫다고 주장할 수 있겠는가. 그러나 놀랍게도 인간은 이러한 비극을 겪으면서도 살 수 있었다. 제2차 대전 후 몇 십 년 동안 서방의 경제는 황금시대를 맞이했다. 전쟁은 19세기 자본주의가 야기한 사회 경제적 문제들을 사라지게 했다. 게다가 정치적으로 민주주의가 확실한 힘을 받게 되었다. 전체주의는 해로운, 아니 위험천만한 체제로 간주되었고, 민주주의는 그 대척점에서 인간 사회가 가질 수 있는 최선의 체제로 우뚝 서게 되었다. 그러나 시야를 좁게 가져서는 안 된다. 서구 세계의 이러한 발전 뒤에는 비서구 세계의 드러나지 않는 고통들이 자라고 있었다. 전쟁은 흔히 제3세계라 불리는 지역인 한국, 베트남 그리고 중동 지역으로 그 싸움터를 옮겨갔다.

Re-thinking history

·

·

·

반공 이데올로기가 지배했던 70년대 한국에서도 상황은 크게 다르지 않았다. 당시 초등학생들은 매년 6월이 되면 "오랜만에 오신 삼촌, 간첩인가 다시 보자"와 같은 반공 표어를 만들어 내느라 머리를 싸맸고, 온통 붉은 색으로 칠해진 반공 포스터를 그렸다. 그래서 여름이면 교실 벽은 언제나 빨간색으로 치장되었다.

3.3 냉전의 시대
007 제임스 본드, 새로운 임무를 기다리며

007 제임스 본드는 예수님 다음으로 영화 속에서 장수한 캐릭터이다. 1962년에 처음 등장한 이 영국 스파이는 한동안 갖은 신무기로 무장한 채 고성능 애스턴 마틴 스포츠카를 타고 다니며 뭇 여성들을 울렸다. 복도 많은 놈이라고 생각할지 모르지만 그런 제임스본드도 한동안 실업 상태에 머무른 적이 있었는데, 바로 베를린 장벽이 무너지고 소비에트 연방이 공산주의를 포기하겠다고 선언한 직후였다. 이후 새로운 적들, 예를 들어 《007 어나더 데이》^{Die Another day}에서 등장하는 북한의 강경파 장교와 같은 뉴 페이스를 발견하기 전까지 개점휴업 상태에 있던 본드는 런던의 어느 허름한 술집에서 마티니를 홀짝이며 자신의 화려했던 지난날들, 즉 냉전 시대를 그리워하고 있었는지도 모를 일이다.

제2차 대전이 끝나고 지구상의 세력 관계에 큰 변화가 찾아왔다. 과거의 강자였던 독일과 이탈리아, 그리고 일본은 당분간 세계 무대의 뒤편으로 사라졌고, 새로이 미국과 소련이 등장했다. 그 결과 1945년 이후 전 세계는 미국과 소련이라는 두 태양을 중심으로 돌게 되었다. 그런데 이 두 개의 머리는 서로를 두려워하고 경멸했다. 그래서 누가 1인자인지를 확인하기 위한 무한 경쟁에 돌입했고 이 경쟁은 지구를 떠나 우주에서까지 치러졌다.

1957년 10월 4일 인류 역사상 처음으로 소련의 인공위성 스푸트니크 1호가 우주로 발사되었고, 이로부터 시작된 우주 개발은 당시 냉전 상태에 있던 미소 양국 간의 자존심을 건 우주 개발 경쟁으로 이어졌다.

1957년 10월 스푸트니크 충격 이후 미국은 최초의 유인 우주 비행만은 러시아를 앞서겠다고 다짐했고, 서둘러 항공우주법을 만들고 항공우주국(NASA)을 설립하면서 준비에 박차를 가했다. 그러나 미국에서 유인 우주선 발사 계획(머큐리 계획)을 추진하고 있다는 첩보를 입수한 러시아의 수상 흐루쇼프는 스푸트니크에 이어 다시 한 번 미국의 코를 납작하게 만들고자 했고, 1958년 말 유인 우주선 보스토크(러시아어로 '동쪽'이라는 뜻) 계획을 급히 수립했다. 우여곡절 끝에 1961년 4월 12일 오전 9시 유리 가가린을 태운 최초의 유인 우주선 보스토크호가 발사되어 지구 한 바퀴를 돌고 무사 귀환했다―물론 가가린이 우주에서 한 일은 별로 없다.

미국은 20여일 뒤 우주 비행이라고 하기엔 애매한 15분짜리 비행에 성공했다. 미국이 최초로 지구 궤도를 돈 것은 1962년 2월 20일 존 글렌이 탑승한 프렌드십호에 의해서였다. "우정"은 4시간 55분 동안 지구를 3바퀴 돌면서 러시아의 뒤를 좇았다. 그러나 러시아는 미국의 추격을 멀찌감치 떼어놓고, 1961년 8월 6일 보스토크 2호(25시간 18분 비행. 지구 궤도 16회 비행), 1962년 보스토크 3호와 보스토크 4호의 우주 랑데부, 최초의 여성 우주 비행(발렌티나 테레슈코바), 심지어 첫 우주 비행사 커플의 결혼 등에 성공했다.

1960년대는 우주 시대였다. 이 시기에 러시아는 1인승 보스토크(1961~1963)에 이어, 2인승 보스호드(1964~1966), 3인승 소유즈(1968~현재)를 개발했고, 미국은 1인승 머큐리(1961~1963), 2인승(1965~1966), 3인승 아폴로(1968~1972)를 개발했다. 러시아의 꽁무니를 쫓기에 바빴던 미국이 러시아를 앞선 것은 1969년 닐 암스트롱 외 2인을 태운 아폴로 11호가 달에 착륙하면서였다. 길고 긴 우주 경쟁은 1975년 7월 17일 아폴로 18호와 소유즈 19호의 도킹으로 일단 막을 내렸다. 두 나라 모두 엄청난 비용을 쏟아야 했던 우주 경쟁을 감당하기에 벅찼던 것이다.

이 경쟁은 사실 같은 학급에서 1, 2등을 다투는 종류의 경쟁과는 달랐다. 그것은 보이지 않는 전쟁이었다. 제2차 대전이 끝나자마자 인류는 제3차 대전을 준비하고 있는 것처럼 보였고, 사람들은 항상 그 가능성을 염두에 두고 있었다. 1949년 미국의 뒤를 이어 소련이 핵무기를 개발한 이후, 전쟁이 일어나면 이 무시무시한 무기로 인해 서로가 완전히 파괴될 것이라는 것이 명백했기에 어느 쪽도 전쟁을 시작하려 하지 않을 것이 분명해졌다. 하지만 핵 위협은 여전히 유효했다. 어느 쪽도 전쟁을 불사하지는 않으리라는 판단 하에 양측은 핵 위협 제스처를 자주 써먹었다. 1962년의 쿠바 미사일 위기는 결정적이었다. 1959년 쿠바에서 수립된 혁명 정부에 대해 미국은 중앙정보국을 중심으로 모든 압력을 가하기 시작했고, 이에 맞서 쿠바는 1962년 9월 '소련-쿠바 무기원조협정'을 체결하고 소련의 미사일 도입을 결정했다. 그해 미국은 쿠바가 중거리탄도미사일 발사대를 건설 중인 것을 확인했고, J. F. 케네디 대통령은 소련이 서방에 핵공격을 가할 수 있는 기지를 쿠바에서 건설 중이라고 공표한 후 즉시 쿠바에 대한 해상 봉쇄 조치를 단행함과 동시에 소련에 공격용 무기 철거를 요구했다. 전 세계를 핵전쟁의 위기 속으로 긴박하게 몰고 간 이 사태는 미국이 쿠바를 침공하지 않겠다고 약속하고 소련이 미사일 철거의 뜻을 미국에 전하면서 해결되었다. 미국은 해상 봉쇄를 해제했고, 소련은 핵무기를 싣고 쿠바로 향하던 소련 선단을 소환했다. 이 사건을 계기로 1963년 미·소 간에 핫라인(hot line: 긴급통신연락선)이 개설되었다.

이제 양측은 어두운 곳에서 싸움을 벌였다. 스파이 문학은 이러한 국제적 긴장 상황 속에서 탄생했다. 주로 영국에서 발달한 이 문학은 현실 세계에서 영국이 상실한 힘과 우위를 보상해 주었다.

그리고 CIA와 KGB*가 전 세계적으로 유명해지기 시작했다. 이제 CIA는 할리우드로 진출해 큰 상업적 성공을 거뒀고, KGB는 세계적인 보드카 첨가 음료가 되었다.

미국은 소련에서 시작된 공산 혁명이 유럽으로 확산될까 두려워했고, 소련은 자본주의 세력에 포위당할지 모른다는 두려움에 사로잡혔다. 대전 직후 유럽은 완전히 폐허가 되었고, 때문에 모든 것이 불안정했다. 유럽 도처에서 공산당의 세력이 강해졌고, 이는 미국이 유럽의 재건에 발 벗고 나선 이유가 되었다. 공산주의의 확산은 미국에서 일종의 신경 강박증세로 발전해서, 창밖으로 러시아인들이 쳐들어오는 환상을 보고 자살한 전직 해군 장관 제임스 포레스털이나 마녀 사냥가로 악명 높은 상원의원 조셉 매카시 Joseph Raymond McCarthy, 1908~1957 등의 정신병 환자가 나타나기도 했다.** 소련도 미국을 적대시하기는 했지만, 선거를 통해서만 집권이 가능한 미국에서 반공주의의 수사는 더욱 매력적이었다.

반공 이데올로기가 지배했던 70년대 한국의 상황도 크게 다르지 않았다. 당시 초등학생들은 매년 6월이 되면 "오랜만에 오신 삼촌, 간첩인가 다시 보자"와 같은 반공 표어를 만들어 내느라 머리를 싸맸고, 온통 붉은 색으로 칠해진 반공 포스터를 그렸다. 그래서 여름이면 교실 벽은 언제나 빨간색으로—겨울에는 역시 붉은 색이 주로 사용된 불조심 포스터가 있었다—치장되었다.

미소 관계는 1955년 흐루쇼프 Nikita Sergeevich Khrushchyov, 1894~1971***

* CIA(Central Intelligence Agency)는 미국의 중앙정보국으로 미국내외의 국가 안보와 관련된 정보를 수집하는 첩보기관. KGB(Committee for State Security)는 구소련의 비밀 경찰이자 정보국이다. 우리나라의 국정원과 비슷한 곳.

** ('매카시즘'에 대해서는 319p 박스를 참고하라)

*** 스탈린 사망 이후 러시아의 총서기장으로 선출되었다. 재임 기간 중 '중소논쟁', '헝가리사건' 등을 도발하면서 공산 진영 분열의 실마리를 제공하기도 했지만, 동시에 공존 외교를 표방하면서 냉전 완화에 기여했다.

✤ 1985년부터 소련 공산당 서기장에 임명되었고 이어서 소비에트 연방 국무총리와 국가수반을 역임했다. 1990년에는 러시아 초대 대통령에 선출되었다. 그는 계획경제의 폐해를 비판하면서 시장경제를 도입하고, 언론 자유를 인정하는 등 사회, 정치, 경제에 걸쳐 전반적인 개혁과 개방 정책(페레스트로이카)을 추진했다. 그의 정책은 동유럽의 민주화 개혁과 소련의 해체로 이어졌으며, 세계 질서의 변화를 야기했다. 1990년 노벨 평화상을 수상했다.

가 집권하면서 누그러지기 시작했다. 1970년에 이르러 미국의 국무장관 헨리 키신저가 데탕트(화해)를 선언했고, 미소 양국은 핵무기를 포함한 전략 무기의 개발을 제한하자고 의견을 모았다. 그러나 이러한 노력이 긍정적인 성과를 보게 된 것은 보다 최근의 일, 즉 고르바초프 Mikhail Sergeyevich Gorbachyev, 1931~ ✤ 때의 일이다. 그는 핵무기 개발의 불합리함을 인식했고 자신의 생각이 진심이라고 서방측을 설득했다. 곧이어 소련이 파산했다. 나그네의 옷을 벗긴 것이 매서운 바람이 아닌 따듯한 태양이었듯이, 공산주의 체제의 몰락을 가져온 것은 냉전이 아니라 화해였다.

한 세대를 사로잡았던 체제 간 대결의 환상은 그렇게 사라졌다. 그렇다면 냉전 종식 후의 세계는 좀 더 분명해지고 안정되었는가? 그렇게 보이지는 않는다. 우리가 살고 있는 지금 이 세상은 과거 어느 시대보다 더 불안정하지 않은가? 신자유주의가 세상의 상식으로 받아들여진지 10년이 채 안 되서 세상은 다시 신자유주의가 정답은 아니라고 외치고 있다. 가까운 미래보다 먼 과거가 우리에게 더 큰 향수를 불러일으키는 이유, 우리가 먼 과거를 더 매력적으로 느끼는 이유는 어쩌면 바로 이러한 불안감에서 나오는지도 모른다.

'매카시즘' - 공산주의의 확산, 미국의 신경강박증을 일으키다

"국무성 안에 205명의 공산주의자가 있다." 1950년 2월 공화당 집회에서 행한 매카시의 이 연설은 '레드 퍼지(Red Purge: 적색분자를 공직·기업 등으로부터 추방하는 일)'의 시작을 알리는 신호탄이 되었다. 1946년 위스콘신주 공화당 상원위원에 선출된 매카시는 2차 대전 후 공산주의 세력의 팽창에 경악하면서 극단적인 반공주의 논리를 펼치며 비미활동특별조사위원회(HUAC, House Committee on Un-American Activities)를 중심으로 사회 전 분야에 걸쳐 공산주의자를 적발했고, 여론을 이용하여 그들을 사회에서 추방했다.

그는 아이젠하워 대통령, 공화당과 민주당 지도부, 육군 장성들까지도 공산주의자라며 비난하기에 이르렀다. 그러나 1954년 이후 매카시의 주장에 근거가 없음이 밝혀지면서 매카시 광풍도 잠잠해졌다. 매카시는 후에 알코올 중독에 빠져 48세의 나이로 사망했다.

'매카시즘'은 로널드 레이건, 월트 디즈니와 같은 유명한 인물들을 동조자로 두고, 영화인 찰리 채플린, 극작가 아서 밀러, 레너드 번스타인, 베르톨트 브레히트 등의 유명 인사들을 공산주의자로 몰아 피해를 입히기도 했다.

Re-thinking history

.

.

오노가 그랬고, 미군이 그랬고, 그래서 맥도날드를 팔아 주지 않는 것이 반미인가? 그럼에도 사회의 한 부분에서는 여전히 '선진 교육'을 찾아 어린아이들을 미국으로 수출하고 있지 않은가? 6월의 월드컵 열기가 그랬듯이 효순이와 미선이도 결국 이 사회를 휩쓸고 바람처럼 사라져버릴 유행의 한 코드가 되어 버릴까 두려울 뿐이다.

34 헬렌 켈러, 인간 승리를 이루고 공산주의자 되다!

그녀는 1880년에 출생하여 1904년 레드클리프대학을 졸업했고, 1909년 미국 매사추세츠의 사회당원이 되었으며, 민족자결주의를 제창한 '위대한 미국 대통령' 우드로 윌슨의 탄압에 맞서 세계산업노동조합의 일원으로 급진적 사회주의자의 삶을 살았고, 말년에는 민권 운동과 유색 인종의 지위 향상을 위한 언론 활동을 벌이기도 했다. 어떤 인물을 이야기하고 있는 것인지 모른다고 해서 부끄러워할 필요는 없다. 전혀 배운 바가 없었을 테니까. 그렇다면 다음의 인물은 어떤가?

1880년 앨라배마에서 태어난 그녀는 장님에 귀머거리였다. 자신의 신체적인 결함 탓일까? 이 여자아이는 매우 거칠고 예의 없었다. 그러나 소녀는 앤 설리번이라는 훌륭한 개인 교사를 만났고 설리번의 도움으로 자신의 육체적 결함을 영웅적인 노력을 통하여 극복하였다. 그녀의 이야기는 오늘날 어린이용 위인전 목록에 자랑스럽게 한 자리를 차지하고 있으며 아이들에게 꿈과 희망을 주고 있다. 아마 이것이 누구의 이야기인지 모르는 사람은 거의 없을 것이다. 설리번이 수돗가에서 어린 여자아이의 손에 'Water'라는 철자를 가르쳐 주었던 그 장면은 영화에서건 위인전을 통해서건 진한 감동과 함께 많은 이들의 뇌리에 남아 있다.

그렇다면 먼저 설명한 문제의 인물이 헬렌 켈러와 동일 인물이라는 사실을 아는 사람은 얼마나 될까? 아마 거의 없을 것이다. 영웅적인 장애아 헬렌 켈러가 대학을 나왔고, 그 후 사회주의자로 살았다는 사실은 철저하게 숨겨져 왔다. 그래서 우리가 알고 있다고 자부했던 위인 헬렌 켈러는 그렇게 반쪽짜리가 되어버렸다. 그러한 이유를 굳이 설명할 필요가 있을까? 우리 사회의 '미래'—물론 그것이 어떤 미래인지 나도 몹시 궁금하다—를 짊어질 청소년들에게 불굴의 의지로 역경을 딛고 승리한 자가 고작 사회적 반항아에 빨갱이가 되었다는 것을 요령 있게 가르치고 납득시키기가 쉬운 일은 아니리라. 동의하자. 그래, 어린이는 그렇다 치자. 나름대로 지성인이라고 자부하는 대학생은 어떠한가? 그네들에게도 여전히 헬렌은 신체적 장애를 극복한 위인 정도로 남아야 하는가? 나머지 반쪽은 그냥 그대로 묻어둔 채, 앎에 족쇄를 채워둔 채, 아니 족쇄가 채워져 있는 것도 모른 채 그냥 그렇게 부자유한 삶을 계속 살아가도 되는가? 모른다는 것을 부끄러워하지 말자. 가장 어리석은 것은 자신의 무지에 대해 무지하다는 것이다. 무엇보다도 자신의 무지, 아니 내가 알고 있는 것이 반쪽짜리일수도 있다는 것을 인정하자. 그리고 앎에 대한 결코 적셔지지 않을 갈증을 느껴보자. 2%만 부족한 게 아니다.

효순이와 미선이의 참혹한 죽음과 그 책임자에 대한 허무한 판결로 인해 우리 사회는 어찌 보면 지극히 낯선 반미주의의 물결을 경험했다. 한때 "바꿔"를 노래하던 "꽃잎"의 그 여자아이는 자신의 반미주의를 공중파에서 떠들어댔다. 하지만 도대체 그녀의 반미란 무엇인가? 내용 없는 유행에 지나는 것은 아닌가? 오노가 그랬고, 미군이 그랬고, 그래서 맥도날드를 팔아 주지 않는 것이 반미인가? 그럼에도 사회의 한 부분에서는 여전히 '선진 교육'을 찾아 어린아이들을 미국으로 수출하고 있지 않은가? 6월의 월드컵 열기가 그랬듯이 효순이와 미선이도 결국 이 사회를 휩쓸고 바람처럼 사라져버릴 유행의 한 코드가 되어 버릴까 두려울 뿐이다. 친미이건 반미이건 자신의 입장과 주의에 대해서는 어떻게든 책임질 필요가 있다. 정확한 깨달음 없는 '주의'는 맹목적이며, 북받치는 감정에 휩쓸리는 '주의'는 허무하다. 우리의 사상과 태도의 정체성이 반쪽짜리 헬렌이 되지 않도록 스스로를 다져야 할 책임은 각자의 몫이다.

영웅은 시대에 따라 다른 역할을 짊어진다. 시대가 영웅을 만든다는 얘기, 정확히 말하면 영웅이란 후대인들의 선택에 의해 결정되는 것이다. 반쪽짜리 헬렌도 그렇게 만들어졌다. 추앙받는 영웅들의 면모를 보면, 서점에 진열되어 있는 소년소녀 위인전 모음의 목록을 보면, 그 시대가 지향하는 바를 알 수 있다. 그러니 2030년의 소년소녀 위인전 목록에는 서태지와 빅뱅 그리고 박지성의 이름이 오를지도 모를 일이다.

Epilogue 역사란 무엇인가?

역사와 과거는 다르다.

"왜 사학과에 들어오려고 합니까?" 대학에 있으면서 신입생 면접을 하게 될 때 사학과 진학을 희망하는 수험생에게 던지는 흔한 질문이다. 사학과에 오고 싶었으니 면접장에 선 것이 아니겠냐고 생각할 수도 있기에 어쩌면 어리석은 질문일지도 모르겠다. 그러나 이 질문에 대한 답변도 그다지 흥미롭지는 않다. 대개는 "역사가 좋아서요"라는 막연한 대답들뿐이니까. 조금 더 구체적인 답변을 들어보기 위해 "역사가 무엇이라고 생각합니까?"라는 의도적인 질문을 던진다. 그럼 다시 돌아오는 대답 "우리의 과거가 궁금해서요. 그래서 더 많이 알고 싶어요." 다들 입학도 하기 전에 취업 걱정을 하는 판국에 어찌 보면 참 용감하기도 하고 또 달리 보면 속 편한 대답이다.

일일이 답변을 해 주지는 못하지만, 이 답변에 대한 내 생각을 밝히자면 이렇다. 과거를 궁금해 하고 알아가는 것, 그것이 곧 역사는 아니다. 우선 분명히 해야 할 것은 과거와 역사는 같은 것이 아니라는 사실이다. 역사는 세상을 해석하는 여러 가지 이야기들 가운데 하나일 뿐이다. 이야기는 이야기일 뿐 살아 숨 쉬는 인간이나 살고 있는 집을 만들어내지는 않는다. 그러나 그것은 그 인간과 집에 의미를 부여해 준다. 과거는 역사 연구의 가시적인 대상이자 인간이 살아왔던 세계의 작은 조각들이다. 따라서 이야기인 역사는 자신이 해석하는 대상인 과거와는 차원이 다르다. 그래서 과거와 역사는 다르다. 과거와 역사는 시간적으로나 지리적으로 멀리 떨어져 있다.

헤겔은 역사를 두 가지로 구분했다고 한다. 먼저 객관적인 사건들, 과거 인간 행위의 전부로서의 역사, 그리고 주관적 의미를 가지며 이 사건들에 관하여 현재 우리가 재구성한 서술과 설명으로서의 역사. 그렇다면 헤겔에게 역사는 과거와 역사 서술 모두를 의미하는 중층적인 단어인가. 헤겔식의 설명을 따르자면, 여기서는 과거와 역사 서술이 다르다고 말할 수도 있다.

과거와 역사(역사 서술)를 왜 구분하는가? 이 구분이 왜 중요한지에 대해 영국의 역사학자 키스 젠킨스Keith Jenkins의 설명을 들어보자.

과거는 일어난 일이다. 그것은 이미 사라져 버렸고, 다시 돌아오지 않는다. 하지만 이 사라진 것들은 역사가들을 통해, 정확히는 역사가들이 쓴 책이나 논문, 기록 등을 통해 다시 살아난다. 그러나 그것은 과거에 발생한 사건의 원래 상태와는 별로 일치하지 않는다. 역사(역사 서술)는 역사가의 작업을 통해 만들어진 과거를 소재로 엮어진 일종의 구성물이다. 일반인들이 역사를 공부할 때 읽는 것은 바로 이러한 구성물들이다. 따라서 역사를 배우기 위해 대학에 간다고 할 때, 그 신입생이 실제로 대학에서 배우는 것은 과거 그 자체가 아니라 과거에 관한 책들인 것이다.

과거와 역사를 구분하지 못하는 것은 때로 엄청난 결과를 야기할 수 있다. 예를 들어 나폴레옹의 유럽 정복사는 나폴레옹의 지략과 전술을 중심으로 쓰였다. 그러나 그의 전쟁은 결코 장수 혼자만의 전쟁이 아닌 휘하 군사들의 전쟁이었다. 그러나 러시아에서 목숨을 잃은 젊은 병사들은 그저 수십만이라는 숫자로만 기록될 뿐이다. 여성의 경우도 마찬가지다. 과거 그리스와 로마, 중세와 근대에도 지금처럼 수많은 여성들이 살고 있었으나 이 여성들은 역사책에 거의 등장하지 않는다. 다시 말해 역사가들의 설명에서 체계적으로 배제당한 것이다. 그러니 역사(역사 서술)를 과거와 동일시하는 것은 심각한 오류이면서 무모한 행위가 아닐 수 없다.

"과거는 낯선 땅"(데이비드 로웬덜David Lowenthal)이다. 어떤 역사가도 과거 사건을 총망라하여 재현해낼 수는 없다. 왜냐하면 내용이 너무 많기 때문에, 아니 실로 무한대에 가깝기 때문이다. 만일 역사를 과거 그 자체라고 생각한다면 역사는 수백 수천의, 아니 무한대에 이르는 사실들로 구성될 것이며, 그것은 그 자체로 하나의 카오스가 되어버릴 것이다. 게다가 과거의 정보 일부를 전달해 주는 사료는 빙산의 일각일 뿐이다. 대부분의 정보는 기록도 갖지 못한 채 사라져버린다. 기록이 남았다고 해도 그 기록을 100% 신뢰하여 그 기록에 의거해서 과거를 재구성할 수는 없다. 실제 과거를 완벽하게 검토할 수 있는 설명이란 존재하지 않으며, 그저 다른 설명에 의해 검토될 뿐이다. 왜냐하면 기록을 남긴 것도 사람이고, 그 기록이란 것도 결국 기록자가 중요하다고 생각한 사실들로만 채워졌을 것이기 때문이다. 그 기록자에게 중요한 것이 나에게도 마찬가지로 중요해야 한다는 법은 어디에도 없다.

역사가의 서술도 마찬가지다. 따라서 하나의 역사가 존재하는 것이 아니라 많은 역사가 존재할 수 있는 것이다. 대한민국의 국사 교과서가 정권이 바뀔 때마다 도마 위에 오르고―물론 2008년 말에 뉴라이트 집단에 의해 촉발된 한국 현대사 논쟁은 이해심이 많은 나 같은 사람도 턱 빠지게 만드는, 어이없는 논쟁이었음은 분명하다―누더기 기워 내듯 뜯어고쳐지는 것도 같은 이치이다.

과거와 역사는 다르다. 과거는 고칠 수 없지만, 역사는 언제나 새로이 쓰인다. 인식의 한계에 의해서든 이데올로기에 의해서든

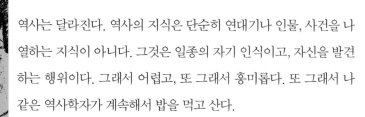

역사는 달라진다. 역사의 지식은 단순히 연대기나 인물, 사건을 나열하는 지식이 아니다. 그것은 일종의 자기 인식이고, 자신을 발견하는 행위이다. 그래서 어렵고, 또 그래서 흥미롭다. 또 그래서 나 같은 역사학자가 계속해서 밥을 먹고 산다.

이 책 역시 하나의 역사일 뿐이다. 과거를 담은 그릇이 아니라 과거를 통해 우리를 발견하게 해주는 조금은 재미있는 창과 같은 것일 뿐이다.

E.M. 번즈, R. 러너, S. 미첨 | 손세호 역 《서양문명의 역사》 I~IV, 소나무, 1997.

디트리히 슈바니츠 | 인성기 역 《교양》, 들녘, 2001.

에릭 홉스봄 | 김동택 역 《자본의 시대》, 한길사, 1998.

에릭 홉스봄 | 정도영 외 《혁명의 시대》, 한길사, 1998.

정기문 《한국인을 위한 서양사》, 푸른역사, 2004.

주경철 《역사의 기억, 역사의 상상》, 문학과지성사, 1999.

키스 젠킨스 | 최용찬 역 《누구를 위한 역사인가》, 혜안, 1999.

프레데리크 들루슈 | 윤승준 역 《새 유럽의 역사》, 까치, 1995.

조셉 폰타나 | 김원중 역 《거울에 비친 유럽》, 새물결, 1999.

김응종 《서양의 역사에는 초야권이 없다》, 푸른역사, 2005.

주경철 《문화로 읽는 세계사》, 사계절, 2005.

아놀드 하우저 | 백낙청 역 《문학과 예술의 사회사》, 창비사, 1999.

서양사학자 13인 《서양문화사 깊이 읽기》, 푸른역사, 2008.

크리스티앙 아말비 | 성백용 역 《영웅은 어떻게 만들어지는가》, 아카넷, 2004.

에릭 홉스봄 | 김동택 역 《제국의 시대》, 한길사, 1998.

에릭 홉스봄 | 이용우 역 《극단의 시대》, 까치, 1997.

필립 아리에스, 조르주 뒤비 | 주명철 외 역 《사생활의 역사》 I~V, 새물결, 2002-2007.

폴 아자르 | 조한경 역 《유럽 의식의 위기》, 민음사, 1990.

식인양의 탄생

초판 1쇄 발행 2009년 6월 8일

지은이 임승휘
펴낸이 양소연

기획편집 함소연 **디자인** 하주연 강미영
마케팅 이광택 **관리** 유승호 김성은 **웹서비스** 이지은 양지현

펴낸곳 함께읽는책 **등록번호** 제25100-2001-000043호 **등록일자** 2001년 11월 14일

주소 서울시 구로구 구로3동 코오롱디지털타워빌란트 1차 703호
대표전화 02-2103-2480 **팩스** 02-2103-2488 **홈페이지** www.cobook.co.kr
ISBN 978-89-90369-71-0 (04080)
      978-89-90369-74-1 (set)

함께읽는책은 도서출판 나눔의집 의 임프린트입니다.